教子有方

——家有中学生

主　编／罗清红　卿子俊

副主编／吕红霞　周　玫　范皑皑　李浩英

编　委／易　琼　李　丹　陈雪梅　苟开贵
陈　熙　宋　玥　吴玉婕　李　玲
谯　宏　陈　琴　宋欢歌

电子科技大学出版社
University of Electronic Science and Technology of China Press

·成都·

图书在版编目（CIP）数据
教子有方：家有中学生 / 罗清红，卿子俊主编.
成都：成都电子科大出版社，2024. 12. -- ISBN 978-7-5770-1171-4
Ⅰ. G78
中国国家版本馆CIP数据核字第2024N7W231号

教子有方——家有中学生

JIAOZIYOUFANG——JIA YOU ZHONGXUESHENG

罗清红　卿子俊　主编

策划编辑　岳　慧　刘亚莉
责任编辑　刘亚莉
责任校对　杨梦婷
责任印制　段晓静

出版发行　电子科技大学出版社
成都市一环路东一段159号电子信息产业大厦九楼　邮编 610051
主　　页　www.uestcp.com.cn
服务电话　028-83203399
邮购电话　028-83201495

印　　刷　成都市锦慧彩印有限公司
成品尺寸　170 mm×240 mm
印　　张　16
字　　数　334千字
版　　次　2024年12月第1版
印　　次　2024年12月第1次印刷
书　　号　ISBN 978-7-5770-1171-4
定　　价　68.00元

Foreword
前 言

2021年10月23日，第十三届全国人大常委会第三十一次会议通过了新制定的《中华人民共和国家庭教育促进法》，习近平主席签署主席令并予以公布，2022年1月1日起实施。该法对家庭教育的定义是“父母或者其他监护人为促进未成年人全面健康成长，对其实施的道德品质、身体素质、生活技能、文化修养、行为习惯等方面的培育、引导和影响”。

2022年2月，教育部提出深入推进“双减”，促进学生身心健康全面发展。因此，我们要做好加强和改进学生心理健康教育的工作，实施学生心理健康促进计划，做好科学识别、实时预警、专业咨询和妥善应对。

为进一步推动《中华人民共和国家庭教育促进法》落地，以及全面关注中小学生心理健康，2023年成都市启动“成都市中小学家庭心理健康资源建设及关护行动”，编写“教子有方”系列图书便是其中一项重要工作。在成都市教育局和成都市教育科学研究院（简称“教科院”）统筹和指导下，“教子有方”系列图书的编写工作组成立，众多一线中小学教师有序开展编写工作。“教子有方”系列图书分为小学生和中学生两册，分别针对不同学段孩子的家长。本书以问题为导向，坚持和遵循教育规律，以孩子发展为本，旨在将科学的教育理念和教育方法落实到家庭教育的实践中，引导家长更好地担负起家庭心理健康教育的首要责任。

本书围绕家庭教育中的核心议题，提出了如下观点和实践策略。

第一，家庭心理健康教育要坚持立德树人的根本方向。我国是中国共产党领导的社会主义国家，决定了我们的教育必须把培养社会主义建设者和接班人作为根本任务。这要求我们要努力构建德智体美劳全面发展的教育体系，家庭教育是其中的重要一环。本书倡导广大家长要提高政治站位，引导孩子养成和践行社会主义核心价值观，用良好家教家风涵育道德品行。

第二，家庭心理健康教育要明确家长主体责任。家长在家庭环境中负有主体责任，要依法依规履行对子女的监护职责和抚养教育义务。本书坚持需求导向，强调家长的言传身教，既注重解决家长经常遇到的实际问题，帮助他们掌握家庭教育理念和方法，提升科学施教的能力；又强调发挥家长的积极性和主观能动性，引导家长注重提升自身素质，以榜样的力量影响孩子，进而促进亲子互动，实现共同成长。

第三，家庭心理健康教育要遵循尊重孩子的教育原则。家庭教育的基础是对青少年儿童的尊重，主要表现在保护青少年儿童权利、尊重青少年儿童成长规律这两个方面。本书以尊重和保护青少年儿童权利为出发点，将“孩子是独立的权利主体”视角贯穿全书，依据不同学段孩子的不同特点编写，按教育内容划分专题，家长可以根据孩子的成长规律和相应学段的特点选择相应的教育内容。

第四，家庭心理健康教育要坚持协同育人。家庭、学校、社会是促进孩子健康成长的共同体，这是新时代教育的鲜明特征。家长要认识到家、校、社协同育人的重要意义，主动参与家、校、社协同教育。本书以问题为导向，选取目前家、校、社协同育人的突出问题设立专题，帮助家长了解和掌握新时代背景下家庭教育的重要方向和方法。

全书本着科学、实用、有效的原则，从不同学段孩子的常见问题入手，以解决问题为目标，剖析常见的教育案例，阐发家庭教育原理和分享家庭教育指导方法；采用鲜活的实例、生动的语言，进行深入浅出的分析，旨在帮助广大家长树立科学的家庭教育观念，学习基础的家庭教育知识，掌握和运用有效的家庭教育手段和方法。

家庭教育，任重道远。愿本书成为家长科学育儿的好帮手，为家庭教育、学校教育、社会教育形成合力做出应有的贡献。

成都市教育科学研究院

2024年9月

Contents
目 录

阶段一

初中（7—9年级）

专题一

品德培养

注重内在美

好看的皮囊千篇一律，美丽的内在万里挑一。然而，随着网络上“颜值担当”等新词的频繁出现，许多中学生的审美变得片面且单一，少数孩子甚至以貌取人。

法国作家雨果认为，如果没有内在的美，任何外表的美都是不完整的。我们对于美的认知不应该局限于容貌。然而，如何引导孩子们正确认识“内在美”，将他们培养成内外兼修的人，值得我们探索。

就“内在美”这一话题，我们从小林的故事说起。小林是一名13岁的初中生，他身材较矮小，手臂有大片的胎记，这些让他从小就比较自卑。面对小林的苦恼，父母时常告诉他：“真正的美源自内心，而非外表。”然而，小林在学校里有时却因外在形象受到个别同学的冷嘲热讽，这让处于青春期的小林感到深深的挫败和痛苦。他开始质疑：内在美真的重要吗？这世界上有人在乎内在美吗？小林的具体表现如下。

①出现自卑心理。由于同学们的嘲讽，小林变得越来越自卑，对自己的价值观产生了怀疑。

②学习动力减弱。因为心理负担重，小林的成绩不断下滑，学习动力和兴趣减弱。

③出现社交障碍。小林渐渐变得孤僻、封闭，不愿与人交往。

这些变化给小林带来了以下后果。

①心理健康受损。小林变得越来越孤僻，甚至出现了焦虑和抑郁的情绪。

②人际关系出现裂痕。因自我封闭，小林失去了正常的社交，总是独来独往。

面对这样的情况，小林的父母非常焦虑，他们试图通过以下方法来帮助他。

①沟通教育。他们尝试与小林进行深入的沟通，积极引导小林塑造正确的人生观和价值观，提高小林的思想觉悟，培养他高尚的道德情操，使他树立高远的人生理想。

②鼓励支持。他们不断鼓励小林，不要拘泥于外表，要学会悦纳自己，内外兼修。

作为家长，我们的孩子可能也像小林一样，因外在不够美而痛苦。我们应该如何帮助孩子培养内在美，做到内外兼修呢？

①正确认识青春期孩子的特点。首先，我们需要放平心态，肯定孩子有想要追求美的愿望，保护孩子的自尊心和自信心。其次，面对孩子心理上的困惑和煎熬，用实际行动表示我们非常重视这一问题，并用温暖的语言去开导孩子。最后，帮助孩子了解自己的优点和长处，让他们认识到自身的价值。

②成为孩子的榜样。作为父母，我们自己要有正确的价值观和行为准则。从一言一行中，展示出对内在美的重视和追求，学会欣赏阳光和自信的内在，成为孩子的榜样。

③树立正确的价值观。我们需要告诉孩子，每个人都有自己的独特之处，外在美不是衡量一个人的唯一标准，我们应该多关注内在的品质。例如，伟大科学家霍金虽身体残疾，但不完美的外表并没有阻碍他走出熠熠生辉的人生。

④培养优秀的品质。培养孩子热爱祖国、遵纪守法、追求真理、关心集体、助人为乐、正直诚实、勤劳善良、尊老爱幼、不怕困难、乐于助人等优秀品质。让孩子在学习和生活中，不断提高精神境界，加强审美修养，提高审美能力。

⑤积极反馈与表扬。当孩子展现出良好的内在品质时，及时给予肯定和鼓励。这将帮助他们建立自信和自尊，进一步培养内在美。

⑥心理辅导与支持。如果孩子出现严重的心理问题或困扰，我们可以寻求专业的心理辅导人士的帮助。专业人士可以帮助孩子解决心理问题、建立健康的心理状态。

外在之美不敌岁月流转，内在之美却似陈年佳酿，愈久愈醇。愿孩子们能用学识和品质去雕刻一份青春的美！

担当集体责任

法国作家圣埃克苏佩里曾表示，人的价值不在于孤立的存在，而在于他对人、对使命、对生命的主动承担。懂得承担责任的人会让人放心，愿意承担责任的人会不断进步，敢于担当是一个人最出色的履历。我们每个人只要生活在集体之中，就得承担一定的集体责任。集体责任观念关系个人对待社会生活的态度，关系个人为人处世的态度，并直接反映个人的道德素养。那家长该如何培养和提升正处于成长中的孩子的集体责任感呢？

一、责任是什么

说起责任，孩子知道什么是责任吗？责任，一指分内应做的事，二指因没做好分内之事而应承担的不利后果或强制性义务。从另一个角度来说，责任一是要去做的事，二是要做好的事。

二、责任溯源

责任是一个人分内应做的事。我们首先就要让孩子明白何谓分内？分内是指在一个人的身份范畴和目标范畴内。合起来对责任的理解就是，一个孩子的身份和目标决定了这个孩子应做的事，也就是孩子的责任。所以，让孩子清楚地知道自己的责任，首先就要找准自己的位置，认清自己的身份，明晰责任的来源。

三、责任思考

我们现在来思考一下：孩子有哪些身份呢？

就个体而言，孩子首先是他自己。然后，在家里孩子的身份是女儿或儿子，在学校孩子的身份是学生……根据不同的场景，孩子的身份也不同。孩子拥有这么多身份，不同身份的责任相同吗？

孩子的身份不同，责任肯定也不相同。首先，孩子是他自己时，他的责任就是要珍爱自己的生命，爱护自己的身体，保护自己的安全，要自尊、自信、自强，让自己活得有价值。当孩子是父母的女儿或儿子时，那么他的责任就是要尊重父母，孝敬父母，听从父母的正确教导，为父母分担力所能及的家务活等。

再从孩子的目标出发，分析他们的责任。我们先来梳理一下孩子的目标有哪些。

在生活方面，孩子的目标可能是健康、快乐、平安、顺利等；在学习方面，孩子的目标可能是高效率听讲，各科知识点都能掌握，考试成绩理想；在人际交往方面，孩子的目标可能是与他人友善相处，朋友间能相互理解、包容，自己能给别人带去快乐等。

在各式各样的目标下，孩子的责任相同吗？答案肯定是不同！孩子的生活目标是身体健康，那么孩子的责任就应是合理安排作息时间，一日三餐营养均衡，不挑食，远离垃圾食品，坚持锻炼等；若孩子的学习目标是考试成绩理想，那么孩子的责任就是上课时集中注意力，提前预习将要学习的知识点，及时做笔记，用思维导图复盘等；若孩子的人际交往目标是与他人友善相处，那么孩子的责任就是要信守诺言，态度和蔼，说话真诚等。

接下来，我们重点探讨一下：若孩子是集体中的一员，他有哪些责任呢？

首先，要梳理清楚孩子是哪个集体中的一员，在具体的集体环境中他们有哪些责任。当孩子是家庭中的一员，孩子的责任有自己的事自己做，主动分担力所能及的家务劳动，尊重、关心、照顾家庭成员，遵守家庭公约，为家庭建设提出合理化建议等；当孩子是班集体中的一员，孩子的集体责任有热爱班集体，团结同学，遵守班集体的规章制度，主动为班集体服务，维护班集体荣誉等；当孩子是社会中的一员，孩子的集体责任有遵法守规，主动作为，团结协作，勇于担当，包容他人，发挥所长为全社会贡献智慧和力量等。

孩子履行集体责任有什么样的意义呢？

履行集体责任可以让孩子继承和发扬中华民族有责任、有担当的优良传统，为孩子的健康成长和全面发展奠定必要的精神基础；还可以增强孩子的集体意识，让孩子有集体归属感，让孩子感受到被需要、被认可，让孩子获得生命的成就感和自豪感，让孩子在负责任的过程中体验到自己的能力和价值，产生自我认同感，从而促使其独立意识与能力的发展，从而更好地融入社会，创造更美好的社会风尚。

四、集体责任感的培养

（一）家长应该如何培养孩子的集体责任感

1. 强化孩子的身份属性

比如，孩子在家里，家长就要强化孩子是家中一分子的意识，让他们在家多参与力所能及的劳动，服务自我或服务家人；鼓励他们大胆发表自己关于家庭建设的建议，让孩子在家里体会权利和义务的统一。在学校，一些孩子所在的班级会有专属的有特色的班号，如“金葵班”“石竹班”“星耀班”等，一般由班级育人理念所孕育。响亮的班号时刻都在强化学生的集体意识，家长也可以以此强化孩子的集体身份，如桌布上绣班号，文具上贴班号，书包上挂班号，书皮上写班号，在跟孩子沟通交流过程中多强调班号等，增强孩子的集体归属感和主人翁意识。

2. 强调目标

孩子处于不同的集体环境，就会有不同的目标。比如，在家庭中，孩子就应当为了创造整洁的家庭环境、构建和谐进取的家庭氛围，给自己确定生活自理等目标；在班级中，孩子就应当为了打造温暖有爱的班集体，给自己确定对待同学友善真诚等目标。用目标让孩子作为集体的一员时情有所归，心有所系，身有所往。

3. 讲榜样故事

责任与担当是中华民族的优良传统，我们可以给孩子讲古往今来勇于担当责任的故事。大禹治水“三过家门而不入”，是对亿万苍生的责任与担当；诸葛亮“鞠躬尽瘁，死而后已”，是对整个蜀国的责任和担当；林则徐“苟利家国生死以，岂因祸福避趋之”，是对中华民族的责任与担当。今有彭士禄历尽磨难，投身祖国核动力事业，助力国之崛起；钟南山为生民立命，逆行奔赴保百姓安康；中国科学技术大学博士生邓宇皓矢志科研，为“九章”光量子计算机原型机研制做出突出贡献。通过无数的榜样故事让孩子深刻理解责任，奋勇担责成就自我。

4. 以身作则

一个家庭就是一个集体，家长是孩子的第一任老师，以身作则是培养孩子集体责任感的关键。比如，平常在家里同孩子谈论自己的工作时，家长要尽量展现积极努力、认真负责的态度，分享自己克服工作难题、按时完成工作任务的经历，让孩子明白爱岗、敬业、精业的责任；当家长自己犯错误时，不推诿，不掩饰，主动承认错误并积极改正，让孩子明白每个人都要对自己的行为负责；家长可以在假期多带孩子参加志愿服务活动，让孩子感受为社会贡献力量的意义……家长的言传身教是孩子最好的榜样，家长要用积极的行动为孩子树立责任的标杆，引领他们茁壮成长。

（二）孩子应该如何培养自己的集体责任感

我们可以从孩子在集体中遇到的问题出发，探讨孩子应该如何培养自己的集体责任感。

1. 要积极主动地做集体的事

案例：一天，家里吃过午饭后，妈妈忙着收拾饭桌，小红却起身走向阳台，说去远眺放松眼睛，但阳台上晾晒的衣物挡住了她的部分视线，小红抱怨说："挂这么多衣服在这儿干吗？"

在这个案例中，小红的做法可能是不明确自己的身份或者身份意识模糊导致的不明确自己的集体责任。一般情况下，若孩子的身份意识明确，那么孩子就会选择相应的负责任的做法。首先，孩子会主动帮助妈妈收拾饭桌，洗好碗筷并打扫干净厨房卫生；其次，在阳台休息时也会主动收纳晾干的衣物。这些都是力所能及的事，孩子完全可以做得到。所以，利用这个日常小事，可以告诉孩子集体责任是什么，以及集体的事要积极主动地做。类似的，孩子可以主动为家里养的花草浇水，主动去倒垃圾，主动整理布置家庭环境。在学校里，轮到孩子值日时，他们应主动承担自己的劳动任务并积极完成，主动整理班级图书角的书籍，主动去修复班级文化墙上的破损张贴物。

2. 要严格遵守集体的制度

案例：孩子报名参加了"熊猫基地一日游"活动，出发前随团老师对大家做了相关的参观纪律培训。到了熊猫花花的生活园区时，孩子们可兴奋了，小雨更是发出刺耳的尖呼声，吓得花花躲到了饲养员的身后，导致只有队伍前面的孩子才能看到它。这时，小雨又离开队伍，插队到其他旅行团里去看花花。孩子回家跟你讲这次活动经历时，你应该如何与他交流呢？

这个案例中的小雨是不具备集体责任的，随意尖叫和插队扰乱了公共秩序，还忽略了集体制度的要求。所以，我们在教育引导孩子时要明确告诉孩子，在参加集体活动时，要严格遵守集体的制度。在集体活动中，孩子应该做到有序排队、文明参观，听从指挥安排，遵守团队要求和园区要求等。类似的，孩子在学校里，家长要教育他要做到尊敬师长，养成文明习惯；遵守课堂纪律，不迟到不早退，生病或有事时应主动向老师请假；遵守认真听课、独立作业、整齐书写、坚持预复习、安静自习的学习制度等，让自律和他律相结合，创建个人良好的道德风貌，促进孩子内在道德的养成。

3. 要为集体的建设出谋划策

案例： 孩子回家询问你，学校需要办主题黑板报了，自己擅长写粉笔字，是参加好还是不参加好呢？此时，你应该如何引导孩子呢？

面对此问题我们可以给孩子梳理三种可能性：①班上字写得好的人很多，让他们去参加；②班级安排你去就去，不安排就算了；③主动报名，自我推荐。然后，依次向孩子分析每种做法背后对人成长发展的利弊，明确告诉孩子应该要有集体责任，要为班集体建设积极出谋划策，从而鼓励孩子做出最佳选择③。同时，我们还可以引导孩子在班级建设中做到：当班集体要进行班干部选举时，应该主动参加选举，参与班级管理，贡献自己的管理智慧；当班集体为了响应学校号召，要承担年级篮球比赛微信公众号推送工作时，就应该为班级活动出谋划策，助力班级顺利且圆满地完成任务；当班级要设计班徽、制作班刊时，要与同学合理分工，团结协作。

4. 集体的管理应尽职守勇担责

案例： 小智是学校合唱团的成员。周末合唱团要参加区级比赛，不巧小智感冒嗓子哑了，但是团队需要后勤服务，因此小智也就随团参加了此次活动。小智在后台主动承担了为大家看守衣服及其他随身物品的工作。在团队比赛过程中，小智一步也没走开，直到比赛结束所有成员一样不落地拿回了自己的物品，他才去到观演区观赛。小智这样的行为你如何评价呢？

我们家长正确的做法当然是给予孩子充分的肯定和鼓励，告诉他“你是一个非常有责任心的人”。对自己负责，生活会充满力量；对自己的工作负责，会从容面对挑战；对他人负责，终会被温柔以待。所以，应该让孩子记住：在自己的生活和学习中，应当做好自己的工作，如作为班集体的课代表，就应该带领大家做好朗读，对班级同学的作业完成和收取情况作好记录并及时向老师汇报；作为班级的劳动委员，就应该作好每日卫生安排，做好班级卫生记录本的填写和上报工作；作为某活动团队的负责人，就应该做好活动的准备、宣传等工作。

5. 集体的荣誉应共同维护

案例： 小阳参加了轮滑兴趣班，他在A队。期末，教练要组织A、B、C三支队伍进行冠军争夺，可小阳对队长的分工和安排布局较为不满：一会儿质疑队长的布局策略不够科学，一会儿又猜测全队队员是否都奋力拼搏，一会儿又妄自菲薄。此时我们家长应该如何引导小阳呢?

首先，我们可以给孩子送上三句话：第一句是一个集体最好的模样是思想上的合心、工作上的合力、行动上的合拍；第二句是事成于和睦，力生于团结；第三句是每个人各司其职、各负其责、各展其才，共同合力才能筑起强大的根基，争夺集体的荣誉。其次，让孩子审视自己。最后，家长应告诉孩子：作为集体的一员，集体责任要担当，集体荣誉应共同维护。所以，我们在此过程中，应引导孩子听从队长的整体安排，如有异议可以提出合理化的意见和建议，不猜疑他人、不否定自我，全队上下团结、凝聚一心，才能获得团队荣誉。同时，我们也可以借此契机教育孩子：作为家庭的一员，你应该做到孝敬父母、勤勉上进、友善包容；作为班集体的一员，你应该做到遵规守纪，维护班集体的荣誉。

通过对以上孩子在家庭、班集体、某个团队中的五个日常案例的探究，我们在孩子集体责任感的培养上已经发现了一些方法，但任何好品德的培养都离不开坚持，希望家长能沉下心来，细心观察，耐心教育，循序渐进地对孩子进行引导，陪伴孩子健康成长。

开展家庭法治教育

你是什么时候突然意识到，孩子有一定的法律意识和知识是非常重要的呢？

有一位家长分享了她孩子的故事。这个叫铭铭的孩子，刚上初一。一天，他的小学好友小涛找到他，希望铭铭能和自己一起去“报仇”——打一个欺负过自己的同学。这时，铭铭想起了妈妈曾经对他说过的话：斗殴是错误的行为，可能会引发严重的后果，甚至犯罪。同时，他脑海中还浮现出宣传栏中的劝架标语。正是这些法律知识，让铭铭选择了以理服人，最终成功地劝说小涛放弃了报复的念头。

这个故事说明家长不仅要关心孩子的学习成绩，更要关注他们的法治意识。因为在这个法治社会，每个人都需要遵守法律，更要尊重法律，而我们的孩子也不例外。如果我们的孩子被欺负、被冤枉或者和别人产生争执、发生冲突，应该怎么办？法治教育就是解决这些问题的关键。

家庭作为孩子成长的第一课堂，家庭教育是其他教育的先导和基础，也是预防未成年人违法犯罪的第一道防线，家长承担着对孩子进行法治教育的重要责任。有调查显示，大多数涉罪未成年人来自问题家庭。这些问题家庭普遍存在着家庭监护缺失或不当的问题，这是导致未成年人走上违法犯罪道路的重要因素之一。因此，作为家长，我们有责任也有义务去培养孩子的法治思维，提升其法治素养。

习近平总书记指出：“家庭是人生的第一个课堂，父母是孩子的第一任老师。”我们要用法治帮孩子扣好人生第一颗扣子。这不仅仅是为了避免他们走上违法犯罪的道路，更是为了让他们成为一个有道德、有素质、有法治素养的公民。当我们的孩子拥有了这些素质时，他们就能更好地适应这个社会，更好地与人相处，更好地实现自己的人生价值。

什么是家庭法治教育呢？简而言之，就是在家庭环境中，父母或其他监护人通过日常生活实践，向孩子传授法治知识、培养法治思维、树立法治信仰的教育活动。它不同于学校的法治教育，因为它更加贴近孩子的日常生活，更容易被孩子理解和接受。

一、家庭法治教育的特点

第一，家庭法治教育具有基础性。家庭是孩子法治观念和行为养成的摇篮，家长应主动承担孩子法治教育启蒙的责任，为孩子奠定坚实的法治基础。

第二，家庭法治教育具有细节性。日常生活中的小事往往成为家庭法治教育的契机。用小事及时敲响警钟，防患于未然。例如，走在街上要告诉孩子遵守交通规则。

第三，家庭法治教育具有渗透性。家长要利用每一个机会，将法治教育融入孩子的生活点滴，使法律知识、理念深入孩子内心。例如，对闯红灯行为的及时教育，可以避免孩子违反道路交通安全法。

第四，家庭法治教育注重示范性。家长应以身作则，以遵纪守法的行为为孩子树立良好榜样，这种无声的教化能够起到潜移默化的作用。例如，家长严格遵守"红灯停，绿灯行"的交通规则，孩子也会遵守交通规则。

第五，家庭法治教育具有系统性。法律知识、思想、理念需要系统学习、理解与实践，家长需具备一定的法律知识和法治观念，才能科学、规范地实施家庭法治教育。

第六，家庭法治教育具有持久性。家庭法治教育是国家、社会法治教育的重要组成部分，需要代代传承，不断延续。

二、开展家庭法治教育的方法

《中华人民共和国家庭教育促进法》的颁布不仅为家庭教育提供了明确的指导方向，而且对家庭教育的方式进行了引领性的规范。那么，当家长面对青春期的孩子时，如何有效地开展法治启蒙教育呢?

（一）榜样的示范行为

家长作为孩子的榜样，自己应率先遵纪守法，在生活中宣扬法治观念和规范自己的行为，让孩子从家庭环境中感受到正确的法治价值观。

1. 平心静气处理矛盾

家长在与家庭成员互动时，应表现出礼貌与尊重。比如，通过明确的语言、积极的动作和有亲和力的表情，家长可以更直观地为孩子做出示范，帮助孩子建立积极的行为模式，提升孩子解决问题的能力，从而促进良好的家庭关系和健康的成长环境的建立。

案例：小琳因一条朋友圈动态被同学在班级群嘲讽，气得立马要反驳，好在小琳妈妈及时发现，轻拍她的肩膀安抚道："先别着急，冲动回应可能让矛盾升级。"接着，小琳妈妈和小琳一起分析群聊的内容，指出同学行为涉嫌侵犯名誉权。小琳妈妈建议小琳保留聊天记录，先通过班主任调解。在调解过程中，小琳妈妈全程平和沟通，既维护了小林权益，又让嘲讽小琳的同学认识到错误，并在班级群里向小琳道歉。

小琳妈妈的做法很值得学习借鉴：不逃避问题，平和沟通，最终解决问题，避免了将矛盾扩大，为孩子今后处理人际矛盾奠定了较好的基础。

2. 诚实正直作好示范

案例：小如月考成绩不理想，为避免家长批评，偷偷修改了试卷分数。家长签字时发现端倪，没有斥责，而是拿出自己工作中的失误，坦诚道："我上周也因疏忽出了错，主动承认错误后，反而得到了大家的信任。"接着，小如家长给小如讲解了《中学生守则》中的诚信要求及考试作弊的处理办法，鼓励小如主动向老师坦白。最终，小如在家长的陪同下改正错误，也深刻理解了诚实正直的重要性。

家长在犯错后，也应做到诚实正直。例如，如果家长因为忙碌而忘记孩子的活动安排，可以诚实地道歉并解释理由，如说"对不起，我确实忘记了，因为最近工作比较繁忙，不过下次我会提前设置好提醒，不会再忘记你的活动安排"类似的话。此时，家长的表情要诚恳，语气要坦诚，传递出自己愿意承担责任的态度。

（二）讲解基本的法律知识

法律是社会秩序的保障，它既规范了人的行为，又维护了人的合法权益。家长要让孩子们明白，遵纪守法是每个公民的义务，也是对自己和他人负责的表现。同时，我们也要让孩子知道，法律赋予我们权利，让我们可以维护自己的合法权益。

1. 普及法律常识

家长可以结合初中生的日常生活，向他们普及一些与他们密切相关的法律常识。例如，在数字时代，个人隐私的保护尤为重要，我们要让孩子了解如何保护自己的个人信息，不将自己的个人信息随意泄露给他人等；也可在适当的时候讲讲《中华人民共和国禁毒法》，帮助孩子树立珍爱生命、远离毒品的观念。我们还需要向初中生们介绍一些与他们生活紧密相关的法律，如未成年人保护法、网络安全法、消费者权益保护法等。这些法律不仅能帮助他们更好地保护自己的权益，还能让他们在面对不法侵害、网络诈骗、不公平交易等时，有足够的法律意识去应对。

2. 加强违法犯罪行为的警示教育

我们要让孩子明白，任何违法犯罪行为都会受到法律的制裁，对自己和他人都会造成严重的伤害。例如，在某市某商业街，15岁的小明与3名未成年人帮助已成年的“兄弟”打架斗殴。其间，小明用水果刀捅刺被害人胸部致其当场死亡。最终，小明被判有期徒刑8年。

3. 告知法律援助的途径和方法

当孩子在生活中遇到法律问题时，可以向家长、老师、律师等人寻求帮助，或者向公安机关、法院等机关寻求法律援助。这样，他们就能在遇到问题时，及时找到解决的办法，保护自己的合法权益。

（三）观看法治宣传教育视频

学习需要先引起学习者的注意。想要更加有效地开展法治教育，可以通过观看法律题材的电影、剧集，让孩子在轻松的氛围中学习法律知识。

1. 观看法律相关的影视作品

电影《十二公民》以独特的角度探讨了法律和道德的关系，通过模拟法庭的形式，展现了不同社会阶层对同一案件的看法和态度，让人对法律和正义有了更深刻的理解。

电影《第二十条》讲述的正当防卫问题引发社会广泛关注。这部影片聚焦于法律与道德的边界问题，通过一起案件的审理过程，展现了法律人在面对复杂案件时的挣扎和抉择，让观众在紧张刺激的氛围中思考法律和道德的关系。

电视剧《底线》以法院为背景，通过一系列真实案例展现了法官们在工作和生活中所面临的压力和挑战，让观众对法律有了更直观的认识。

2. 观看法治教育节目

由最高人民检察院、中央电视台联合制作的大型未成年人法治教育特别节目——《守护明天》在央视社会与法频道播出。该片通过10个真实的案例，引导全国青少年增强法治观念，远离犯罪，同时学会利用法律武器维护自己的合法权益。

另外，《一线》《天网》《法律讲堂》《今日说法》等节目，都是不错的法治节目。

（四）分析讨论案例

首先，我们需要选择一个与孩子年龄和理解能力相匹配的案例或新闻事件。例如，曾发生的一个初中生骑自行车闯红灯逼停多辆汽车最终被撞的交通事故就是一个很好的教育素材。这个事件与孩子的日常生活密切相关，能够引起他们的共鸣。

其次，家长或教育者需要对案件进行深入了解，包括事件的来龙去脉、相关的法律法规和处理结果等。这样，在与孩子讨论时，我们才能准确、全面地解释案件，帮助他们更好地理解。

再次，我们可以引导孩子对案件中的问题进行深入思考。例如，可以问孩子："你认为这个初中生闯红灯的行为对吗？为什么？"或者问："如果你是这个初中生，你会怎么做？"这样，孩子就能从多个角度思考问题，形成全面的判断。

最后，我们需要尊重孩子的思考和意见。在讨论过程中，鼓励孩子积极表达自己的看法，让他们感受到自己的意见被重视。同时，我们也要给予孩子正确的引导和帮助，确保他们的思考和判断不会偏离正确的方向。

总之，这样的教育方式不仅有助于孩子的成长和发展，还能够为他们在未来形成正确的价值观打下坚实的基础。

（五）制订家庭规则

首先，家长可以定期举行家庭会议，共同讨论并制订明确的家庭规则。这些规则应简洁明了，涵盖行为准则、责任分工等方面。在制订后，应让每个家庭成员签署协议，以明确对规则的承诺。

其次，建立奖惩机制，以激励孩子遵守规则。奖励可以包括表扬、现金奖励或增加娱乐时间等；而惩罚则应是公正和可实现的，如减少娱乐时间或做家务。通过这种方式，孩子能够明白行为的后果，从而更好地遵守规则。

再次，鼓励孩子参与规则制订的过程，让他们提出建议。这样，孩子将更加珍视规则，并意识到规则对家庭秩序的重要性。

最后，让孩子体验遵守规则和不遵守规则的后果，以教育他们应对自己的行为负责。定期与孩子沟通家庭规则的执行情况，了解他们的感受和想法，并根据反馈对规则进行调整和改进。

（六）鼓励参与社会实践

精选社会实践活动。比如，家长可以带孩子参加社区法律宣传小义工、法治宣传讲座或模拟法庭等活动，这些活动能让孩子直观感受法治的实际运作过程。

明确法治教育目标。在参与活动前，家庭成员应共同讨论并设定明确的法治教育目标，如了解基本法律常识、增强法治观念等，可以帮助孩子确定学习方向。

鼓励互动与讨论。在参与活动时，家长应引导孩子积极互动和讨论，鼓励他们提问、分享心得，这有助于孩子更深入地理解法治的意义和实践。

结合家庭实际进行教育。活动结束后，家长可以引导孩子结合家庭实际情况，运用所学的法律知识分析和解决问题。例如，可以讨论家庭中的财产分配、邻里关系等法律问题，让孩子在实践中增强法治意识。

持续监督与评估。家长应定期回顾和评估家庭法治教育的效果，根据孩子的反馈和实际情况调整教育策略，这有助于法治教育能够持续有效地进行。

总之，家庭法治启蒙教育是一项长期而艰巨的任务，需要父母或其他监护人付出耐心和努力。只有通过持续的法治教育，才能让孩子在成长过程中逐渐形成坚定的法治信仰，为社会的和谐稳定做出积极的贡献。最后，希望每个孩子都能扣好人生第一颗扣子，在法治护航下健康地成长。

爱国主义教育的家庭表达

“家是最小国，国是千万家。在世界的国，在天地的家。有了强的国，才有富的家。”这首歌非常生动地展现了家与国的关系，也深刻地表达了中国人的爱国主义情感。

那么，你曾在家里与孩子们谈论过“爱国”这个话题吗？

上海社科院实施的“家庭教育态度与行为调查”发现，家长对孩子的教育内容主要是生活习惯、学习习惯和安全教育，而爱国主义教育在家庭中往往处于“缺位”的状态。

家庭教育为什么要融入爱国主义教育呢？我们要从哪些方面引导孩子爱国？如何引导呢？

一、爱国主义教育的价值和意义

（一）爱国主义教育是树立正确人生观的重要形式

在社会多元文化的影响下，处于拔节孕穗期的青少年容易受到一些不良思潮的误导，这个时候家庭重视爱国主义教育就变得至关重要。作为一种深层价值理念，爱国主义能够为个人赋值、为社会定规、为国家塑魂。一个树立了“天下兴亡，匹夫有责”爱国意识的孩子更容易融入国家的发展之中，更容易获得社会的支持。

（二）爱国主义教育是维护祖国统一和民族团结的强大动力

爱国主义蕴藏于我国各民族的心理结构和精神品格之中，推动形成牢固的中华民族共同体，并且始终激发着中华民族的生机与活力，激励着一代又一代中华儿女为祖国的发展繁荣而不懈奋斗。

（三）爱国主义教育是推进中国社会前进的巨大力量

中华民族饱经风雨而绵延不息，历经困苦而百折不挠，正是依靠爱国主义的激励和引领。正如，习近平总书记指出的那样：5000多年来，中华民族之所以能够经受住无数难以想象的风险和考验，始终保持旺盛生命力，生生不息，薪火相传，同中华民族有深厚持久的爱国主义传统是密不可分的。

二、爱国主义教育的主要内容

2023年10月24日，十四届全国人大常委会第六次会议表决通过了《中华人民共和国爱国主义教育法》，首次将爱国主义教育提高到了法律的层面，并对爱国主义教育的主要内容作了明确规定：

①马克思列宁主义、毛泽东思想、邓小平理论、“三个代表”重要思想、科学发展观、习近平新时代中国特色社会主义思想；

②中国共产党史、新中国史、改革开放史、社会主义发展史、中华民族发展史；

③中国特色社会主义制度，中国共产党带领人民团结奋斗的重大成就、历史经验和生动实践；

④中华优秀传统文化、革命文化、社会主义先进文化；

⑤国旗、国歌、国徽等国家象征和标志；

⑥祖国的壮美河山和历史文化遗产；

⑦宪法和法律，国家统一和民族团结、国家安全和国防等方面的意识和观念；

⑧英雄烈士和先进模范人物的事迹及体现的民族精神、时代精神；

⑨其他富有爱国主义精神的内容。

爱国主义教育的本质是国家认同教育。家长要通过爱国主义教育，用党领导人民取得的伟大成就，用中国特色社会主义制度的优势，引导孩子深刻认识爱党、爱国、爱社会主义三位一体有机统一在中国共产党领导的中国特色社会主义道路的伟大实践之中；引导孩子把自己的利害得失与国家的兴衰荣辱联系在一起，把自己的前途命运与国家的前途命运联系在一起。

三、爱国主义教育的实施途径

在培养孩子的爱国情感时，可以有针对性地根据不同孩子的年龄开展适宜的家庭教育，提升爱国主义的培育效果。家长可以根据孩子的年龄，采取参观游览、阅读经典、聆听典型人物故事、参加公益活动、观看媒体节目等方式开展爱国主义教育，见下表所列。

在家庭中开展爱国主义教育的主要途径

途径	参观游览	阅读经典读物	聆听典型人物故事	参加公益活动	观看媒体节目
推荐年龄	11～18岁	9～15岁	13～18岁	9～18岁	13～18岁
素材选择	家乡景色	古诗词	古代英雄故事	环保公益	主流媒体新闻
	祖国其他河山	传统文化经典	近代英雄故事	敬老助残公益	新媒体优质内容
	传统文化景点	红色经典书籍	我国科学家故事	文教公益	优质电影作品
	红色革命景点	主流媒体文章	身边的榜样故事	其他志愿服务	优质电视节目

爱国主义教育有其特殊性，它无法依靠强制或灌输的手段生成，只能来源于孩子内心的认同，因此更要在日常生活中滋养孩子的心灵。家长要合理利用生活中的教育资料，将孩子置身于爱国主义教育之中，使爱国主义教育在孩子的日常生活中流淌。在具体的爱国主义教育中，家长可以尝试“五个相结合”。

（一）将爱国主义教育与爱家乡、爱党、爱社会主义紧密结合

1. 热爱家乡

热爱家乡是一种深厚的情感。这种情感不是凭空产生的，它需要具象化，需要从最贴近生活实际的地方做起，如了解家乡的历史发展和风土人情，参观家乡的历史博物馆，寻觅家乡的古今发展踪迹，感受家乡壮美的风光。

一些家长每到节假日都会带孩子出门游玩，在走街串巷的过程中给孩子讲解家乡的历史故事、文化特色，在游览中让孩子感受到家乡的美好，从而生出真挚的热爱家乡的感情。

2. 学习党史

一部百年党史，就是中国共产党的发展史、千万共产党人的奋斗史，是家长与孩子共同培养爱国情怀的重要资源。家长可以带领孩子观看党史纪录片等影视作品，参观党史纪念馆，游览红色景点，聆听党的英雄故事，在历史中探寻党为实现中华民族伟大复兴所做的艰苦努力。以下是为家长推荐的11条方便四川居民出行的红色旅游线路：长征四川段10日游线路、四渡赤水3日游线路、巧渡金沙江3日游线路、强渡大渡河3日游线路、翻越夹金山3日游线路、过雪山草地4日游线路、伟人故里3日游线路、川陕苏区5日游线路、三线建设4日游线路、抗震救灾5日游线路、脱贫攻坚3日游线路。

以长征四川段10日游线路为例，在这一线路中以中央红军巧渡金沙江的方

式进入四川，自南向北经凉山彝族自治州、甘孜藏族自治州、雅安市、阿坝藏族羌族自治州这条主线，沿途可游览皎平渡、彝海、两河口会议纪念地等19个景区。这条线路以自驾为主，局部可徒步穿越，一路可聆听长征路上的感人故事，领略川西壮丽的高原风光，感受藏、羌、彝多彩的民族风情，还可以到四川长征干部学院接受红色精神洗礼。

3. 体验发展

我国取得巨大发展的根本原因是制度保障。如何让孩子感受到社会主义制度的优越性呢？可以让孩子先了解“集中力量办大事”，如打赢脱贫攻坚战和乡村振兴工程，了解国家是如何集中优质资源，在政策、财力、物力和人员上进行保障和调配，从而实现脱贫和乡村振兴；了解“舍己为人，无私奉献”，如黄文秀、张桂梅的故事；也可以了解塞罕坝的故事，明白“绿水青山就是金山银山”理念给中国人民带来的福祉；还可以与孩子一起关注两会，看看人大代表提出了哪些事关人民切身利益的议案。带领孩子感受生活在社会主义祖国大家庭里的温暖和幸福，激发孩子的民族自尊心和自豪感，在体验过程中激发孩子发奋图强的志气。

（二）将爱国主义教育与铸牢中华民族共同体意识教育紧密结合

1. 走近古代史

厘清爱国主义和中华民族共同体意识的历史逻辑。中华民族五千多年的发展史深刻展现了各民族交融汇聚成多元一体的历史进程，是一部中华民族共同体意识的萌发、形成和发展史，也是一部中华儿女的爱国奋斗史。家长与孩子一起走近历史，读史书、看史料、观史物，让久远的历史在孩子心中鲜活起来，才能让孩子在古与今的碰撞中感受中华民族共同体的形成。

2. 读懂近代史

探寻中华民族共同体意识和爱国主义的同频共振。鸦片战争以来，中华民族遭受前所未有的劫难，中华民族共同体意识逐渐觉醒、凝聚、增强。家长可以带领孩子观看纪录片、读近代史，了解近代史上的英雄故事；在了解太平天国运动、维新派的政治实践、辛亥革命等推动中华民族共同体意识不断觉醒的事件的过程中，与孩子一起感悟“国土不可断送，人民不可低头”的壮志决心。只有孩子读懂民族记忆，才会对祖国这个宏大形象有更加具体而深刻的认知。

3. 感受新时代

体会中华民族共同体意识与爱国主义共同发力。带领孩子到少数民族聚居区旅游，在旅行的过程中直观感受民族地区的基础设施建设和人民的幸福生活。还可以与当地少数民族同胞交流，了解我国的民族政策、脱贫攻坚的成果等，切实感受中国共产党把铸牢中华民族共同体意识作为党的民族工作主线，引导孩子像爱护自己的眼睛一样珍惜民族团结，维护全国各族人民大团结的政治局面。

（三）将爱国主义教育与传承中华优秀传统文化紧密结合

1. 加强文化思想引领

用传统文化涵育爱国情怀。中华优秀传统文化、革命文化、社会主义先进文化是爱国情感的思想根基和文化基础，如“先天下之忧而忧，后天下之乐而乐”的政治抱负，“位卑未敢忘忧国”“苟利国家生死以，岂因祸福避趋之”的家国情怀等。家长与孩子共读古诗，共品经典文化作品，共赏优秀影视作品，在传统文化中汲取一代又一代中华儿女为中华民族发展、祖国统一而自强不息、不懈奋斗的精神伟力。

2. 讲好革命传统故事

用英雄精神的闪亮坐标引领孩子的心灵航向。在中华民族历史上，涌现出一大批具有爱国主义情操的仁人志士和先进模范人物，远如爱国主义诗人屈原、视死如归的文天祥、精忠报国的岳飞，近如铁血将军杨靖宇、狼牙山五壮士、邱少云、钱学森。这些典型形象深刻展现了高度的爱国主义情怀。家长可以合理利用这些生动的教材，在家中营造浓厚的爱国氛围，厚植孩子的爱国主义情怀。

（四）将爱国主义教育与弘扬社会主义核心价值观紧密结合

1. 鼓励孩子积极参加爱国公益活动

在植树节、雷锋日、助残日等可以参与植树造林、无偿献血、扶老助残等公益活动。通过亲身参与，孩子能够感受到奉献社会的快乐，培养出真挚的爱国情感。

2. 教育孩子珍爱祖国的资源与环境

祖国的资源是有限的，需要我们每一个人去珍爱和保护。我们可以从一些简单的事情做起。比如，教孩子进行垃圾分类，减少对环境的污染；教育孩子节约用水用电，让他们明白每一滴水和每一度电都是宝贵的资源；教育孩子保护动植物，让他们明白所有的生命都是宝贵的，需要我们尊重和保护。这样的习惯不仅对他们个人的成长有益，也对我国未来的可持续发展有着重要的意义，更可以培养孩子对国家未来发展的责任感。

3. 以身示范展现良好中国人民形象

家长在日常生活中给孩子做好示范，传承个人品德，践行家庭道德，遵守社会公德，积极关注社会生活，利用市长信箱、12345便民热线等主动为家乡和国家发展、社会治理建言献策。孩子可以在这个过程中学习如何成为一个有道德、有责任感的人，在家长的言传身教中形成国家认同，在社会生活中、国际舞台上展现良好的中国人民形象。

（五）将爱国主义教育与国防和国家安全教育紧密结合

1. 教育孩子国家安全是一个国家生存与发展的根本保障

家长可以引导孩子积极关注国家主权问题。家长可以和孩子这样讨论香港回归：1997年香港回到了祖国的怀抱。1842年《南京条约》和1898年《展拓香港界址专条》等不平等条约让英国取得香港管辖权，但我国政府始终未承认这些条约的合法性。改革开放后我国综合国力提升，通过中英谈判，最终依照“一国两制”方针，在法律和道义双重基础上于1997年7月1日恢复对香港行使主权。这充分证明：国家主权和领土完整不容侵犯，任何分裂行径都违背历史潮流和国际法基本准则。同样体现这一原则的还有钓鱼岛问题。历史文献如明朝陈侃《使琉球录》（1534年）、清朝《重纂福建通志》（1871年）均明确记载我国对钓鱼岛的管辖。日本在1895年甲午战争期间非法窃取该岛。如今，我国海警常态化巡航，正是依法行使国家主权的正当行为，应该像守护家门一样捍卫每一寸国土。

2. 警惕生活中危害国家安全的行为

家长给孩子讲解危害国家安全的典型案例，教育孩子警惕生活中危害国家安全的行为，如境外间谍情报机关人员以兼职为由策反、利诱孩子从事窃密活动。因此，家长要告诫孩子不拍摄军事等可能涉密地点的照片，不在网络上随意发布涉及国家安全的内容等。

3. 阅读国家安全相关法律，严格依法行事

家长可以有意识引导孩子了解国家安全的重要性，知道国家安全人人有责。在家中开展读法活动，比如读《中华人民共和国国家安全法》《中华人民共和国反间谍法》等，在家里应给孩子营造遵法守法的良好氛围。

爱国是一种生活的原生态，如涓涓细流，点点滴滴地融入日常生活，却会在不经意间喷涌而出。理性的爱国主义教育，是一个循序渐进的过程，需要时间和耐心。在家庭中开展爱国主义教育，不仅需要深刻的理论阐述，更需要生动事迹和高尚人格的熏陶，让爱国主义的情感在孩子的心灵中扎根发芽，把爱家和爱国统一起来，推动形成社会主义家庭文明新风尚。

专题二

学习指导

拒绝磨蹭

作为家长，你有没有这种经历？

每天叫孩子起床，嗓子都喊哑了，孩子还像没事人似的，拉都拉不动；送孩子去上学，说了无数遍“来不及了”，他还是慢悠悠吃饭，急得你干瞪眼；辅导孩子做作业，你都坐下十分钟了，孩子还四处溜达，怎么吼也没用……

如果做调查，票选“逼疯家长”的几件事，“孩子磨蹭”一定名列前茅。

当学习碰上磨蹭，难免就会制造许多崩溃瞬间。

磨蹭是每个孩子成长过程中的常见行为。孩子拖拉磨蹭是本能，自律是需要通过学习才能习得的。只有当孩子按照自己的节奏，一步一步感受时间，感受按时做事情的规律，才能真正成长起来。

一、为什么孩子总是磨磨蹭蹭

1. 对于陌生的抗拒

在面对还不熟悉的事物时，许多孩子会感到害怕从而选择逃避拖延，他们拖延的原因就是对新事物的不熟悉。

2. 对于结果的担忧

当做某件事或完成某项任务时，若孩子无法达到自己的要求，他可能会产生自我怀疑，对自我进行否定，从而失去自信；若孩子无法达到父母的要求，他可能会因为不能达到父母的期望而充满了愧疚和自责。然而，不论是哪种情况，所带来的感受，都是孩子不喜欢的。因此，若是孩子对一个任务的结果充满了担忧，往往会借由磨蹭短暂逃避。

3. 对于他人的依赖

如果孩子在做事过程中被父母不断提要求，那么完成事情后就很难有成就感，只有“脱罪”感，即总觉得自己完成的事情都是别人需要自己完成的。有时候，家长看到孩子还没做需要完成的事，比如整理衣柜，就会帮助孩子“扫清障碍”。孩子就会发现即使事情不完成也会有人兜底和弥补，慢一点也没关系，拖着也是个好办法，甚至还可以逃避任务，何乐而不为呢？若孩子没有机会去学习如何对自己负责，也就不会习得一些诸如时间管理、自我约束这样的重要生活技能，也就不具备快一点的能力。

4. 对于压力的不满

当孩子在家完成学习任务时，会有两类压力来源：一类是在完成学习任务的过程中父母的不断督促，另一类是在完成学习任务后父母的追加任务。不论哪一类，都有可能会激起孩子的反抗心理，而孩子为了避免直接和父母进行争辩这样的“硬反抗”，往往会选择磨磨蹭蹭的方式，这其实就是孩子的“软反抗”。

可见，许多磨蹭不一定是孩子们主观愿意的，但不可否认的是磨蹭一定会带来一些不好的影响。对于孩子而言，磨蹭的习惯会使他们降低学习效率，增加学习所需的时长，养成不良的学习习惯，激发学习时的焦虑和压力，他们无法专注，最终影响学习质量和效果。对于家长而言，孩子的磨蹭行为难免会引发他们的暴脾气，继而引发“亲子大战”。

二、如何帮助孩子拒绝磨蹭

家长需要厘清一个重要的观念：我们要改变的是磨蹭这个问题，而不是孩子这个人。要想彻底解决孩子磨蹭的问题，就需要分清事和人。如果看孩子磨蹭就着急上火，只想单纯从孩子身上下手，要求他改变，是行不通的。聪明的家长会不断提升自己，学会为孩子想办法；同时足够信任孩子，放手让孩子自己解决磨蹭的问题。其实，想要帮助孩子有效地处理磨蹭的问题，家长做到三点即可：稳定情绪、明晰责任、智慧引导。

1. 稳定情绪

不论任何问题出现时，当我们可以情绪平和地与孩子对话的时候，问题就已成功地解决了一半。心理学家提出了决定沟通有效性的“55+38+7”定律：人际沟通有效性的55%取决于态度、肢体语言和面部表情，而38%取决于语调和语气，只有7%来自我们沟通的内容。

在家庭关系中，如果想要把7%的重要内容传递给孩子，那么你需要重视“55%”和“38%”——态度、语气、神情，这是确保良好沟通的基础。当我们与孩子交流时，很多时候我们只在乎甚至不断强调7%的交流内容，无意中忽略了其他因素。孩子们很容易受到我们的情绪和语气的影响，从而忽略了交流的内容。例如，许多家庭都在努力解决一个问题：孩子早晨上学时，毫无时间观念，一直磨蹭。一位家长说：“为了让孩子早睡早起，快点出门，好说歹说，什么话都说尽了，也仔仔细细地分析了拖延的原因和迟到的后果……但他们依然拖延。”为什么行不通呢？孩子们自然很难接受简单的推理和权威式的沟通方式。如果我们在沟通时经常包含指责和抱怨等负面情绪，强迫孩子“听话”，许多孩子会立即接收到负面情绪，并与之作斗争。这种沟通肯定是无效的。

因此，当家长忍不住自己脾气的时候，建议你可以选择暂时避开孩子，平复自己的情绪。一个科学的自我调节方法——“478呼吸法”，可以让情绪快速平复。从字面意思就可以很好理解和记住这个方法：“4”是指吸气4秒，“7”是指憋气7秒，“8”是指呼气8秒，合在一起的做法就是用鼻子吸气默数“1、2、3、4”，屏住呼吸默数“1、2、3、4、5、6、7”，用嘴呼气默数“1、2、3、4、5、6、7、8”。一般情况下，完整地做完3次这样的深呼吸，情绪会明显平复下来。

2. 明晰责任

不知道大家有没有发现，孩子磨蹭时，家长往往很着急，也会更担心磨蹭的后果，于是便会各种催促，甚至还会越俎代庖，这样极易让孩子忽略责任的主体是自己。因此，家长需要尝试着让孩子承担磨蹭的后果，学会对自己负责。当孩子磨蹭时，家长不妨让他按照自己的时间节奏来安排，如因洗漱、吃饭等拖拉导致上学迟到时，让孩子明白自己拖延时间会带来相应的后果，以培养其责任意识。家长若是包办过多，可能导致孩子对家长产生较多的依赖，如在面对学习任务时缺乏独自解决的自信，选择以拖延回避的方式来应对；如果孩子从家长身上感受到了很大的压力，可能会本能地趋利避害，通过拖延来保护自己，以减少自己的负面情绪。

其实孩子需要掌控感，他们也渴望能自己作决定，为自己的事情做主。家长如果想激发孩子的学习动力，就一定要尊重他们自我掌控的需求，家长应充分信任孩子，尽可能让孩子安排自己的时间。如果遇到孩子有不懂的地方，家长在一旁协助支持即可。

3. 智慧引导

当家长能心平气和与孩子对话的时候，就需要一些防止磨蹭的技巧，来帮助我们引导孩子们提升效率。首先，尝试思考以下问题。

问题1：孩子的书桌上是否摆满了各种东西？

问题2：孩子在学习前，是否经常会翻找书包很久，迟迟无法决定做什么？

问题3：孩子在学习时，是否不等一项任务完成，就开始做另外的任务？

问题4：孩子是否会时常做一道题很久？

问题5：孩子在学习时，是否常常无故浪费时间？

若问题的答案是“是”，可以参考以下四个方法，帮助孩子拒绝磨蹭。

（1）帮助孩子整理学习环境

孩子总是会说，在学校的学习效率高于家里。这是因为我们所处的物理环境，会直接或间接地影响我们行为的效率，所以学习效果会受到所处环境的影响。不同的环境能够激发大脑开启相应的状态。我们在学校的主要任务是学习，所以一进入学校，大脑就会自动进入高效学习模式。因此，我们需要帮助孩子们将家里的学习环境布置得跟学校相似，设置一个专门用于学习的空间，与休息区域相分割。

如何布置呢？原则一：学习物品摆放在一目了然且触手可及的范围内。原则二：学习空间的设计和布置要让学习者可以很快进入学习状态，如桌面整洁，无任何与学习无关的物品。原则三：保证学习环境的舒适性。原则四：学习环境采用适宜的灯光。原则五：控制学习空间的噪声。需要注意的是，家长也不必小心翼翼创设无声环境。若是孩子长期适应在这样的环境里学习，一旦换到其他有一点噪声的地方也会适应不了。原则六：家长陪伴孩子学习时，为避免孩子受干扰，也应避免刷短视频或玩游戏。

（2）助力孩子设定学习计划

在心理学中，有一个关于目标的“快速定位”实验。在实验中，心理学家将学生分为三组，前往10公里外的村庄。第一批是不知道村子在哪里的学生他们在2公里内开始抱怨，几乎每个人都半途而废；第二批学生会被告知他们的目的地在10公里之外，但没有路标来指引他们，很少有人坚持到最后；第三组学生不仅知道他们的目的地在哪里，而且有路标引导他们一路前行，他们中的很多人顺利到达了目的地。这个实验证明了目标和计划对孩子行为的重要意义。别看孩子磨蹭，他们却会时刻惦记着那些未完之事。但是，积攒的事多了，他们便没了头绪，做什么也无法专注。因此做事前，帮助孩子明确目标，指导他们制订清晰的计划，孩子才能有精准的行动方向。如何指导孩子们制订计划呢？可以分为两步：第一步是引导孩子罗列他需要完成的学习任务，第二步是引导孩子将学习任务进行排序。引导孩子根据任务重要程度，从重要到不重要依次进行排序，优先完成重要的任务。那么，什么是重要，什么是不重要，有没有一个标准呢？对于孩子们而言，重要是指对他们成长、发展有意义的事情。整体来看，孩子们若是能发现事情的重要性且有充足的时间去准备，就能完成得很好，自身的紧张感和焦虑感也会慢慢减弱，对时间的把控也会越来越自如，自然而然也就不会磨蹭。

（3）协助孩子规划学习时间

在制订完学习计划之后，如何能让孩子们合理安排并且完成计划呢？这里可以教会孩子们使用“番茄工作法”，即将他们可利用的时间根据任务的所需时长，按25～40分钟进行分割。孩子们需要努力使自己在“番茄时间”内专注，中途不做任何与学习任务无关的事。等一个“番茄时间”结束后，短暂休息一下，再继续下一个“番茄时间”。这样的训练，能增强孩子对时间的感知，帮助其培养良好的时间观念。

（4）引导孩子运用学习妙招

如果家长做了很多的引导，孩子依然无法立即行动，此时可以借助一些小技巧，帮助孩子开启“行动按钮”，摆脱磨蹭的困扰。

妙招1：5分钟学习法。若是孩子迟迟无法行动起来，此时，家长可以这样告诉孩子，也许能帮助孩子快速行动：数学作业不用马上做完，只做一道题目即可；英语背诵暂时无法完成没关系，就先背两个单词；语文阅读有难度，没关系，先读一遍课文就行。降低孩子的起始任务量，告诉他只用做5分钟或是一个小任务即可，就可能帮助他快快行动起来了。

妙招2：5秒行动法则。想到和得到之间，隔着一条“做到”的鸿沟，如果能在5秒内决定开始，就能做到任何事。因此，我们可以跟孩子约定，无论在何种情况下，若是我们需要进行学习，那就倒数“5，4，3，2，1”；当数到最后一个数的时候，立马行动。因为5秒的时间很短，还不够让大脑编织出一个完整的借口，所以它可以促使孩子立刻行动，避免磨蹭。

妙招3：从容易的开始。鼓励孩子们学习时从简单的地方开始，看书挑简单的看，做题从简单的做。从容易做的事情开始，这样大脑就会觉得有成就感，分泌多巴胺，让孩子有更好的状态迎接难一点的事情。等到孩子进入了学习状态后，再来让孩子自主安排，让他自己决定接下来是做难的事情还是容易的，还是交叉着做。孩子需要做的事情，家长要帮助孩子去设计它，让事情的启动时间变得越短越好。

我们要做的，是引导而非干预，是影响而非控制。教育孩子，就像牵着一只蜗牛在散步，需要慢慢来，多给孩子一点时间，多让他们在生活中历练。总有一天，那个看起来慢吞吞的孩子，会加速前进的。

提高学习效率

孩子一天到晚都在学习，但为什么看不到效果？进入中学，家长面对孩子的学业问题往往会变得手足无措。想要回答这个问题，离不开一个关键词——学习效率。

为什么会出现“学习效率”这个词语？它会如何影响孩子的学习效果？下面，让我们认识“学习效率”，揭开它神秘的面纱。

一、学习效率的重要性

说起学习效率，也许家长们会单纯地用孩子完成作业的快慢来评价。下面我要告诉家长的则是关于学习效率的真相。

一般来说，单位时间内学习到的知识越多，代表着孩子的学习效率越高，这也与花费的时间和精力有关。提高孩子的学习效率有诸多好处，下面主要介绍三点。

1. 减少学习时间

在目前的社会背景下，孩子需要不断地学习以提高自己的知识水平，适应日益发展的社会需求。如果能够通过提高学习效率，在较短的时间内掌握更多的知识，那么就可以节省大量的时间，使孩子能够更好地平衡学习和生活。

2. 提高学习质量

当家长注重孩子的学习时间时，也要注重学习的重点和方法，避免孩子在无关紧要的事情上浪费时间。这样，孩子们就能够更加专注、更有条理地完成学习任务，提高学习质量，同时也可以减轻学习压力。

3. 带来更多机会

在读书的时候，我们要注重提高学习效率，以掌握更多的知识和技能。放眼人的一生，掌握更多的知识和技能，可以让我们更具竞争力，拥有更多的机会。可见，高效学习可以带来更多的可能性，让一个人更加容易获得成功。

相信家长已经意识到，学习效率不仅会在读书时期有重要作用，甚至会在未来的人生中继续影响孩子的发展。

二、影响学习效率的因素

案例：最近，小华老是上课打瞌睡，作业也经常没有完成。在与小华沟通的时候，他说自己家隔壁最近正在装修，嘈杂的环境让他没有办法专心写作业，晚上睡觉也很困难，同时父母还要指责他没有专心学习，所以成绩出现了下滑。随后在与小华父母沟通时，他们提到小华一直以来的学习习惯都不是很好，回到家要先玩很久才会写作业，以前提醒还会听，但现在叫也叫不动，甚至还会发生争吵。

从小华的案例中，我们可以发现影响学习效率的6个重要因素。

1. 学习动机

学习动机是引发和维持学生的学习行为，并使之指向一定学习目标的一种动力倾向。如果孩子自己有足够的内部动力，那么对学习的积极性就会非常高。小华比较缺乏学习的内部动力，更多的是靠家长和老师的督促。同时，外部动力的增加会导致内部动力的降低，如果家长一直采用物质奖励激励孩子，那么就会进一步减少孩子的内部动力。如果孩子没有足够的学习动机，他们在学习时可能会感到无聊或者不想学习，从而影响学习效率。

2. 学习方法

不同的学习方法对学习效率有着不同的影响，每个孩子都有适合自己的学习方法，需要家长和老师帮助孩子在学习和成长过程中探索。采用恰当的学习方法可以帮助孩子更好地理解和掌握知识点，事半功倍，提高学习效率；反之，错误的学习方法可能会浪费孩子的时间和精力。

3. 学习环境

一个良好的学习环境可以让孩子更加专注和集中注意力，从而提高学习效率。所以，我们一般建议在家庭中为孩子设立一个专门的学习空间，这个空间需要与娱乐、休息、交流区域分开。相反，嘈杂的环境或者过于舒适的环境可能会分散孩子的注意力，降低学习效率。

4. 健康状况

孩子的身体健康也会影响学习效率。如果身体不适或者缺乏充足的睡眠，孩子可能会感到疲惫，无法专注思考，从而使学习效率下降。有时，孩子向家长提出身体不适时，家长可能会以“坚持一下，不能缺席”“别的孩子怎么没有这么多事”等话语反驳孩子的需求，但这时就算孩子坚持学习，效率也会大打折扣。家长首先要确认孩子是否真的身体不舒服，如果身体没有问题，就要考虑是否受心理因素的影响，总之一切有迹可循，不要忽视孩子的身心状况。

5. 学习态度

初中孩子的情绪控制能力处于发展过程中，因此他们经常会陷入情绪的两极化。同时，处于青春期的他们对自己的评价大多来自别人对他们的评价，此时对孩子的批评、指责、怀疑和不认可，会引起他们激烈的负面情绪，甚至会让他们变得不自信。如果孩子对学习持消极的态度，缺乏自信心，那么他们会缺乏学习动力，从而使学习效率下降。

6. 个人习惯

俗话说，好习惯会使人受益终身。孩子的个人习惯是影响学习效率的重要因素，如避免拖延、保持专注等习惯都会影响学习效率。

虽然影响学习效率的因素是多方面的，但只要我们及时关注这些方面的行为，采取相应的方法去解决，就能提高学习效率。

三、提高学习效率的方法

影响学习效率的因素我们已经了解了，那么家长该如何帮助自己的孩子去提高学习效率呢？针对不同孩子的具体情况，我们需要一些合适的、有针对性的方法。这里，有一些方法和建议供大家参考和使用，有助于科学地提高孩子的学习意愿，助力孩子提高学习效率。

1. 制订计划

在面对学习任务的时候，家长可以帮助孩子将大目标分解为具体的小目标，制订明确的学习计划，包括目标、时间表和里程碑。这样，就能逐步完成大目标，就能长时间一次又一次地获得成就感，进而提高学习热情。

制订学习计划和目标时，我们可以采用SMART原则进行规划：第一，目标是明确的，比如不要说“我要提高英语水平”，而是说“我要每天花30分钟阅读英语文章”；第二，目标是可衡量的，比如“我要每周掌握5个新单词”就比“我要提高词汇量”更容易被衡量；第三，目标是可达到的，不要制订过于理想化或不切实际的目标，应该根据自身情况合理制订；第四，目标具有相关性，与孩子的学习需求和长期目标相关联，确保制订的学习计划符合个人的学习需求；第五，目标是有时限的，比如“我要在下个月的考试中英语获得120分”就比“我要提高英语水平”更有时限性。

2. 确定优先级

当孩子面对许多要完成的事情时，不可能同时开始。所以，确定学习任务的优先级非常重要，可以以时间节点为参照，先处理最重要的任务。这样可以帮助孩子专注于最关键的事情，合理分配时间和精力，提高效率。

3. 避免分心

人的注意力是有限的，所以在学习过程中，要尽量减少分心的因素，如关闭社交媒体、手机静音、找一个安静的学习环境等。家长们可以尽量为孩子营造一个专注学习的环境，在孩子进行学习活动的时候，避免无关活动的干扰。

4. 使用科学的学习方法

用对方法能达到事半功倍的效果，选择适合自己孩子的学习方法，比如阅读、笔记、讨论、实践等。不同的学科和内容可能需要不同的学习方法，之后将为大家介绍学习金字塔、西蒙学习法、费曼学习法三种学习方法。

5. 锻炼记忆和理解能力

记忆和理解是学习过程中基础且重要的两种能力，可以通过不同的方法提高对知识的记忆和理解效果。例如，组块化学习，即对知识和信息进行分类整理。当我们要记忆853972641这组数字时，如果将三个数字分为一组，记忆的效果会大大提高。同样的方法可以运用于记忆比较复杂和量大的内容。

6. 学会时间管理

首先要明确一段时间内要做的事，然后制订作息时间表，在表上填上需要花费的时间，比如吃饭、睡觉、上课、娱乐的时间等。安排好这些时间后，选择合适的、固定的时间用于学习，并且充分利用碎片时间学习，避免拖延和浪费时间。还可以运用时间管理四象限法则来帮助孩子明确任务的优先级。美国管理学家史蒂芬·柯维提出的时间管理理论，将任务按照重要性和紧急性两个维度分为四类——重要且紧急、重要但不紧急、不重要但紧急、不重要且不紧急。按照时间管理四象限法则，重要且紧急的作业先做，重要但不紧急的作业计划做，不重要但紧急的作业请他人协助，不重要且不紧急的作业可不做。中学阶段的孩子需要逐步发展自己的时间规划和自我管理能力，家长应更多地让孩子自主支配时间。

7. 养成良好的学习习惯

好习惯使人受益终身，良好的学习习惯也能帮助孩子更高效地学习，如定期复习、保持好奇心、保持积极的学习态度等。

孩子可以利用艾宾浩斯记忆曲线开展科学的复习，根据记忆周期来背诵知识。艾宾浩斯记忆曲线是艾宾浩斯根据实验研究发现人们的记忆效果与复习的节点和频率有直接的关系，并且总结了7个需要人们关注的记忆周期。

第一个记忆周期：5分钟

第二个记忆周期：30分钟

第三个记忆周期：12小时

第四个记忆周期：1天

第五个记忆周期：2天

第六个记忆周期：4天

第七个记忆周期：7天

按照7个记忆周期去复习，在第一次记忆学习的5分钟、30分钟和12小时后就要及时进行短期记忆复习，然后要在遗忘时间节点进行长期记忆复习。长此以往，知识就会逐步从短期记忆变为长期记忆，直到真正掌握学习内容。

8. 寻求帮助和反馈

学会求助是很好的办法，家长要鼓励孩子如果遇到困难或者不理解的地方要及时寻求帮助，向家长、老师、同学请教，及时纠正错误。

9. 注重身心健康

保持良好的身体和心理状态对提高学习效率至关重要。睡眠可以让大脑得到最有效的休息，运动可以让大脑快速放松，因此要注意合理安排孩子的饮食、睡眠、运动。同时，家长要教导孩子拥有稳定的心态、强大的内核，能让孩子们不怕任何艰难险阻，遇到困难时不会轻易放弃，而是想办法迎难而上，获得成长。

10. 不断反思和调整

定期评估、检验孩子的学习效果，总结经验教训，及时帮助孩子调整学习方法和计划，不断提高他们的学习效率。

青春期的孩子正在经历转变，家长们需要密切关注孩子的身心变化，在恰当的时机帮助孩子选择运用适当的方法，以提高学习效率，并且逐渐培养孩子解决困难的能力。

四、学习方法的实操

刚刚已经了解了影响学习效率的要素，梳理了提高学习效率的方法，下面将介绍不同学习方法的使用和具体效果。

1. 学习金字塔——浅层学习满足输入，深层学习注重输出

一般来说，学习可以分为主动学习和被动学习两种。在学习过程中，孩子主动学习意愿越高学习效率越高；反之，学习越被动学习效率就越低。

学习金字塔模型是学习专家爱德加·戴尔于1946年提出的，他用数字形象地呈现了采用不同学习方式的学习者在第一次学习的两周后还能记住的内容有多少。根据此模型，他发现学习效果在30%以下的都是个人学习和被动学习，而学习效果在50%以上的都是团队学习、主动学习和参与式学习。

学习金字塔分为七种学习方式，从上到下学习效果是越来越好的。

第一种是听讲，也就是老师在上面说，孩子在下面听，这是我们最熟悉、最常用的方式，学习效果却是最差的，两周后学习内容只能留下5%。

第二种是通过阅读的方式学习，两周后学习内容可以保留10%。

第三种是借助声音、图片来学习，两周后学习内容可以保留20%。

第四种是示范的学习方式，两周后学习内容可以保留30%。

第五种是小组讨论的学习方式，两周后学习内容可以保留50%。

第六种是做中学或实际演练的学习方式，两周后学习内容可以保留75%。

第七种是教别人或马上应用的学习方式，两周后学习内容可以保留90%。

管理学家彼得·德鲁克说过，一个人的学习能力才是他的核心竞争力。学习金字塔模型让我们对提高学习效果的方法有了更加清晰的认识：最好的办法是七种方法结合，变被动学习为主动学习，积极开展分组讨论、模拟训练、教学相长、实战应用。

以阅读为例来了解孩子如何在学习中使用学习金字塔模型：从听书、自己读书到摘抄金句、思维导图，都是属于被动学习，停留在知识的输入和简单罗列的阶段；当讨论、输出环节加入后，孩子的学习过程才开始由输入转变为输出，真正进入深层学习，从知道到做到，完成高效学习目标。

2. 西蒙学习法

诺贝尔经济学奖获得者西蒙曾提出过一个说法：对于一个有一定基础的人来说，只要真正肯下功夫，在6个月内就可以掌握任何一门学问。西蒙将具体学习方法总结如下：

西蒙学习法=积极的学习动机×有效的学习方法×必要的时间投入

西蒙学习法的三要素：①学习动机（学习动机是驱动燃料，即兴趣是最好的内驱力）；②学习四步骤（选择领域、设定目标、拆分内容、集中精力学习）；③

时间的作用（实践练习、试错纠偏、反馈调整、建立有效程序）。

简单来说，西蒙学习法的核心是目标单一、持续投入、集中精力，包括以下三个步骤。

①确定一门需要学习的课程。在选择学习内容时，我们可以采用成功者的思维（为什么→是什么→做什么）和“721法则”（用10%的时间学习知识和信息，用20%的时间与人沟通和讨论，用70%的时间练习和实践）。

②将课程拆分。以自己的学习能力为标准，将课程拆分到比较容易学习的内容为止。在拆分知识的时候可以运用思维导图、“二八法则”等帮助我们进行。

③持续学习6个月，每天学习6小时，逐个击破被拆分的最小部分。学习时间可根据自己的情况作调整。

当然，这个过程中最重要的是持续坚持，家长可以陪伴着孩子一步一个脚印，集中精力做一件事的过程本身也是一种收获。

3. 费曼学习法——用输出影响输入

费曼学习法源于诺贝尔物理学奖获得者理查德·费曼。运用费曼的学习技巧，只需花上20分钟就能深入理解知识点，而且记忆深刻，难以遗忘。费曼学习法包括如下四个步骤。

第一，明确目标。

①确定目标：学什么。

②梳理概念：查阅资料、整理笔记、完成知识点总结和理解，搭建初步框架。

注意：一定要将自己脑海里的语言组织出来并写下来，如果写不出来就再回去看哪里不懂。

第二，以教代学。

①设想讲解：可以在脑海里假设自己是老师，把学到的知识讲给别人。

②发现漏洞：通过教别人可以发现自己还没有掌握的地方。

第三，复盘回顾。

①继续学习：纠错之后再次学习，再次学习刚才出错的地方，回归原材料或者书本本身，直到能够流畅地阐述知识点。

②复盘回顾：复盘总结自己学习过程中的优缺点，强化优点，改正缺点。

第四，简化内化。

①简化：把本次学习的知识点简化解释，让讲解深入浅出。

②内化：把新知识与已有的知识和实际生活连接。

完成上述四个步骤之后，孩子一般可以流畅且精准地将知识完整地阐述出来，之后需要做的是举一反三。费曼学习法能帮助孩子理解那些没有真正掌握的知识，从而更高效地学习。

归根结底，以上方法需要家长结合孩子自身情况和学习内容的特点，选择合适的学习方法并持之以恒地运用，帮助孩子养成科学的学习习惯，保持稳定的情绪状态，健康成长。

缓解考试焦虑

案例：小雅是一名初三学生，非常热爱学习，学习习惯也非常好，学习成绩一直很优异。然而，在中考的前几个月，她出现了一些反常表现：她经常感到烦躁和焦虑，有时甚至会因为一些小事发脾气或流泪；在复习时，她发现自己难以集中注意力，常常走神，开始变得拖延，不愿意面对考试；考试前经常会出现胃痛、恶心、头痛等症状，并且难以入睡，甚至失眠。

以上案例中小雅的种种表现，其实是比较典型的考试焦虑症状。

考试焦虑是一些孩子面临的一大挑战，家长怎么做才能有效地帮助和引导孩子，帮助他们战胜考试焦虑呢？接下来，本文将从心理学的角度，与各位家长探讨考试焦虑，分析导致学生焦虑的常见原因，并提供一些实用的策略和技巧。希望通过分享，为家长提供一些有益的启示，帮助孩子更好地应对考试的挑战。

一、理解考试焦虑

1. 考试焦虑的心理学定义

心理学界通常将考试焦虑定义为学生在面对考试或评估时，产生的一种过度的紧张、担忧和恐惧的情绪状态。

2. 考试焦虑的生理和心理表现

考试焦虑不仅包括对失败的恐惧和对负面评价的担忧，而且还涉及多种生理和心理表现，这些反应共同影响着孩子的学习和表现。

（1）考试焦虑的生理表现

考试焦虑会引起身体的过度紧张，这是身体对压力的自然反应，具体表现为心跳加速、出汗等。一位参加高考监考的老师说，在他监考的考场有一个孩子在考试过程中，因为太紧张导致出汗太多，不停地向老师要擦汗的纸，最后干脆把纸贴在额头上吸汗。此外，孩子还可能出现其他身体不适，如常出现头痛、胃痛、恶心和消化不良、肌肉紧张和疼痛等不良反应。

（2）考试焦虑的心理表现

孩子常常会预想考试可能失败的场景，并对这种可能出现的负面结果感到极度恐惧。

一些孩子在考试前夕会陷入对成绩担忧的连锁反应中，如担心成绩不佳会影响他们的未来学习和职业发展。

焦虑可能使孩子注意力不集中与记忆功能受损，从而影响他们的学习效率和信息处理能力。具体表现为孩子难以集中注意力，容易被无关的事物或杂念影响而分心。焦虑情绪会干扰大脑记忆功能的正常运作，影响孩子回忆和整合学习信息的能力。比如，有的孩子在考前会觉得自己复习的知识已经被遗忘，大脑一片空白，这其实就是焦虑导致的记忆障碍。

通过对考试焦虑的生理和心理表现的深入了解，家长们可以更好地认识到孩子的焦虑状态是会影响他们的整体表现的，特别是在面临重大考试时。

然而，仅仅认识到考试焦虑的表现是不够的，我们还需要深入探讨它出现的根本原因。接下来，我们一起来探讨考试焦虑的产生根源，探讨一系列潜在的内部和外部因素。这将帮助我们理解为什么考试焦虑在孩子中会存在。

二、考试焦虑产生的原因

造成孩子考试焦虑的因素多种多样，主要涉及心理、社会、经济等多个维度。

1. 对未来的担忧

中考是孩子面临的第一次人生大考，这将决定他们能否进入理想的高中。在这一时期，他们面临着前所未有的压力和挑战，不仅担心自己的成绩是否能达到预期，还担心这些成绩会影响他们未来的教育和成长。

2. 将成绩与自我价值过度关联

在一些孩子的心中，成绩不仅仅是数字，它们更代表着自我价值的体现。当成绩不理想时，学生们往往会自责，认为自己不够聪明、不够努力，甚至不够优秀。这种将成绩与自我价值紧密相连的观念，让一些孩子在面对考试时承受着巨大的心理压力。他们害怕失败，害怕让父母、老师和同学失望，更害怕自己因此而失去价值。

3. 面对的家庭压力过多

一些家长常常不自觉将自己的孩子和别人的孩子进行比较。家长之间的比较涉及孩子们的方方面面，包括特长、社交等方面，尤其是成绩。这种比较往往会给孩子们带来巨大的压力，家长越重视分数，孩子就越会担心自己考试成绩不理想而受到父母的负面评价或不被家人认可。

健康、积极的家庭氛围可以帮助孩子缓解压力，提高自信心，而紧张、充满压力的家庭氛围则可能加剧孩子的焦虑感。

4. 学校竞争过于激烈

学校普遍存在的竞争也会给孩子带来压力。他们可能会担心自己无法在这样的环境中保持最佳状态，或者在与同学的竞争中落后。在竞争的学校环境中，孩子可能还会对连续的失败产生恐惧，这种恐惧可能会导致他们在面对考试时感到极度焦虑。

5. 信息过载导致的压力

在信息爆炸的时代，孩子们面临着大量的教育资源和信息。这本应是好事，但有时也会成为焦虑的来源，如焦虑如何在海量的学习资源中筛选出真正有价值的信息，以及如何在众多学习方法中找到最适合自己的那一种。这种信息过载的现象，往往让孩子感到不知所措。他们可能会盲目地跟随那些被标榜为优秀的学习方法，却忽视了这些方法是否真正适合自己的学习风格和需求。同时，市场上的学习辅导资料质量参差不齐，学生们在缺乏有效指导的情况下，很难辨别哪些资料是真正有助于学习的。这种不确定性和盲目性，不仅浪费了孩子宝贵的学习时间，还可能导致他们对自己的学习能力产生怀疑，从而感到焦虑和沮丧。

三、缓解学习焦虑的策略与实用技巧

每个孩子的情况都是独特的，造成他们考试焦虑的原因各不相同。面对孩子已经出现明显的考试焦虑症状，家长们的应对方法也各不相同。

小雅出现了考试焦虑症状后，小雅的父母是怎么应对的呢？

他们针对小雅的学业问题帮助她制订了复习计划，但当他们看到小雅的异常表现时，又会主观地认为是她不够努力，所以经常对小雅进行批评和责备。他们还将小雅与其他成绩优异的学生进行比较，指出她的不足。为了缓解小雅的压力，他们有时会在周末安排一些轻松的家庭活动，如散步和看电影。

但小雅感觉父母不理解自己，情绪更加不稳定，学习效率更低，焦虑感增加。最终，小雅在一次重要的考试中发挥失常，焦虑症状更加严重。

小雅的父母在应对她的考试焦虑时，采用了一些不当的方法，尽管他们有时会安排家庭活动以缓解小雅的压力，但这些措施并不足以抵消他们其他的不当应对方法带来的负面影响。

所以，面对孩子的考试焦虑，家长可以采取哪些措施来更有效地帮助孩子缓解考试焦虑呢？接下来，我们将探讨一些策略和实用技巧。

（一）帮助孩子确定合理期望：让目标成为助力而非负担

1. 理解期望的重要性

作为家长同时也是过来人，我们需要明白一个简单的事实：期望是双刃剑。期望合理，它可以激励孩子迈向成功；期望不合理，它就像背上的沙包，阻碍孩子前行。理解这一点，是我们缓解焦虑的第一步。

（1）期望与压力应平衡

想象一下，如果每天告诉一只猫它今天需要抓回五只老鼠，而之前它整天只想睡觉，一天只能抓一只老鼠，突然为它设定如此高的目标，这不仅不现实，还很可能会让这只猫非常焦虑。同样，对孩子不切实际的期望也会增加他们的焦虑和挫败感。

小贴士：试着和孩子一起确定目标，确保这些目标既能激发他们的潜能，又不能让他们感到太多压力。

（2）期望应与能力和兴趣相匹配

期望需要基于孩子的实际能力和兴趣来设定。如果你的孩子对数学有天赋，那么在这方面设定有挑战性的目标是合理的。但如果孩子对画画更有热情，而家长却强迫孩子去上奥数班，这就像让鱼去爬树，结果只能是双方一起沮丧。

小贴士：家长们一定要花时间观察和了解你的孩子，找出他们的强项和兴趣，然后围绕这些点设定期望。

2. 合理设定期望

设定合理期望是一门艺术，也是一门科学。以下是一些帮助大家设定合理期望的小技巧。

（1）小步快跑：设定短期和可达成的目标

不要一开始就设定一个巨大的目标，比如这学期要成为全年级第一。相反，设定一系列小而易达的目标，如这周数学作业的正确率比上周高，争取早点完成作业。这种方法不仅能让成功更加可见，还能帮助孩子建立信心，提升动力。

小贴士：把大目标分解成一系列小目标，就像玩游戏一样，过关斩将，每过一关就有奖励，让孩子感受到持续的成就感。

（2）正面反馈：强调努力而非结果

当孩子努力学习时，即使结果不完美，也要给予他们正面的反馈。强调努力的重要性比单纯注重成绩更能激励孩子持续进步。

小贴士：使用正面的语言，如使用“我真的很欣赏你为了这次考试付出的努力，看得出你投入了很多心思”等语言鼓励孩子。

（3）灵活调整：以最佳目标为导向

如果你发现设定的期望太高或太低，不要害怕做出调整。灵活的态度不仅可以减少压力，还可以帮助孩子更好地适应学习成绩的起伏。

小贴士：定期与孩子一起检查目标，看看哪些目标需要调整，这是一个共同成长的过程。

（4）明确且具体：避免模糊和笼统的目标

“努力学习”听起来很好，但它太模糊，不够具体。相反，明确的目标，如每天完成30分钟的数学练习，更容易被执行和跟踪。

小贴士：帮助孩子设定具体的行动计划，明确什么时候、在哪里、如何开始行动计划，这样他们才不会感到迷茫。

（5）最终目的：强调自我超越

鼓励孩子与自己比，强调自我超越，是更健康的激励方式。

小贴士：提醒孩子，比昨天的自己更好，就是最大的胜利。这种心态能帮助他们摆脱不必要的比较，专注于自身的成长和进步。

3. 用故事帮助孩子达成期望

讲故事是一种连接心灵的古老而强大的方式。家长的阅历远多于孩子，可以和孩子分享你自己的亲身经历，让他们知道每个人都会面对挑战，而这些挑战是成长的一部分。这种共享的经验可以让孩子感到不是独自一人在努力。

小贴士：讲述一个关于你如何克服困难的故事，强调努力和持续改进的重要性，而不是一蹴而就的成功，但切忌太多、太频繁、太重复。

（二）有效沟通：搭建桥梁而非壁垒

沟通在缓解孩子考试焦虑方面起着至关重要的作用。通过有效的沟通，家长能够更好地理解孩子的内心世界，提供及时的支持和帮助，从而减少孩子的心理压力和焦虑感。沟通时要注意以下3个技巧。

1. 倾听：开启心灵的窗户

倾听，听起来简单，但真正的倾听不仅仅是耳朵的工作，而是一场心与心的交流。要成为一个好的听众，你需要用心感受孩子言语之下的情感和需求。

（1） 积极倾听

积极倾听不仅是静静地听孩子说话，还是通过点头、微笑、眼神接触等给予适时的回应，让孩子感觉到你完全在这个对话中。试想孩子与你交流时，你在玩手机，如果你是他，你还愿意继续分享吗?

小贴士：试着重复孩子的话，比如孩子说了“我真的很害怕数学测试”，你可以回应“听起来你对这个数学测试感到很紧张，想要聊聊吗”类似的话。

（2） 避免立即解决问题

当孩子表达烦恼时，家长的第一反应往往是立刻提供解决方案。然而，真正的支持是先给予孩子空间，让他们完全表达出来。不妨先放慢脚步，让孩子知道你在认真倾听他的问题，而不是在准备给他指导。

小贴士：当与孩子探讨问题时，可以使用类似“这确实很难，你对此有什么想法?”的话，鼓励孩子自己思考，而不是急于解决问题。

2. 支持：成为孩子的后盾

支持不仅是情感上的安慰和鼓励，还是在孩子的成长旅程中，成为他们稳定的支柱。这种支持可以让孩子知道，无论考试成绩如何，家是他们永远的避风港。

（1）情感支持

每当孩子感到挫败或紧张时，家长的拥抱和安慰十分重要。表达爱和关心不需要大段的演讲，简单的一句“我在这里”“我爱你”就足够了。

小贴士：用一些贴心的动作表达支持，比如在孩子的学习桌上留一张鼓励的小纸条，或是在考试日为他们准备一份特别的早餐。

（2） 鼓励自主探索

支持孩子的成长意味着让他们有机会自己做决定，哪怕这意味着他们可能会犯错。给予孩子选择的权利，比如让他们决定学习的时间和方式，能极大地提升他们的自信心和自主性。

小贴士：可以陪伴孩子一起制订一个简单的学习计划，让他们在其中做出一些选择，比如选择复习科目的顺序。

3. 激励：燃起内心的小太阳

在孩子的学习旅程中，正面激励是点燃他们内心小太阳的火种。这不仅能帮助孩子克服困难，而且能让他们学会从每次经历中寻找成长中积极的一面。

（1）庆祝努力的过程，而非仅仅是结果

学习是一场马拉松，注定不能只关注冲刺的瞬间。家长应该庆祝孩子持续的努力和进步，而不只是关注最终的分数。这种激励方式可以让孩子明白，每一步的努力都是值得骄傲的。

小贴士：可以创建一个“努力墙”，在上面贴上孩子为了达到目标所做的努力和获得的进步，这样孩子可以直观地看到自己的成长。

（2）用正面语言重塑思维

语言的力量是巨大的。使用正面的、支持性的语言可以帮助孩子构建积极的自我形象，如用“你这次的进步很大，继续保持”替换“这次只比上次好一点点，还不够好”等。

小贴士：避免使用绝对和消极的词语，如“永远失败”等。如果孩子犯错了，可以试着说“下次可以尝试另一种方法”这样的话。

记住，每一个家庭都是一个独一无二的小宇宙，找到适合的沟通方式可以让这个小宇宙充满爱和支持。

（三）教孩子缓解焦虑的小技巧：缓解而非消除

如果孩子们出现了过度的学习焦虑情绪，首先应让孩子认识到适度的学习焦虑是正常的，可以帮助他们不断进步；但不能过度焦虑，这会影响孩子正常的学习和生活。家长可以试着带领孩子做以下4种简单易行的缓解焦虑的练习，可能会帮助到孩子。

1. 呼吸练习：让内心平静

呼吸练习是缓解焦虑最快速和最直接的方式如可以试试四方呼吸法。这是一个非常简单但有效的方法，即按照4秒吸气，4秒屏息，4秒呼气，再4秒屏息的节奏来呼吸。这种方法不仅能帮孩子控制呼吸，还能让他的心跳慢下来，减少紧张感。

小贴士：如果觉得4秒太长或太短，可以调整时间，找到最适合孩子的呼吸节奏。

2. 正念冥想：让焦虑减少

正念冥想是关于“活在当下”的一种练习，它可以帮助孩子从无休止的担忧中解脱出来，专注于现在的感受，从而减少焦虑。

小贴士：家长可以在网上搜索适合正念冥想的音乐，带着孩子跟随着音乐和指导一起做。

3. 正念步行：让思绪停泊

如果孩子觉得坐着冥想很难，不妨试试正念步行。正念步行要求在行走时完全专注于自己的步伐和呼吸，感受脚步触地，感受空气滑过皮肤。

小贴士：找一个安静的公园，放慢步伐，把注意力放在脚下的感觉和周围的自然美景上。

4. 手指握紧法：让心情放松

握紧你的拳头，尽可能紧，然后慢慢放松。这个动作不仅可以减少手部的紧张，而且可以释放心理上的紧张。

小贴士：你可以将这个动作想象成你抓住了你的焦虑，然后将它释放出去，焦虑随之飘走。

当然，每个人都会有自己喜欢的放松方式。这样一种自己喜欢的放松方式，当感到焦虑或紧张时，就有了情绪的出口，让我们一起陪同孩子找到适合他们的放松方式，让他们能够从容面对焦虑。

专题三

身体健康

关注饮食健康

你家孩子是否存在挑食和偏食的习惯？是否偏爱如薯条、炸鸡等高热量、低营养的食物？又是否有着早餐马虎的不良饮食习惯？

我们先来做个小调查，看看你家孩子是否拥有健康的饮食习惯。

饮食习惯调查问卷表

1. 孩子三餐是否规律？（　　）

①完全规律　②多数情况下规律　③时而规律　④基本不规律

2. 孩子早餐习惯如何？（　　）

①每天都吃　②饿了才吃　③有空才吃　④经常不吃

3. 孩子是否经常吃新鲜果蔬？（　　）

①每日必吃　②2～3天吃一次　③1～2周吃一次　④从来都不吃

4. 孩子是否常用方便食品或零食替代正餐？（　　）

①从不这样　②1～2周替代一次　③2～3天替代一次　④频繁替代

5. 面对不健康的食物，孩子如何选择？（　　）

①坚决不吃　②1～2周吃一次　③2～3天吃一次　④每天都吃

★请将所选数字序号相加，①为1分，②为2分，③为3分，④为4分。

得分越低，反映出孩子的饮食习惯越健康。

初中阶段，正是孩子大脑发育与身体成长的黄金时期，健康饮食的重要性不言而喻。然而，近年来初中生饮食问题愈发凸显，主要表现为营养不均衡，饮食不规律，过度摄入零食，缺乏健康饮食知识。

一、不健康饮食习惯的形成原因

1. 家庭环境

家长的不良饮食习惯容易被孩子模仿。同时，当家长对孩子的饮食方式缺乏关注与引导时，很可能导致孩子营养摄入不均衡，从而影响其健康成长。

2. 学业压力

初中生由于学习压力大、时间紧张，往往难以兼顾饮食的均衡。他们可能会倾向于选择方便快捷的快餐和零食作为主食，导致饮食不规律，营养摄入失衡。

3. 社会环境

在社会上，一些人过度强调以瘦为美，导致一小部分孩子过度关注体重，采取极端饮食方式。同时，美食广告层出不穷，也会误导孩子进行不理智的购买行为。

4. 个人因素

一些初中生缺乏健康饮食的知识，他们不清楚如何选择对自身有益的健康食物，也不能科学地制订饮食计划，更不会进行科学的营养搭配。

二、家长应帮助孩子养成健康的饮食习惯

1. 树立榜样

家长应当通过自身行为示范，为孩子展示健康的饮食习惯，避免在孩子面前出现如暴饮暴食、偏食等不良饮食习惯。

2. 教育引导

初中阶段是孩子大脑和身体发育的黄金时期，营养摄入对孩子的成长至关重要。家长应该通过生动的例子和有趣的故事，让孩子明白健康饮食不仅是填饱肚子，还是促进身体发育、增强免疫力和提高学习效率的关键。

3. 沟通理解

与孩子进行深入的沟通，了解孩子对食物的偏好及形成这些饮食偏好的原因，如学习压力大、食堂饭菜不合口味等。家长应与孩子共同探索解决方案，如为孩子准备便于携带的健康餐食或教授他们一些基本的烹饪技巧。

4. 关注孩子的心理需求

初中阶段的孩子正经历青春期的心理变化，家长需要理解其因学习压力、情绪波动等因素导致的饮食变化。同时，应避免让孩子受到过度追求纤瘦身材等社

会文化的影响，可以通过参与户外活动或兴趣班来培养孩子的自信心和积极心态。

5. 制订饮食计划

与孩子一起制订合理的饮食计划，确保每天摄入均衡的营养，并让孩子参与食材的选购和准备过程，以增加他们对食物的了解和兴趣。

6. 限制不健康食品

限制孩子摄入高油、高糖等不健康食品。可以规定零食的摄入量和时间，让孩子选择健康的替代品，如坚果、水果等。

总之，在引导初中生保持健康饮食的过程中，家长应综合考虑孩子的心理和生理需求，采用多种方法引导孩子形成健康的饮食习惯。

正确应对“青春美丽痘”

大家回想一下自己在青春期脸上有“青春美丽痘”时，是不是也为此感到烦恼？

案例： 13岁男孩小轩是一名初中生。最近，他父母观察到小轩因脸上长了许多小痘痘而感到百般不舒服，期盼痘痘早日消失，却忍不住用手去抓，甚至反复洗脸，觉得清洁可以改变长痘的现状，然而结果是长痘情况更严重了。后来，小轩一旦发现脸上的痘痘更加严重，就会出现焦虑、烦躁等情绪。

如果这种情况不及时引导，可能会产生下面的危害。

①产生自卑感：小轩会觉得自己和其他孩子不一样，痘痘影响了自己的形象，不愿意接受身体的变化。

②产生负面联想：一旦听到身边的同学谈论五官容貌，就会不自觉放大别人的言语，觉得是在针对自己，甚至产生一些负面的想法。

③变得敏感易怒：因为对长痘痘的焦虑，不自觉中比以前更容易发怒，不太能控制住自己的情绪；还会因为个别同学的嘲笑、调侃导致情绪失控。

从这个案例中，我们看到小痘痘却有大影响。那么如何帮助小轩解决这个问题，给大家五点建议。

第一，掌握一些“青春美丽痘”的相关知识。父母应懂得青春痘是内分泌功能失调、皮脂分泌过多、饮食不合理、护肤品选择不当等因素造成的，在应对孩子痘痘问题时才能有的放矢。

第二，学会舒缓孩子的负面情绪。比如用心倾听孩子的心声，当孩子说到痘痘对他产生很多消极负面的影响时，不要打断、批评、指责、说教，接纳孩子的情绪，并在孩子停顿时加入“我以前也有你这样的感受”之类的话语，鼓励孩子畅所欲言。当孩子的情绪得到充分释放后，他的心情可能会平复许多。

第三，保持充足的睡眠。充足的睡眠能调节激素水平、增强皮肤屏障功能，有助于改善皮肤状态，减少长痘。

第四，科学地搭配孩子的饮食。饮食要清淡，尽量避免给孩子准备高糖、高热量的食物，如蛋糕、曲奇饼干、黄油土司、油条、炸鸡腿、炸酥肉、奶茶等。餐桌上应尽量多一些蔬菜、水果、新鲜肉食，并提醒孩子多喝白开水、纯净水等。

第五，去正规医院皮肤科就诊。如果在尝试了上述方法后孩子的症状依旧没有好转，家长可带孩子去正规医院的皮肤科就诊，听取医生专业意见，按要求合理用药。

总之，家长既不能在孩子“青春美丽痘”的问题上矫枉过正，太在意痘痘的问题；又要正视这个问题，想方设法帮助孩子度过这段敏感期。

拒绝吸烟和饮酒

在成长的过程中，孩子面临着来自外界的各种不良诱惑，抽烟和饮酒就是其中两个。

2024年世界无烟日的主题是“保护青少年免受烟草危害”。从这个主题就可以看出吸烟对于青少年影响之大、危害之深。医学权威杂志《柳叶刀》刊文表示，2019年全球有近445万例癌症死亡是由吸烟、饮酒和肥胖等风险因素造成的，占当年全球所有癌症死亡人数的44.4%。可见，吸烟、饮酒和肥胖是全球癌症的主要风险因素。《中国吸烟危害健康报告2020》显示，我国吸烟人数超过3亿，2018年中国15岁以上人群吸烟率为26.6%。我国每年有100多万人因烟草失去生命，如果不采取有效行动，预计到2030年将增至每年200万人，到2050年增至每年300万人。

吸烟会损害肺部结构、肺功能和呼吸道免疫系统功能，导致慢性阻塞性肺疾病、呼吸系统感染、肺结核、多种间质性肺疾病，吸烟量越大，吸烟年限越长，疾病的发病风险越高。吸烟对青少年的影响更大，会严重损害青少年的呼吸系统和心血管系统，并且会加速其成年后慢性病的发生。烟草中的尼古丁会使人成瘾，一旦成瘾很难戒断，而且暴露于尼古丁中还可能影响青少年的大脑发育。研究也证明，开始吸烟年龄越小，吸烟量越大，吸烟年限越长，烟草对身体造成的危害越严重。

烟草还不断以新的形式出现荼毒青少年的健康，比如电子烟。这些制作成卡通造型、有多种风味的电子烟，因为不像“烟”，往往更具有隐蔽性和欺骗性，也因此更容易诱导未成年人误入歧途。而电子烟也同样含有尼古丁等多种有害物质，以及乙醛、甲醛等致癌物质，吸食过量可致死。不法制造商为了增加吸引力，还会在烟液中添加调味剂，对身体造成永久性的损伤。

电子烟不仅对身体有害，还可能让人产生烟草成瘾的“入门效应”，即使用电子烟会使本来不吸烟的人产生尼古丁依赖从而成为吸烟者。

除了吸烟问题，儿童饮酒已成为全球重要公共卫生问题，据相关学者研究我国儿童饮酒情况呈低龄化的趋势。

可能有不少家长听过如“少喝一点没什么”“啤酒度数低喝点没关系”“少量饮酒是养生的”等这样的说法。其实，这些说法都是不正确的。2018年世界卫生组织（WHO）发布的《全球酒精与健康报告》中指出，全球每年约300万人死于饮酒，占全部死亡人数的5.3%；平均每20人就有1人死于饮酒，每分钟因饮酒死亡6人。

《柳叶刀》指出，一滴酒也会对肝造成伤害，最安全的饮酒量为0，即不饮酒才能对健康有益。对儿童来说，饮酒更是有百害而无一利。因为，儿童正处于生长发育的时期，大脑的结构和功能也处于发育阶段，酒精可以使儿童的大脑功能发生变化，导致神经发育受阻，波及认知和行为能力，学习能力自然下降。酒精对消化道具有强烈的刺激作用，容易使儿童出现胃肠不适和消化不良，且儿童的肝脏还未发育成熟，喝酒会使肝功能受损。饮酒还容易诱发儿童少年的其他不良行为甚至危险事件，比如吸烟、暴力行为等，对自身的生理和心理、家庭社会的安定都是有害的。

一、儿童抽烟、饮酒行为背后隐藏的心理原因

1. 身份认同

初中正处于青春期的关键阶段，孩子正在逐渐建立自己的个性和身份，对自我的认同和自我价值观念开始形成，他们会面临着来自社会、学校、家庭的巨大压力和影响，抽烟、饮酒可能被一些初中生误解为一种成熟或独立的象征，以此来获得同龄人的认可和尊重。抽烟、饮酒不仅满足了他们猎奇、追求快感的需要，也可能是他们试图寻求一种独特身份的需要，以摆脱对家长和老师的依赖。

2. 社交需求

在青春期这个阶段，社交变得尤为重要，孩子希望与同龄人建立更紧密的联系。抽烟、饮酒可能被视为一种社交的方式，让他们感觉与他人更加亲近或融入了某个社交圈子中。如果周围的朋友都有抽烟、饮酒的行为，一些初中生可能会因为社交压力或群体行为而选择尝试，还可能觉得这样的行为很“酷”，以满足社交认同感。

3. 缓解压力

在面对学业压力、家庭矛盾、自我价值感等方面的挑战时，初中阶段的孩子可能会感到无助或焦虑。抽烟、饮酒可能成为一种逃避现实或暂时释放压力的方

式，让他们在短暂的时间内感到轻松或解脱。然而，这种消极的应对方式往往只会让问题变得更加复杂和严重。

二、家长应如何做才能让孩子远离抽烟和饮酒

任何积极的改变都绝非易事，因此作为家长的我们，在陪伴孩子成长的过程中想要孩子远离抽烟和饮酒，不是一蹴而就的，需要持续的努力和多方面的配合。

1. 家长自身要做一个良好的榜样

孩子是最容易受到家庭的影响，加上他们叛逆心和好奇心强烈，更容易模仿自认为很酷或显得很成熟的行为，容易对家长抽烟、饮酒的行为进行模仿和尝试。如果家长自己抽烟、饮酒，那么教育孩子远离这些不良习惯就会变得困难。同时，二手烟暴露也会严重危害孩子的身体健康。接触二手烟无安全阈值可言，即使是短暂接触也会造成伤害。有充分证据说明，二手烟暴露可以导致儿童出现支气管哮喘、肺功能下降、中耳炎等疾病。所以家长们，我们需要为孩子们营造一个无烟的成长环境，让他们远离烟草的伤害。还有部分家长在遭遇生活困境、感到压力无法排解的时候，会选择用抽烟、饮酒来缓解情绪和应对压力，这就令孩子习得了这样的应对方式，也许他们在面临自己的挫折和压力时，也会选择以抽烟、饮酒的方式进行应对。因此，家长应该自己率先做出好的示范，让孩子看到我们有权利、有能力选择一个健康、自律的人生，塑造积极的价值观。

2. 家长要与孩子建立良好的沟通和信任关系

孩子正处于青春期，他们容易受到外界的各种影响，有时会对抽烟、饮酒等行为产生好奇和尝试的欲望。班主任在与一些吸烟的孩子沟通时，孩子说一开始只是周围的朋友吸烟，自己知道吸烟不好也并不想吸的，但是朋友屡次向自己递烟，总是拒绝会显得自己不合群，可是又很怕自己吸烟被老师和家长发现，自己也很痛苦。因此，家长可以先对孩子的感受表示接纳和理解，然后与孩子进行坦诚的沟通。引导孩子理解真正的朋友会尊重彼此的感受，接纳真实的自己，鼓励自己变得更好。家长可以通过模拟情境的方式陪孩子练习如何礼貌而坚决地拒绝吸烟邀请，还可以鼓励孩子尝试扩大自己的朋友圈，接触更多拥有积极生活方式的朋友。总之，家长要给予孩子足够的关注和理解，倾听他们的心声，耐心解答他们的疑问，让孩子知道家长是他们最可以信赖的伙伴，可以与之分享一切困惑和困扰。

3. 家长要让孩子了解吸烟和饮酒的危害

有部分孩子觉得“吸一口烟没什么大不了的”，可是一旦开始之后就停不下来了。家长可以借助各种方式，如讲座、视频、图书等，向孩子传达吸烟和饮酒对健康的损害，以及可能引发的各种社会问题。还可以带孩子去科技馆观看健康生活方式的展览，通过科学启发，让孩子认识到这些不良习惯所带来的负面后果，从而增强他们避免这些行为的自觉性和抵制力。

4. 家长应积极引导孩子养成良好的生活习惯和兴趣爱好

家长可以引导孩子在体育、艺术、劳动等方面有所作为，充实自己的生活，培养孩子的自信和自尊心，让他们有足够的动力去抵制外界诱惑，远离不良习惯。有一部分孩子是因为无聊而接触了烟酒，获得了即时的快感然后停不下来了。因此，安排丰富而有趣的课余生活，如打一场酣畅淋漓的篮球赛、做一顿也许不够美味但是趣味十足的晚饭、读一本引发思考的书，用有效的亲子陪伴丰富孩子的课余时光，不仅能够让孩子提升自身的能力和丰富自己的经验，而且能认识到自己的人生如此多彩，不会满足烟酒带来的伴随着痛苦的、短暂的、易逝的快乐。

三、发现孩子已经有了烟瘾和酒瘾，家长应该如何做

作为家长，如果发现自己的孩子已经沾染了烟瘾和酒瘾，那又该怎么办呢？当然，这是一个令人沮丧的现实，这种情况不仅令人担忧，而且容易让许多家长感到束手无策。然而，必须以冷静和理性的方式来处理这个问题，要在接纳孩子的同时采取适当的行动帮助他们摆脱这种不良习惯。

1. 保持冷静和理性

面对这种情况，大多数家长会感到愤怒、伤心和失望。然而，这种情绪会对孩子产生负面影响，一些孩子甚至会自暴自弃，这样容易把他们推向成瘾的深渊。这时的我们一定要区分清楚，让孩子感到我们只是对他们抽烟和饮酒的行为感到失望，并不是对孩子的品质、人格感到失望，也无须因为这些行为就给孩子贴上“不良少年”的标签，觉得他们无可救药。恰恰相反，要让他们知道这些行为是可改变的，我们愿意支持、陪伴孩子一起改变，良好的人际关系、家庭支持可以帮助孩子度过戒烟、戒酒的阶段。这就需要家长尽量冷静下来，理性地分析问题，不要过于情绪化。

2. 接纳孩子的错误，了解背后的原因

虽然烟瘾和酒瘾是不良习惯，但家长也要接受并理解孩子的处境。要意识

到，初中生正处于青春期，会受到各种不良影响，有时会做出错误的选择。此刻，往往是孩子最需要父母支持和理解的时刻，因此家长不应该责怪孩子，而是应该采取适当的行动来帮助孩子摆脱抽烟和饮酒的习惯。家长可以和孩子坦诚地沟通，了解他们为什么会陷入这种境地，理解他们面临的困境和压力。

3. 制订切实可行的戒断计划

当孩子与家长达成共识之后，就要开始行动和改变了。我们可以协助孩子制订一个循序渐进的戒烟、戒酒计划，并进行科学监督。严格要求孩子从沉迷吸烟、饮酒到逐步减少吸烟、饮酒，最终做到不吸烟、不饮酒。这个过程不是一蹴而就的。因为如果孩子所处的环境没有改变，实际的问题就没有解决，吸烟、饮酒的问题就可能会反复出现。因此，当孩子的问题出现反复时，作为家长的我们又需要回到第一步，冷静面对，了解孩子遇到了什么困难。我们的目标是使孩子的吸烟、饮酒行为逐渐减少，直至不再出现。同时，我们可以陪伴孩子或是支持孩子参与更多他感兴趣的活动。用愉快的活动充实生活，改变孩子的心境。鼓励孩子把注意力放在五感上，利用嗅觉、视觉、听觉、味觉、触觉获得愉快的体验。只要坚持用愉快的活动充实生活、用感兴趣的事情转移注意力，慢慢就会习惯用这些活动和事情代替烟酒，让自己获得快乐、摆脱痛苦。当然，如果孩子一直难以摆脱烟酒，我们还可以和孩子沟通后，带孩子寻求专业帮助，比如心理咨询师或医院的戒烟戒酒中心。

总的来说，养育孩子是一个充满了挑战的过程，我们无须事事完美地避开孩子成长中的“坑”，但我们可以为孩子提供一个积极健康的生活方式。在爱与尊重的前提下，完成相伴中的彼此成长，也能让孩子更有勇气和力量去迎接人生中的挑战。

适应身心变化

各位亲爱的家长们，你有没有听过青春期孩子说过这些话吗？

“我的声音变难听了，还长胖了，我觉得我不够完美。”

“我很烦，心情很差，你们能不能不要一直唠叨！”

“我想和朋友一起去玩，你们为什么总是限制我？”

“我认为我的想法没问题，不要把你们的观点强加在我身上！”

“我自己一个人可以，我不是小孩子了！”

诸如此类的话语还有很多，进入青春期的孩子仿佛变了一个人，无论家长说什么都能引起孩子的逆反心理。在这种情况下，难免会产生冲突。

青春期是每个人成长过程中必经的阶段。在这个阶段，孩子的身体和心理都会发生明显的变化，会给他们带来各种困惑，同时也给家长带来各种挑战。那面对青春期身心变化巨大的孩子，作为家长的我们可以做些什么呢？

一、了解孩子青春期的身心变化

我们首先要充分了解孩子青春期会产生哪些身心变化，才能理解孩子，放下成见，找到更有效的应对方式。青春期是人生中一个重要的阶段，是从儿童到成年人的过渡期，是孩子的第二次生长发育高峰，是变化的时期，也是反抗的时期。对于青春期的身心变化，我们可以从以下几个方面进行探讨。

1. 生理变化

青春期是个体身体发育的关键时期，男生和女生的生理都会出现不同的变化。

男生会迅速长高，身材变得高大，肌肉更加结实，声音变低沉的同时喉结开始出现，也开始长胡须，汗毛加重，出现遗精等情况。

女生的皮肤会变得更加细腻，肌肉更有韧性，嗓音变得尖细，乳房发育隆起，出现月经来潮等情况。

2. 心理变化

（1）自我认同感越发强烈

青春期是个体形成自我认同的关键时期，孩子开始思考自己的身份、角色和价值观，探索自己的兴趣和能力，形成自己独特的个性。青春期也是个体开始独立思考和分析问题的时期，这一时期的孩子开始对社会的价值观质疑，并形成自己独特的思考方式。

（2）社会关系越发复杂

青春期是社交关系重新定义的时期，孩子开始与社会接触得更多。在这个过程中，他们应学会与他人相处、建立友谊、处理冲突等。在青春期里，孩子们会形成自己独立的朋友圈，有自己崇拜的明星或名人，对异性感到好奇甚至萌发好感等，这些都是青春期孩子社会关系变化的标志。

（3）成人感越发明显

由于外形变化和性发育，孩子有了一些成人感，渴望以独立的角色生活，有极强的独立意识。然而，无论是经济还是经验，他们都不得不依赖成年人，因此这种成人感会使孩子产生矛盾和逆反心理。

总的来说，青春期是一个身心变化的过程，这些变化可能会让孩子们感到困惑、焦虑和孤独。心理学研究发现，家长的角色至关重要，那些得到家长正确引导和支持的青春期的孩子往往能够更好地适应身心的变化，形成积极的自我认知和健康的心理状态，在学习、社交、情感等方面都展现出良好的表现；相反，缺乏家长正确引导和支持的孩子则可能在成长过程中遇到更多的困难和挑战，甚至走向极端，产生行为问题或心理问题。

二、帮助孩子更好地适应身心变化

1. 合理应对孩子的生理变化

（1）了解发育特点

首先，家长需要了解青春期孩子身体发育的基本特点，包括我们前面所谈到的身高、体重的增长，男、女生性征的发育等。此类知识在出版物和科普网站中都可以检索到，家长可以自行学习，避免因为无知而给孩子带来不必要的困扰。通过了解这些知识，家长可以更好地理解孩子的身体变化，在孩子出现变化时及时察觉并引导。其次，家长应该主动地和孩子进行科普，让孩子做好面对身体变化的心理准备。

（2）解答生理疑问

青春期是孩子对生理知识产生浓厚兴趣的时期，他们可能会提出一些关于身体发育的疑问。作为家长的我们要端正态度，耐心解答，避免用模糊或回避的方式回应。青春期也是孩子性成熟的时期，他们对性的好奇心和求知欲会大大增强。家长需要为孩子提供正确的性教育，让他们了解科学的性知识，掌握自我保护的技巧。

（3）培养良好卫生习惯

青春期孩子的身体变化也带来了一些卫生方面的问题，如遗精或月经，头面部油脂分泌旺盛带来的粉刺、痤疮，过于茂密的胡子等。家长要教授孩子正确的卫生知识，包括个人卫生、性卫生等方面的知识，帮助孩子养成良好的卫生习惯，为孩子的健康成长打下基础。

家长尤其要以身作则，表现出对卫生的重视，如确保家里保持整洁，及时清洁和整理物品，定期除尘等。在这个过程中，家长可以与孩子一起清洁和整理家居环境，有助于培养他们的责任感和良好的卫生习惯。家庭成员可以一起讨论卫生的重要性，分担各自的责任，以维持整洁的家庭环境；可以建立奖励制度，奖励孩子积极参与卫生活动和养成良好的卫生习惯。

（4）提供健康饮食

青春期是孩子生长发育的重要时期，营养需求相对较高。不少家长工作繁忙，并且随着各类外卖软件的兴起，孩子可能周末的一日三餐都是自己点外卖解决的，甚至不吃。这样的情况不仅不利于孩子的身体发育，也让孩子感受到家长的忽视。家长应该注重孩子的饮食健康，教导孩子关于健康饮食的原则，帮助他们了解均衡饮食的重要性，提供营养均衡的食物，包括摄入足够的膳食纤维、蛋白质和碳水，控制高热量、高脂肪食物的摄入，避免过多的糖和加工食品的摄入。

（5）确保充足睡眠

充足的睡眠对于青春期孩子的身体发育至关重要。高质量的睡眠相当于青少年向身体“存钱”的过程，规律的睡眠、充足的睡眠时间意味着存的“钱”越多，这样才能有足够的精力应对繁重的学习任务和生活问题等。若睡眠长期不足，则相当于向身体“透支”健康，长此以往将难以应对来自学习和生活的各种压力。过度使用电子产品、学业压力与日俱增等，已成为影响学生睡眠时间和质量的重要因素。

家长应该督促孩子养成良好的作息习惯，保证每天有足够的睡眠时间。我们可以和孩子一起讨论制订作息计划，让孩子养成有规律按时入睡的好习惯，在孩子体内形成固定的生物钟，有助于孩子快速进入睡眠状态。睡前，家长可以适当准备一些具有入睡仪式感的事情，比如用热水泡脚、喝杯牛奶、听点白噪声或者舒缓的音乐，让孩子大脑收到指令，安静下来。适量补充有助睡眠的食物，比如牛奶、核桃、葵花籽、小米粥、大枣、蜂蜜等。

（6）鼓励体育锻炼

适当的体育锻炼可以促进青春期孩子的身体发育，增强身体素质。家长可以鼓励孩子参与各种体育活动，如足球、篮球、游泳、骑自行车等。多样化的活动有助于满足不同孩子的兴趣和能力水平，使他们更容易找到喜欢的运动，帮助孩子塑造健康的体魄。同时，要注意运动的适度性，避免过度运动造成的损伤。

2. 与孩子一起接纳心理变化

乐乐是一名初二男生，学习成绩在班里属于中等水平，很聪明但性格比较倔强，自尊心很强，逆反心理十分严重，经常和父母、老师发生冲突，有较强的抵触情绪。父母工作比较忙，和他交流很少。如果父母不能满足他的要求，乐乐就会发脾气，甚至离家出走。一天早晨，因为早上洗澡乐乐与母亲大吵一架。母亲认为乐乐早上洗澡影响父母使用卫生间，会耽误父母上班，建议他晚上再洗，乐乐非常生气，于是中午他没有告知父母便外出与朋友玩耍，到了深夜还迟迟不归。还有一次在放学回家时，因为一位喜欢的女同学，乐乐和邻班男生发生肢体冲突，班主任对他进行教育，他就出现抵触情绪，当场反驳班主任，后面甚至屡次旷课。

以乐乐的情况为例，以下是一些建议，希望帮助家长更好地引导孩子面对青春期的心理变化。

（1）了解青春期的心理特征

像乐乐这样处于青春期的孩子，他们的心理特征主要表现为情绪波动大、自我意识增强、好奇心旺盛、逆反心理明显等。这些表现在孩子青春期时大概率都会出现，我们作为家长对此要有一个正确的认识，避免对孩子的行为过于苛责或误解。

（2）提供情感支持

青春期是孩子情感需求最强烈的时期。家长要给予孩子充分的关爱和支持，关注他们的情感变化，倾听他们的心声。当孩子遇到困难或挫折寻求家长帮助时，我们可以这样做：

首先，用倾听的方式鼓励孩子表达自己的感受，如父母可以说“孩子，你能和我们说说最近发生了什么事吗”“你有什么特别的感受吗”“我们需要做些什么，可以让你感觉好一点”。

其次，用语言的安慰来给予孩子共情，如“爸爸知道你最近也挺辛苦的”“其实其他同学和你一样有这样的困扰”“妈妈会和你一起来应对这个挑战”。

再次，家长也可依据不同的年龄特点和孩子的需求来选择抚慰的方式给予他一定的情感支持，如爱的抱抱、身体按摩等。

最后，家长还可以陪伴孩子做一些他平时喜欢做的事情来增加他的心理能量，如手工、体育运动等。

孩子遭受到一些挫折和失败后会消耗掉他的心理能量，而是否会因此出现消极的行为，取决于他们的心理能量能否得到及时恢复。家长们适时地提供情感支持可以帮助孩子尽快恢复心理能量。

（3）尊重个性与需求

每个孩子都有自己独特的个性和需求。家长要尊重孩子的选择，不要将自己的期望强加给孩子，家长们要明确一点——孩子并不是我们实现梦想的工具。同时，要关注孩子的兴趣爱好，鼓励他们在自己喜欢的领域发展，培养他们的自信心和成就感。

以乐乐为例，乐乐虽然很聪明，但他的学习成绩处于中等水平，父母和他的沟通却大部分围绕着成绩，导致乐乐对学习产生了抵抗情绪。后面了解到乐乐非常喜欢打排球，并且水平在同龄人里较高，于是建议乐乐父母以此为话题，和乐乐进行一次关于未来职业的谈话，鼓励乐乐坚持排球练习，以后可以选择以体育特长生的方式进入理想的学校，表达父母对于其兴趣爱好的支持，改善亲子关系。

（4）营造稳定家庭环境

在乐乐的案例中，乐乐父母经常在孩子面前吵架，尤其是对乐乐的教育问题双方各执一词，争论不休，导致家庭氛围压抑。乐乐也在这样的环境下，习惯采用大吼大叫的方式表达情绪，有时还伴随着暴力行为。

作为家长，我们要努力营造积极健康、稳定和谐的家庭氛围，避免在孩子面前争吵或表现出消极情绪，有矛盾尽量在孩子看不到的地方解决，不将自己的情绪发泄在孩子身上。此外，家长要与孩子共同讨论家庭问题，让孩子感受到自己也是家庭的一分子，培养孩子的责任感。我们还可以定期举行家庭聚餐、家庭旅行等活动，增强家庭成员之间的感情。

（5）鼓励良性社交活动

青春期是孩子建立人际关系的关键时期，同伴支持在这个阶段至关重要。家长要鼓励孩子参加良性的社交活动，如学校组织的集体活动、兴趣小组等，让孩子学会如何与他人友好相处、如何建立及甄别友谊。同时，家长也要教育孩子尊重他人、关爱他人，掌握与异性交往的尺度，在产生矛盾时好好沟通。

（6）引导形成积极认知

家长要与孩子建立亲密沟通的关系，鼓励他们分享自己的想法和感受，要适时地给予建议和引导，帮助孩子明辨是非，树立正确的价值观，引导孩子形成积极的思维方式和行为习惯，培养他们的抗挫能力和适应能力。

比如乐乐在和同学、班主任闹矛盾后会产生“同学和老师都不喜欢我”的片面想法，遇到挫折了会有“这个事情我做不好，我真的很差劲”“这个任务太难了，就放弃了吧”等消极想法。

此时，家长就需要在日常生活中引导孩子回归理性思考，比如与孩子探讨：目前的问题给你带来了什么启发？曾经是否有类似的经历？你是如何应对的？面对这个困难，你可以做哪些改变和尝试？

当认识到目前的困难是在提示自己从某方面进行改变，同时寻找解决办法时，孩子不仅可以缓解不安、焦虑等情绪，还会表现出更积极的行为方式。

（7）必要时寻求专业的心理支持

家长如若关注到孩子的身心变化问题，应主动与老师做好沟通，并依据孩子的适应情况弹性选择沟通频率和内容。比如，在家校沟通中发现孩子在青春期面临严重的心理问题，如情绪障碍、社交障碍等，应及时寻求专业的心理支持，可以带孩子去心理诊所进行心理咨询，帮助孩子更好地应对青春期的挑战，促进其健康成长。

乐乐父母按照上述解决方法和乐乐进行了沟通，也进行了相关约定。同时，乐乐父母也在反思自己，答应以后要多陪伴孩子，关心孩子的成长，给予孩子爱与力量……心理咨询结束后，乐乐说他答应以后按时去学校上学，遵守学校规章制度。后来，不仅乐乐认真学习，整个人变得非常积极上进、阳光快乐；而且他们的家庭氛围也变得更加和谐了。

面对青春期的身心变化，家长要保持耐心和理解，积极关注孩子的成长需求，给予他们足够的关爱和支持。同时，要不断提高自己的知识水平，掌握科学的教育方法，引导孩子健康成长。

促进自我认同

家长们，你们有没有遇到过以下情况？

孩子特别在意别人的评价，会因为别人一句无心的话情绪激动、反应强烈；无论你软硬兼施，孩子就是不参加学校的活动，害怕表现糟糕而丢人现眼；孩子总说自己没有朋友，你鼓励孩子大胆交友，他又畏首畏尾……

进入初中后，孩子面临的挑战多了起来，不自信可以说是孩子成功的头号“拦路虎”。这只“拦路虎”在心理学上叫作自我认同感低。

一、自我认同的意义

自我认同，是自己对自己的认可。自我认同包含两个方面。第一，孩子对自己的了解程度，如思考我是谁、我有什么特点和能力、我的理想是什么、我的价值观是什么。第二，孩子付出努力的程度。孩子对自己了解得越多，努力程度越高，自我认同度就越高；孩子对自己了解得越少，努力程度越低，自我认同度就越低。自我认同感低和自我认同感高的对比见下表所列。

自我认同感低和自我认同感高的对比

自我认同感低	自我认同感高
不愿意尝试新鲜事物	主动探索新鲜事物
过于在意他人评价，易受他人影响	独立自主，不受干扰
认为自己被忽视	能迅速平衡情绪，阳光积极
过于自卑	认可自己的能力
不能接受挫折和失败	从挫折和失败中吸取教训
逃避现实	主动承担责任

作为家长，我们期待自己的孩子是阳光开朗、坚强勇敢、大方自信的。然而，进入青春期后，伴随着身体的生长，孩子扮演的角色变多，需要处理的事情也变得复杂了许多。打个比方，就像川剧演员一样，每个人在不同的场合，就有不同的角色。拿家长来说，我们在家里既是父母又是儿女，在外面既是生产者又是消费者。如果自己身上不同的角色转换不及时，就有可能会导致矛盾的出现。

比如，有的女老师既是老师又是母亲。有时在家里，应该是母亲的角色，她们却切换成了老师的角色。对孩子而言，整天在学校面对老师，回家还有一个老师等着自己，想想也挺可怕的吧？成年人尚且有角色转换不及时的时候，更何况心智还不够成熟的孩子？一旦角色转换不熟练，就会在青春期出现剧烈的情感变化，引起现实的我和理想的我的矛盾冲突，时间久了，就会引发各种心理问题。

我们应该对现阶段的孩子有一个清晰的认识——许多孩子希望自己能够在某一领域表现出色，但由于缺乏自信心，总是束手束脚，结果也不如心中所想，又渴望他人的帮助，内心是极为矛盾的。

这个时候，就需要家长站出来，帮助孩子学会“自我认同”。

二、自我认同的来源

懂得孩子自我认同感低的原因，才能够理解孩子，找到有效的解决办法。请大家认真听一听小成的心事，也许，从中我们能找到孩子自我认同感低的原因。

小成，今年12岁，是一名初一学生。她的性格内向，不爱说话，总觉得在班级里没有人关注自己。小成不了解同学们口中的明星、“二次元”等，她自己最感兴趣的是钓鱼。自从她告诉一个同学自己喜欢钓鱼，便遭到了很多同学的嘲笑，她就把自己深深隐藏了起来。于是，本来就没有多少存在感的她，更没有存在感了。

家庭也是让小成烦恼的因素之一。每当别人问起自己的家庭，小成就会感到尴尬，爸爸妈妈离异，她从小跟着妈妈生活。家庭的破碎让小成变得沉默，而且和妈妈生活在一起的时候，小成也会觉得很难受。妈妈总是希望小成能够名列前茅，但是小成的学习成绩中等，她觉得自己24小时不睡觉地学习也达不到妈妈的要求。妈妈的眼里只有成绩，每次考试后，妈妈就会数落小成。小成其他方面做得好，但妈妈从来都没有注意到，更别说夸奖她了。

满腹愁绪找不到出口，小成差点抑郁了。她现在就是总觉得自己很没用，不能让妈妈开心，在学校不是老师和同学们喜欢的那种学生，甚至小成怀疑自己到底有没有存在的必要。

小成的故事具有代表性，从她身上，我们能看出青春期孩子自我认同感低的原因。

1. 自我怀疑

有些孩子可能因为性格内向、害羞或者自卑等个性特点，不愿意或不敢表达自己的想法和感受；有些孩子平时思虑过多，经历失败和挫折之后，会放大自己的缺陷，自信心严重匮乏，认为自己不够好或者没有达到预期，继而对自己的能力和价值产生怀疑。这些都会造成孩子无法认同自己。

2. 家庭压力

父母给孩子确定的目标过高，超过孩子的实际水平太多，孩子的内心会产生较大的落差感。比如，孩子没有音乐天赋，家长硬逼着孩子去学，孩子只会表现得越来越差，自我认同感变低。父母采用错误的教育方式，如孩子没有达到自己的要求，就采取打击式教育批评孩子。那么，孩子就会认为自己一直无法达到父母的期待，对自己失去客观的评价。

3. 外界困扰

学校是孩子们获取知识和技能、发展社交能力的重要场所，孩子有可能需要面对师生关系紧张、学业压力大等问题，一旦处理不当，也会影响孩子的自我认同感。

三、增强自我认同的建议

家长如何理解和满足孩子的自我认同需求，对于孩子的个性发展具有至关重要的作用。当孩子的自我认同感低时，家长应该怎么做?

家长们需要明确一个重要的观念：我们要解决的是自我认同感低的问题，而不是孩子这个人。要想彻底解决孩子的问题，就需要分清事和人。而且，如果只是看孩子自我认同感低就着急上火，要求孩子立刻做出改变，这是行不通的。智慧的家长会不断提升自己，来为孩子赋能；同时足够信任孩子，放手让孩子自己解决自己的问题。

其实，想要帮助孩子有效地提高自我认同，家长做到三点即可：正向思维、互换角色、锚定目标。

1. 正向思维

1979年，心理学家做了一个实验：他们把一个地方布置成1959年的样子，邀请8位老人在这里生活一个星期。在这段时间里，老人完全相信“我就是生活在1959年”，如看50年代的电影、报纸和杂志，自己穿衣服、布置餐桌，收拾碗筷。结果很惊人，短短一周的时间，老人的智力测试得分更高了，手脚也更加敏捷，甚至一些人还玩起了橄榄球。

这个实验结果证明了衰老只是一个被灌输的概念。也就是说，当大脑认为自己老了，你的身体机能、行为动作都会配合这种信念，变得衰老、缓慢；但当你的大脑相信自己年轻了20岁，身体也会做出相应的配合，变得越来越有活力。

这是一个非常具有意义的发现。我们总以为当我们感到难过时，是发生了不好的事情让我们难过，但实际上是我们的想法或信念让我们有了这样的情绪。

我给大家举个例子。放学时，小军拿到了这次期末考试的时间安排表。他心想：如果这次考试我考差了，爸妈会很失望，会狠狠收拾我一顿，以后我会越考越差的。抱着这样的想法，他回到家坐立不安，没办法静下心来认真复习，干脆呼呼大睡。

大家发现了吗？在这个例子中，小军被自己的想法吓倒了，采取了消极的应对方式，不认真复习，考试大概率是会失败的。这是情绪（面对考试的恐惧）导致的结果（不认真复习，考试失败）。

我们进行一个假设，小军的反常行为被父母注意到了，父母让小军填写了一张正向思维表。

小军填写的正向思维表

事件	拿到了期末考试的时间安排表
想法	①这次考试我考得不好 ②我爸妈会很失望,会狠狠收拾我一顿 ③这只是开始,以后我会越考越差的
结果	①坐立不安,没办法静下心来认真复习 ②吃光家里的薯片,呼呼大睡

通过这张表，孩子能够明白是哪个环节出了问题，发现自己在面对事情时的想法属于负面想法，它才是罪魁祸首。这种“可视化”的方法让负面想法无所遁形，找到它，对于提高孩子自我认同感非常关键。但是如果仅仅是了解自己脑海中的负面想法，是不够的。接下来，最关键的一个步骤是反思。

反思可从3个方面入手。

①寻找证据支撑。

有什么证据支持我的想法吗？

我的想法是事实，还是只是我自己的解释？

我是否草率地得出了负面的结论？

②寻找替代解释。

还有其他看待目前状况的方式吗？这还意味着什么？

如果我的朋友面对这种状况，我会对他说些什么？

如果我是个非常积极的人，我会怎么想？

③寻找合理视角。

情况真像我认为的那样糟糕吗?

这种情况下有好的一面吗?

最差的情况是什么?发生的概率有多大?

最好的情况是什么?

对于小军来说，通过对上面问题的思考，他就会发现：自己的结论过于草率。积极的人会想就算这次考试失败，也不代表自己就是失败者，还有下一次考试呢，更何况考试还没有失败呢！最差的情况，是比以前考得差一些而已，这次考试不是中考，它的影响是有限的。

小军经过正向思考“事件—想法—结果—反思”，他意识到自己被大脑里的想法控制了，忽略了事实并不是这样的。下次再遇到类似的情况，小军就可以在意识到负面想法时，开始正向思考。

当你发现孩子的情绪处于愤怒、挫折、内疚、焦虑或者忧郁时，可以带着孩子一起来使用这张正向思维表，识别错误和不合理的思维。这样的话，孩子就不会轻易陷入自我怀疑，他的自我认同感就会渐渐回升。

2. 互换角色

不知道大家有没有思考过，被动、不自信、自卑的孩子，一般会生活在怎样的家庭环境里?

答案是家长绝对控制的家庭当中，孩子通常会自我认同感低。当家长在家庭地位和话语权上占有绝对优势时，他们认为孩子的想法并没有那么重要。孩子认识到这一点之后，就会闭上嘴巴。

如果我们希望孩子是个有主见、爱表达的孩子，希望孩子不再是被动接受者，而是主动参与者，那么家长需要放低姿态。家长可以化身为“演员”，如在辅导作业的时候，家长不应该说“错了，重新给我讲”，而可以说：“老师，这个地方我没听懂，你再给我讲讲”。把孩子放在老师的角色里，他就会觉得有意义，觉得自己应该把眼前的“学生”教会，于是就会更加卖力思考。你看，目的是不是达成了。

家长和孩子这种角色互换的方式，不仅适用于学习，也适用于生活。家长不懂的可以请教孩子，我见过一个家长，其实自己非常有学问，但是他在家特别爱在孩子面前装作这也不懂那也不懂。孩子没办法，就得耐心地教他，久而久之，孩子的表达能力练出来了，自信心也建立起来了。这背后的道理其实很简单——孩子需要自主掌控感，他们也渴望能自己作决定，为自己的事情做主。因此，我们要学着用一种更平等的态度去和孩子沟通，时不时问问孩子关于某些事件、问题的看法，把表达的权利真正还给孩子。

注意：这种问答无关对错，不要揪住孩子的观点不放。更重要的是孩子开口表达，当主动输出成为一种常态，自信也随之而来。

3. 锚定目标

设置目标十分重要，其依据是什么呢？

我们首先应该了解自我认同感低的孩子处于哪个阶段。

探索阶段：孩子还在摸索之中，会产生焦虑，缺少调节紧张情绪的方法，容易处于高压状态。

定型阶段：孩子已经明确了目标，但这是被迫接受父母或老师的要求，不是自己探索后确定的，这种情况下孩子就会感受到压力和焦虑，会感到不甘，甚至抗拒。

混乱阶段：孩子没有明确的方向，没有积极探索，不敢去尝试，没有对价值观和目标做出选择，轻易在困难面前停下脚步。他们常感到缺乏动力、厌烦、悲伤，表面却又是一副“无所谓”的样子，用来掩盖他们内在的焦虑感。这一阶段的孩子，处于自我认同最低谷时期，迫切需要别人的帮助。

家长们，你们发现了吗？无论孩子处于哪个阶段，“目标”都是绕不开的一个词。设定目标有助于孩子把潜力兑换，给孩子提供方向，并帮助孩子得到想要的结果。目标可以激励孩子把时间和精力投入到重要的事情上。朝着目标前进可以让孩子有成就感，也会让孩子兴奋不已和感觉自信。

不过要注意一点，处在定型阶段的孩子，虽然也有目标，但是这不是他自己确定的，而是家长要求的，这种目标的设定会适得其反。

设定目标的步骤：定义目标→设定子目标→罗列障碍→制订行动计划。

下面我们分别对每个步骤进行讲解，让大家能够快速掌握要点。

步骤一：定义目标的原则

①目标要具体。

比如孩子说“我希望我很快乐”，这个目标过于模糊，快乐是不能准确衡量的。目标要具体，比如，我希望我能够在这次考试获得理想的名次，我想周末约同学去一趟美术馆。

②时间要明确。

很多孩子设定目标之后，最常见的行为就是拖延，不去执行，最后目标也就成了一纸空文。确定一个截止日期很重要，因为它可以让孩子集中精力、保持动力。

③目标要实际。

不符合实际的高期望会增加目标实现的难度，反过来会挫伤孩子的积极性，带来不必要的压力。比如，孩子平时数学勉强及格，你让他设定90分的目标，这很显然是不切实际的。

④意义要关联。

当目标和孩子相关并且有意义时，更有可能实现。这个目标不是和家长相关的，是和孩子相关的。比如，孩子喜欢音乐，父亲更喜欢科技，希望孩子以后从事科技相关行业，这个目标只和父亲相关，和孩子没有关联，所以，在实现目标过程中，孩子不开心，也不上心。

我的目标	
一个月内不再焦虑	

步骤二：设定子目标

把目标分解成子目标，就像爬山一样。如果我们的目标是爬上峨眉山，听起来太难了，但我们可以把它分解成一个个子目标：五显岗—（1.5 km）清音阁—（1 km）一线天—（0.5 km）生态猴区—（4.5 km）洪椿坪—（10 km）茶棚子—（5 km）仙峰寺—（7.5 km）遇仙寺—（2.5 km）九岭岗—（2.5 km）洗象池—（7.5 km）雷洞坪—（1.5 km）接引殿—（3 km）太子坪—（3 km）金顶。

通过确定子目标，我们可以找到实现目标的路径。一旦开始完成子目标，孩子会感觉到自己正在进步。在完成每个子目标后勾选它，也会给孩子很大的鼓励。

我的目标	子目标
一个月内不再焦虑	□ 每天做1件让我有成就感的事 □ 和父母或朋友谈谈我的感受 □ 每天晚上写我做成功的事情(不论大小) □ 填写正向思维表

步骤三：罗列障碍

障碍并不一定会阻止我们实现目标，但会带来一定的阻碍。我们须制订出克服障碍的策略。提前思考、发现可能出现的困难，以及思考如何解决这些问题会很有帮助。比如，孩子想要在期末考试中提高自己的成绩，他可能面对的障碍：遇到困难就退缩，不能坚持下去，靠自己的力量还不够，学习时容易走神，不会做计划……根据这些问题，家长就可以和孩子一起去思考克服障碍的方法。

步骤四：制订行动计划

进行到这里，我们的目标设定表基本上就成形了，接下来在执行的过程中，你可以和孩子一起畅想成功。想象是一件美好又有力量的事，会帮助孩子坚守目标，保持专注，直到成功。

我的目标	子目标	截止日期	有何好处
一个月内不再焦虑	□每天做一件让我有成就感的事	每天晚上9:00	改变我的精神状态，让我更好地学习和生活；改善我与父母的关系
	□和父母或朋友谈谈我的感受	每周六	
	□每天晚上写我做成功的事情（不论大小）	每天晚上9:00	
	□填写正向思维表	当我察觉到负面情绪时	

亲爱的家长，缺乏自我认同感的孩子，就像失去翅膀的鹰，失去了冲上云霄的能力和追逐梦想的勇气。我们需要给予孩子正确的帮助和引导，用正向思维、互换角色、锚定目标等方法，让孩子在爱与鼓励中成长，帮助孩子做到真正地认同自我，展翅飞翔。

察觉情绪障碍

孩子进入青春期后，相信很多家长头疼不已，因为家长会发现，孩子像变了个人似的。

孩子看上去长高长大了，能够主动去承担一些事情了，但有时候却又管不住自己，还得家长监督着不玩手机，才能好好去写作业。孩子在思想上慢慢变得成熟了，会开始跟家长讲道理了，但有时候突然又变得很固执，总觉得自己是对的，听不进去家长的忠告或者建议。以前到了周末和法定节假日的时候，孩子会吵着出去找朋友玩，长大后反而变“宅”了，不愿意出去玩耍，不想跟别人交流。开始有自己的小心事，不再什么事情都跟父母分享，更加注重自己的隐私和空间。

还有一个更明显的变化是孩子的情绪变得非常强烈而且不稳定，像坐过山车一样：有时候莫名其妙发脾气，有时候又变得很沮丧；或者一会儿高兴，一会儿又低落了起来。家长很多时候会被孩子的情绪化打得措手不及，不知如何是好。

其实，这些都是孩子进入青春期后正常的变化，跟孩子的身体发育和激素水平的改变，以及他们受到家庭、学校和社会的影响有关。只要家长认真对待，掌握方法，是能够帮助孩子顺利解决青春期问题的。但是，也有部分家长由于对孩子青春期的变化认识不足，对青春期的孩子需要面对的一系列问题准备不充分，无法给孩子及时与充分的心理支持和指引。因此，孩子在面临青春期带来的心理压力或消极情绪的时候，得不到来自家庭及时、有效的帮助，就容易有更严重的后果，比如情绪障碍。

情绪障碍，也称“情感障碍”或“心境障碍”，是指正常情感反应的夸张、混乱和减退。一般来说，未有情绪障碍的人的情绪是相对稳定、可控的，而情绪障碍患者的情绪可能会非常不稳定，容易出现情绪过高或者过低的情况。情绪障碍多发生在青少年时期，是以焦虑、恐惧、抑郁、激越等症状为主要临床表现的一组心理疾病，一般包括抑郁障碍、双相情感障碍。广义上讲，焦虑障碍、强迫障碍也属于情绪障碍。情绪障碍患者主要的困扰在于无法很好地管理自己的情绪，遇到事情很容易被强烈的情绪左右，无法理性思考，反而更多的是对自己或者其他人的负面评价和消极想法，进而产生冲动行为，造成不良的影响。

情绪障碍会影响孩子的正常社会功能，包括降低孩子的学习专注力、记忆力，影响孩子的同伴关系、师生关系、亲子关系等，对孩子的身心发展是非常不利的。因此，对于孩子的情绪问题，家长们务必要重视，必须细心发觉、精准识别、用心陪伴孩子度过情绪的风暴，尽可能避免孩子的情绪问题发展成为情绪障碍。

一、孩子情绪障碍产生的原因

我们可以先从了解情绪障碍产生的原因开始，来为识别孩子可能出现的情绪问题作准备。

情绪障碍出现的原因是非常复杂的，除了前面提到的孩子处于青春期这一特殊生长发育阶段的原因，在教育实践中发现，青少年出现情绪障碍的原因集中在以下三个方面。

1. 学校方面

一方面，随着年级逐渐升高，孩子的学习科目增多、学习内容和深度增加、学习难度提高，个别孩子的学习比较吃力，在完不成日常作业或者期中期末考试失利后，孩子会对自己的评价降低，认为自己是个很差劲的人，进而产生不良情绪。长期成绩靠后的孩子学习成就感低，更容易产生负面情绪。以前很优秀但是上了初中被比下去的孩子则会产生很大的落差感，也可能出现情绪问题。个别孩子缺乏自主学习动力，没有学习目标或者学习目标不清晰，加之学习成效不明显，容易产生学习倦怠，陷入情绪困境。

另一方面，青春期是孩子脱离父母、寻求同伴认同的重要阶段，往往也是容易出现人际关系困扰的阶段。孩子在学校里，受自身认知水平限制和实际人际交往能力不足的影响，可能会与同学发生摩擦、与好友关系破裂，甚至感觉自己被排挤、被欺凌等，就会出现很多负面情绪，从而导致心理问题的产生。曾有孩子向老师求助：他刚升上初一，发现自己班里有很多同学都是同一个学校考上来的，很快就能结伴而行，而自己跟他们不熟悉，感觉融不进他们的圈子里。有一次考试考差了还被他们嘲笑，觉得自己被排挤，情绪非常低落。

2. 家庭方面

有些家长因家庭结构、原生家庭、自身性格等原因形成了不良教养方式，容易导致孩子出现情绪障碍。例如，过度溺爱型教养方式，家长大包大揽，什么事都不让孩子去做，孩子被保护得太好，应对挫折的能力没有得到锻炼，一遇到问题就容易引发极端情绪；专制型教养方式，家长用言语攻击、冷暴力或者动手打人等粗暴方式教育子女，导致家里气氛压抑，孩子负面情绪堆积，也容易受到潜移默化的影响，使用不恰当的方式发泄情绪。

隔代关系不良也是影响孩子情绪的重要原因。我们有不少孩子是跟爷爷奶奶或者外公外婆一起住的，老人家管得多，且生活习惯不同、思想滞后等原因可能会让孩子感到不适应。

更为常见的是，孩子顶嘴，家长觉得自己被挑战，很快就暴跳如雷，想用“老规矩”来让孩子听话，结果只会激化亲子矛盾。孩子什么都不说，家长也很着急，追着去问孩子，孩子又会嫌烦，更加回避。还有的家长对孩子的学业成绩抱有很高的期待，尤其孩子升上初中后面临更大的升学压力，家长的焦虑传递到孩子身上，只会增加孩子的情绪负担。

3. 个体方面

有些孩子由于身体素质、用脑习惯等原因，自控力不够好，无法长时间集中注意力，需要父母监督才能完成学习任务，但严格监管下孩子又容易产生抵触情绪，随之产生亲子冲突，激化了孩子的消极负面情绪。有孩子就曾因为自身学习拖延的问题被父亲狠狠教训过，产生了早上起床头晕乏力的症状，经常请早上第一二节课的假，有时候甚至整天不来学校。但检查过脑部、做了睡眠监测都没有问题，班主任和家长认为孩子就是厌学，找借口不来学校，但这很有可能是各种原因导致的情绪障碍引发的躯体症状。

有的孩子则内向敏感，他们有的从小就处于照顾别人情绪和感受的位置上，对外界关系和外部反馈很敏感，生怕自己没做好，就被批评、指责，容易认为自己是个很糟糕的人，没有人爱。此类低自尊、低价值感的孩子很容易出现情绪问题。而对自己要求高、有完美主义倾向的孩子也会容易焦虑，导致一系列不良情绪反应。

二、初步判断孩子是否有情绪障碍

如果发现青春期的孩子出现了情绪障碍，可能会让部分家长感到异常恐慌。请大家不用太担心，情绪障碍是可防可治的。如果孩子真的出现了情绪障碍，作为家长，我们不应回避或轻视，而是要勇敢地面对，积极寻求专业的治疗。当然，保护孩子免受情绪困扰，重点在于早发现，早治疗。就像所有的生理疾病一样，在病入膏肓之前，我们的身体就已经发出信号，提醒我们要注意“保养”和“检修”。当孩子出现情绪上的明显异常变化时，也是在给我们发出求助信号，他们需要得到我们的帮助。那么，我们如何才能及时察觉呢？

我们可以从以下四个方面来进行初步的识别和判断。

1. 生物节律的变化

案例：小明最近总是晚上躺在床上辗转反侧，好不容易睡着了又早早醒来，白天却哈欠连天，无精打采。饭桌上，他对以前最爱的红烧肉也提不起兴趣，有时却暴饮暴食，体重在短短一个月内就发生了明显的变化。

家长们，当你们发现孩子出现这样的睡眠和饮食异常时，就要注意了，这可能是情绪问题的预警信号。具体来说，孩子持续地出现白天嗜睡、整夜失眠、早醒、频繁做噩梦等睡眠问题，或者由食欲不好、进食减少、暴饮暴食等导致的短时间体形上的变化，都是提示孩子出现心理问题的重要信号。因为睡眠和饮食是生命的基础，两者若出现异常，势必会影响我们当天的心情。

2. 情绪方面的变化

案例：小红原本是个开朗的女孩，最近却变得异常敏感，一点小事就能让她大发雷霆，对着父母大吼大叫，或者突然陷入沉默，长时间闷闷不乐。她常说自己心里好烦，不知道该怎么办。父母对孩子的出言不逊感到很生气，也不知道该怎样跟脾气那么大的孩子沟通。

在出现这样的情况时，家长需要留心，孩子可能正在经历情绪上的困扰，需要得到家长的关心和引导。当孩子突然出现易怒、长时间的悲伤、过分的焦虑、过度兴奋等明显的情绪变化，并且持续两周以上时，家长一定要注意，孩子可能出现了情绪方面的问题。还有些孩子可能出现明显的性格改变，比如平时外向活泼的孩子变得孤独自闭，不爱说话，不跟人交流，怎么叫也叫不出门。这也是出现情绪或心理问题的一个信号。

3. 躯体方面的变化

案例：小刚最近总说自己肚子疼，还时不时头晕，但去了医院做了全面的身体检查，医生却说身体没什么大问题。小刚的妈妈细心观察发现，每当孩子提到学习压力或者人际关系时，这些症状就会更加明显。这其实是一个重要的线索，提示小刚可能是情绪问题引发的身体上的不适感。

相信不少孩子可能也会有类似的现象，在开学或者期末考、会考前孩子说自己身体哪里不舒服，如果不是因为生病的话，极有可能是因为紧张和焦虑导致的躯体反应。其他的躯体变化还包括：很长一段时间孩子眼睛无神，面露疲倦，无精打采，身体僵硬或紧绷，表达过自己感觉心悸心慌、胸闷气短、心脏疼痛、头晕头痛等身体不适。带孩子到医院检查后不存在明显的生理病变，这时家长可能就要考虑，孩子是不是出现了情绪障碍，建议尽快到心理科就诊。

4. 行为方面的变化

案例：小丽以前是个热爱运动的女孩，但最近却变得懒散了，连最喜欢的羽毛球也不想打了。她还经常一个人躲在房间里，拒绝和家人交流。有一次，妈妈发现她的手臂上有几道浅浅的划痕，小丽却说是自己不小心弄伤的。这引起了妈妈的警觉，她意识到小丽可能正在经历一些她难以承受的情绪压力，于是决定带小丽去看心理医生。

如果孩子出现冲动易怒、砸东西等控制不住自己、容易与人起冲突的暴躁行为；行动迟缓，虚浮无力，行动力降低，日常活动减少，包括外出和社交，以前感兴趣的事情现在不愿意做了；注意力不集中，长时间发呆，无法专注做事，很容易被外界不相关的事影响而分心；记忆力下降，记不住事情；做事易疲倦，没有耐心；身上有明显的反常伤疤，比如淤青、烫伤、抓痕、刀痕、齿痕等，可能提示孩子存在自伤自残的行为；也有一些孩子在日记或者言辞中透露自己“不想活了”的想法，无缘无故把自己心爱的物品、钱财赠送给他人，甚至写遗言，家长就要高度警惕。还有的孩子与家里人频繁出现亲子冲突，整天沉迷于玩手机，甚至拒绝上学等。当出现这些行为信号时，我们要考虑孩子情绪方面是不是出问题了，家长也要及时地带孩子去寻求专业的心理帮助。

总的来说，我们可以看到，孩子的情绪问题往往会通过他们的生物节律、情绪状态、身体反应和行为变化等多个方面表现出来。只要我们用心去观察，就能及时发现这些信号，为孩子提供及时的帮助和支持。

值得我们注意的是，情绪问题往往具有隐蔽性，可能会有一些孩子不敢表达自己的情绪，因为怕被认为是矫情和不坚强，所以没有向家长透露自己的真实状况或者强行伪装自己，在疾病初期家长很难发现和察觉。这就需要家长敏锐的智慧，平时不光要看到孩子的学习，还要关注和觉察孩子的情绪变化。当然，更重要的是，家长也要学会培养孩子表达自己情绪的能力并给予他们表达的空间。家长平时可以多跟孩子沟通，前提是心平气和地沟通，鼓励孩子将自己的想法表达出来。家长应在家里营造积极的家庭氛围，建立良好的亲子关系，孩子在家里感到安全，表达的意愿才会更加强烈。

每个孩子都是独一无二的，他们面对情绪问题的方式也各不相同。但无论如何，我们都应该给予他们足够的关爱和理解，及时察觉他们的情绪问题，帮助他们学会表达和管理自己的情绪，在必要时寻求专业的心理帮助。让我们携手努力，为孩子们创造一个充满爱和希望的成长环境吧！

传染病期间的居家生活

在孩子的成长过程中，生病是不可避免的。每当孩子生病需要在家休养时，就是家长最忙碌且揪心的时刻，不仅要处理自己工作上的任务，而且要关注孩子的健康状况，还要兼顾孩子的学习。家长既希望孩子能好好休息，尽快恢复健康，又担心孩子跟不上学校的学习进度，陷入两难。那么我们该如何协助孩子安排好感染传染病期间的居家生活呢？

一、常见传染病及一般症状

孩子感染传染病时，家长最担心的就是会不会发展成更严重的疾病，威胁到生命。这样的焦虑来自对传染病的不了解，要想从容应对，首先就要打破未知，从认识传染病开始。

传染病是由各种病原体引起的，是指能够相互传播的一类疾病。这些病原体包括细菌、病毒、真菌、螺旋体、衣原体、立克次体、寄生虫等。初中生比较常见的传染病有流感、水痘、诺如病毒、支原体感染、细菌感染等。

感染流感时会有多种症状，发热是最常见的症状之一，这也是区分普通感冒和流感的主要依据。首先，病原体入侵人体后，免疫系统启动防御机制，导致体温升高。发热的程度和持续时间因病原体和个体差异而有差别，但一般体温超过37.3 ℃就属于发热状态，同时还可能伴有寒战、出汗等症状。如果没有发热症状，则应该是普通感冒。其次，还会有呼吸道的症状，包括咳嗽、鼻塞、流涕、喉咙痛等。这些症状通常伴随着发热同时发生或相继发生。咳嗽可分为干咳和湿咳，湿咳时痰液较多。咳嗽的程度和频率因病原体和病情而异，严重时可能导致呼吸困难。

感染诺如病毒的主要症状是腹泻和呕吐，部分患者还会出现恶心、腹痛、头痛、发热、畏寒和肌肉酸痛等症状。腹泻症状通常表现为水样便或稀便，每天可达10多次。它与胃肠型感冒的症状相似，需要加以区分，不过诺如病毒感染性腹泻是一种自限性疾病，在经过一段时间后会自愈，家长需要做的就是预防因腹泻呕吐导致的失水和电解质紊乱。

支原体与细菌感染都是会在感染部位出现炎症反应。例如，感染支原体肺炎，就会出现咳嗽、发热、胸痛、呼吸困难等症状，原因即是肺部出现了炎症反应。如果呼吸道感染了细菌，则可能出现扁桃体发炎、咽炎等症状；如果胃肠感染了细菌，则可能出现腹泻、呕吐等症状。此时，家长需要做的就是进行消炎处理，具体用药可以咨询医生。

感染水痘的典型症状就是皮疹，形态多样，可表现为红斑、丘疹、水疱等。皮疹的出现通常伴随着瘙痒、疼痛等不适感。此时需要立即就医，防止水痘蔓延至全身。

许多传染病还可能导致全身不适，如乏力、肌肉酸痛、关节疼痛等。这些症状通常是由病原体入侵后免疫系统启动防御机制导致的全身炎症反应。还可能表现为其他症状，如头痛、眼部充血、咽喉肿痛等。这些症状可能因病原体和个体差异而不同，但都是传染病的重要特征。

因此当观察到孩子有这些症状时，家长首先要做的是保持冷静，同时要注意自身的防护，如佩戴口罩、勤洗手等，以避免交叉感染。其次就要及时到医院进行诊断和治疗。每当传染病高发的季节，在就医过程中很有可能出现交叉感染，所以要做好防护措施，如戴好口罩、及时消毒。在等待诊断结果的过程中，耐心陪伴孩子，让他们感受到我们的温暖和力量。同时，我们要时刻关注孩子的病情变化，及时向医生反馈孩子的症状变化。一旦确诊孩子患有传染病，我们要严格按照医生的治疗方案，积极配合治疗。这可能包括药物治疗、物理治疗等多种手段，并且会持续一定的时间。我们要严格按照医嘱给孩子用药，不能自作主张地停药，并注意观察孩子的用药反应，如有不良反应或疑问，应及时向医生咨询。在生活方面，我们要加强家庭卫生、保持室内空气流通、定期消毒等，以及注意孩子的饮食、休息和情绪管理。为孩子提供营养丰富、易消化的食物，确保他们的身体得到充分的营养支持。同时，我们要合理安排孩子的作息时间，让他们有足够的休息和睡眠时间。孩子的情绪变化也很值得家长关注。有研究表明：长时间的负面情绪会加重病情的发展，所以需要给予他们足够的关爱和支持，帮助他们度过这个艰难的时期。

二、如何安排好生病期间的居家生活

孩子患病后，在痊愈前还需要一段时间的居家休养。在这段时间，孩子身体虽然有不适，但学业需求也不能落下。如何平衡两者的关系，则是家长最担心的。

首先，家长要调整好心态，在家学习的效果本身要弱于学校，再加上身体抱恙，学习就更加困难。这时，就不要给孩子太多的压力，更不要因为担心孩子学习跟不上，再给孩子布置更多的额外作业。在病情比较严重的时候，主要任务就是静养休息、恢复精力以提高自身免疫力，更好地与病毒对抗。同时，家长需要安慰孩子不用担心学习，等身体恢复了，再补上落下的功课即可。

当孩子的身体逐渐恢复，但仍然需要静养时，家长需要时刻关注孩子的各种状态。

（一）关注孩子的心理需求

家长应最先关注孩子的心理需求。生病期间，孩子的情绪可能会产生一定的波动。

案例：小强曾因为感染甲流在家休养了一周，病痛带来的身体上的不适，让他非常难受，前两天几乎只能卧床休息。到了第三天终于好转了一些，他便开始跟进学习进度，但因为耽误了两天的时间，学习起来还是有点吃力。他自己很沮丧，但觉得必须坚持下去，也不愿和父母说，想着父母辛苦照顾自己，自己一定要加倍努力将落下的功课补回来，不让父母失望。但是在身体和精神上的双重压力下，治疗效果不明显，他的情绪也变得很低落，状态越来越差。

所以，家长要及时关注孩子在生病期间的情绪变化，发现并解决孩子的心理问题。可以多与孩子进行沟通，了解他们的想法和感受，给予孩子足够的关爱和支持；还可以引导孩子通过绘画、写日记等方式表达自己的情绪，缓解压力。同时，家长也可以利用这样的机会教育孩子学会调节自己的情绪，在遇到困难或自己无能为力时，能够以积极的心态面对。

（二）关注孩子的学习状态

家长还要关注孩子在生病期间的学习状态。

案例1：小明生病居家学习时，老师没有安排直播课程，就只能靠自学。小明平时最喜欢语文，所以在家里他也就优先学习语文，不懂的地方他也会花费很多的时间去学习。他最不喜欢数学，所以每次都是最后才会学习数学，写数学作业，如果遇到不会的题，他也只是暂时放下，准备后面再去请教老师。但不懂的问题越积越多，每天按时完成作业都很难。

这样的情况就是孩子自己没有学习计划。初中孩子如果学习目标不明确，就会学习动力不足，认为学习就是完成任务，没有自己的学习计划。一些孩子认为既然生病在家，那主要就先把病养好，如果老师布置了任务，那就完成老师的任务；如果没有别的任务，就自己看书，不会主动深入地学习，也不会制订自己的学习计划。此时，家长就可以给孩子布置一些任务。任务怎么布置呢？可以主动与老师联系，向老师了解学校的学习进度，并将孩子最近的情况与老师进行沟通，与老师和孩子一起制订在家的学习计划。接着明确在家学习的短期目标，不需要太远大，做到紧跟学习进度，不退步就好。家长可以向老师了解每天的学习进程，是讲新课，还是复习课，如果有新课，那就需要提醒孩子今天要对新课的内容进行预习，如果是复习课就需要提醒孩子将不懂的内容提前整理好，带着问题上课。家长还应该了解孩子的强项与弱项，在强项上可以少花点时间但也不能不学，在弱项上则可以花更多的精力去学习。基于总结结果，为第二天的学习制订新的计划。另外，家长也要看见孩子的努力，根据完成情况给予相应鼓励，提高孩子自我管理的信心，提升学习动力。

案例2： 小琪生病在家学习时，老师准备了直播课，她每节课都很认真地听老师讲，但自习课时会趁没有老师讲课休息。到了写作业的时候，她会事先对薄弱学科进行复习，但因花费了很多的时间在薄弱学科上，而其他学科的学习时间减少，作业完成的质量也不高。有时为了完成全部作业，她还会熬夜到很晚，第二天早上又起不来。这样做既不利于身体的恢复，又耽误了学习的进度。

导致这样的原因就是小琪对一天的时间安排不合理。在家休养时，时间完全由自己安排，小琪虽然很认真听讲，但没有安排好自己的学习时间，导致还要花更多的时间完成作业。所以，家长需要帮助孩子来安排学习和休息娱乐的时间。其实可以参考学校的作息时间，来安排居家学习时间和休息时间。这样对时间进行细分，做到劳逸结合，学校效果也会更好。

案例3： 小达生病在家学习的时候，总是一边听直播课，一边打开其他的软件看视频、新闻等，最后学习没学好，其他内容也没有记住，时间完全浪费掉了。上课老师讲的内容没记住导致他在第二天上直播课时，要继续补前一天不会做的或没写完的作业，老师讲的新内容也没完全听懂，积累的问题越来越多。

居家学习可能需要用到电子设备观看直播课程，一些不自觉的孩子可能就会同时打开其他软件，分散了注意力。初中孩子还在成长过程中，总会出现自控力不足的问题。提升自控力不是一件容易的事，但家长可以马上做到的就是对孩子进行手机管理。我们需要与孩子约定好，制订好使用规则，超过时间就不能再使用，通过他律的方式帮助孩子排除干扰，让孩子慢慢形成自律的好习惯。如果实在担心，也可以对游戏、聊天等软件进行限制，同时鼓励孩子成为能管理好自己的人。

案例4： 小博是一个非常刻苦的孩子，每天都会很用功地学习，甚至连休息的时间都很少。生病在家学习时，直播课结束后他会把整节课的内容梳理一遍。有时，一节课的新知识太多，他会放弃午休的时间，来一一整理新知识。但最后做作业还是会用很多时间，效率没有提升。时间久了，小博对学习也没有什么兴趣了。

出现这种情况的原因是小博没有掌握属于自己的学习方法，中学的关键就是学会学习。所以家长可以教给孩子一些提高效率的学习方法。例如，分解任务法，将大型的学习任务分解成更小、更易于管理的部分，可以先对今天学习的内容有一个整体的把握，再对分解后的小任务各个攻破，这样可以更好地提高学习效率。又如，集中与分散学习法，对于复杂难懂的材料，用集中学习法较为合适，即将精力完全放在这个问题上，用一定的时间主攻材料，但时间不宜过长，以防疲劳；而部分只需要记忆的知识可以使用分散学习法，即在不同时间段内进行学习，有助于记忆的巩固。同时，可以采用记忆宫殿、联想记忆等记忆方法来记住重要的信息。

（三）关注孩子的人际关系

居家学习少了校园生活的趣味，没有同伴交流，孩子很容易感到枯燥无聊，所以可以让孩子主动联系自己的同学、朋友与自己分享学校发生的事情，在促进同伴的友谊的同时也让孩子不至于与班集体脱节。小敏之前因为水痘请假在家将近两周，后来回到学校发现和同学们没有了共同话题，之前的朋友也有了新的朋友，她感觉到自己被冷落了，变得越来越不想去上学。家长此时就可以多鼓励孩子与朋友交流，分享自己在家的生活，主动了解班级的情况。

（四）关注孩子的日常生活

孩子的学习需要一个良好的家庭氛围，需要全家人共同来营造。孩子独自在家中学习，可能缺乏适合学习的环境。一个人在家学习没有相互竞争的气氛，也少了自我约束的意识，还没有同学的激励，这样的学习环境很容易让人懈怠。作为家长可以以身作则，减少自己的娱乐活动，少看电视，少玩手机，多多阅读，给孩子树立榜样。在学校学习有不会的问题时可以直接问老师，可以向同学们请教。但在家里学习，如果父母不在或者父母不会的话，孩子可能就此停滞不前，耽误时间。家长可以自己通过各种手段将问题弄清楚，再给孩子讲，这样既给孩子起了表率作用，又减少了孩子频繁使用手机查阅资料的情况。一个积极的家庭氛围，总能给孩子带来积极的能量，生病时最需要的就是家人的鼓励和支持，所以家长们需要多多关注孩子做得好的地方，并及时给予肯定，让孩子有更多的信心。

（五）帮助孩子作好复学准备

最后，家长需要帮助孩子做好复学的准备，并继续对孩子的健康状况进行监测，确保没有复发的可能。居家学习时，家长应通过与学校作息同步的时间安排，提前调整好孩子的作息；还应多与老师沟通，了解学校的各种情况，向自己的孩子传达相关的信息，减轻孩子对学校的陌生感。家长还需要让孩子调整好自己的心态，应让孩子明白居家学习效果不如学校学习，所以开学后肯定会和同学有差距，此时需要花费更多的努力才能弥补回来，要作好更辛苦学习的准备。

专题四

安全教育

有效预防校园欺凌

近年来，我们在国内外新闻中会看到一些孩子在学校受到欺凌，有的是身体伤害，有的是精神伤害。相信每每看到这样的新闻，大多数人都很心痛、很愤怒，对受到伤害的孩子心疼不已，希望能给予他们足够的支持和帮助，让他们重拾信心，走出阴影；对伤害他人的欺凌者，既愤怒又无奈，愤怒于他们的残忍和冷漠，无奈于他们自身可能也缺乏正确的教育和引导。同时，我们也会产生很多担忧与疑惑：自己的孩子是否在成长中也会遭遇欺凌？是否会因为害怕或羞耻不敢向家长和老师求助？我们究竟应该如何做才能更好地保护自己的孩子不被欺凌呢？

我们深深地理解每一位家长的担忧，所以了解如何避免被欺凌的相关知识是助力孩子健康成长的有力保障，更是每一个家庭的必修课。

一、校园欺凌的定义和表现形式

我国在《加强中小学生欺凌综合治理方案》中将中小学生欺凌定义为发生在校园（包括中小学校和中等职业学校）内外、学生之间，一方（个体或群体）单次或多次蓄意或恶意通过肢体、语言及网络等手段实施欺负、侮辱，造成另一方（个人或群体）身体伤害、财产损失或精神损害等的事件。

校园欺凌主要有四种表现形式。

①肢体欺凌：欺凌者利用身体动作对受害者实施的欺凌行为。例如，殴打、推搡、踢踹、勒索、抓头发、吐口水、抢夺、破坏物品等。

②语言欺凌：欺凌者通过口头言语的形式，直接对受害者实施的欺凌行为。例如，辱骂、讥讽、嘲笑、威胁、恶意取绰号、贬低等。

③关系欺凌：欺凌者利用人际关系对受害者实施的欺凌行为。例如，排挤、

孤立、传播谣言、蓄意破坏友谊等。

④网络欺凌：欺凌者通过电子媒体的形式，对受害者实施的侮辱、伤害等欺凌行为。例如，在网络上进行辱骂、威胁、诽谤、恶意中伤他人等。

二、被欺凌者的特点

为什么有的孩子容易被校园欺凌呢？他们自身存在什么特点？我们一起来看看以下几个案例。

案例1：小威是一名初一年级的新生，刚入学就被同学嘲笑外貌，说他的头就像一颗鸡蛋。小威认为这是别人和他开的一个玩笑，只是尴尬、害羞地走开了。接下来的一周，在不同的时间与场合里，嘲笑小威的人越来越多，有时还一起围着小威叫："臭鸡蛋、臭鸡蛋……"小威感觉被羞辱了，但却也只是认为同学们开玩笑有点过分。所以，再委屈也没有告诉老师或家长。

为什么小威很委屈了也没有告诉老师或家长呢？

因为小威自始至终都认为这是同学们开的玩笑。缺乏对校园欺凌的正确识别是阻碍小威采取求助措施的绊脚石。而小威的默默忍受、不反抗，也成了别人变本加厉的催化剂。

案例2：小静是一个非常内向的女生，在班里几乎没有朋友。一天体育课上，她被几个女生故意绊倒，膝盖摔破了。那些女生不仅没有道歉，还取笑她是"笨蛋"。小静感到非常害怕，也觉得自己被羞辱了，但她不敢告诉老师或父母。因为，她认为告了状之后，老师与父母不仅解决不了问题，还会认为这只是同学之间的小打小闹。与此同时，小静也担心同学们会认为她爱打小报告，从而会变本加厉地欺负她。于是，她选择默默忍受，尽量避免在体育课上与这些女生接触。

为什么小静应对欺凌的方式是忍受与逃避呢？因为小静不相信老师与父母能够帮到自己，而且也胆小怯懦，以至于受了欺负也选择自己承受。

从以上两个案例中，我们可以看到，被欺凌的孩子一般存在这样的一些特点：①校园欺凌知识匮乏，无法清晰地识别欺凌；②内心力量不足，缺乏应对的勇气；③不反抗，也不求助。

正因如此，这样的孩子才更容易成为被欺凌的对象。

三、欺凌带来的伤害

遭受校园欺凌的孩子还会承受各种各样的消极后果。

从当下视角来看，被欺凌者无论是身体还是心理都可能经受极大的打击。这些打击可能致使孩子害怕去学校，影响孩子的精神状态，进而导致成绩下滑。还可能致使孩子产生焦虑、抑郁、恐惧等消极情绪，严重者甚至会出现心理疾病和自我伤害。

从发展视角来看，长期被欺凌的孩子在个性上可能会变得极度缺乏自信，内心充满自卑和无价值感。此外，被欺凌的经历可能导致他们变得过于敏感，以至于发展出回避行为和社交恐惧症。在人际交往中，他们可能会在与他人交往时缺乏信任感，害怕被拒绝或再次受到伤害，并难以和他人建立亲密关系，严重者甚至会出现持久的抑郁和创伤后应激障碍。

四、校园欺凌的预防措施

案例：一直都挺活泼开朗的小卿，最近在学校受到了同学的挖苦、排挤，甚至听到了一些关于自己的谣言，所以总是情绪很低落、沉闷，而且突然开始逃避上学了，常常装病期望家人帮忙请假。

如果孩子出现了类似小卿的反常行为，家长应该怎样做才能更有效地帮助孩子预防校园欺凌呢？

第一步：应敏锐识别到孩子的反常。平和、耐心地询问孩子究竟发生了什么事，家人该做些什么才能帮到孩子。当然，除了出现反常表现以外，倘若孩子身上出现了淤青或抓伤等痕迹、文具常常丢失或破损、频繁地向家长要钱、学习成绩急剧下滑、夜晚频繁失眠或做噩梦等现象时，家长也需要提高警惕。

第二步：应谨慎对待孩子表述的原因。因为，需要辨别究竟是同学之间的玩笑，还是校园欺凌。一般来讲，玩笑与欺凌之间存在意图、频率、感受、后果等方面的差别。如果是玩笑，通常是无意的，就算不小心伤害到对方，也会立即道歉并试图弥补；是偶尔发生的，即使重复也不会针对同一个人；是感受良好的，如果玩笑过头，参与者会表示不满，开玩笑者也会立即停止并道歉；是无不良后果的，即使有短暂的不适感，也会在友好的互动中得到化解。相反，如果是欺凌，通常是恶意的，其目的是伤害、控制或恐吓对方；是反复的，它不仅是一时的行为，而是长期对特定个体的持续性骚扰或暴力；是感受不好的，被欺凌者通常会感到害怕、尴尬、痛苦或受辱；是产生负面后果的，包括心理创伤、成绩下降、社交孤立等。就像案例中的小卿一样，总是被同学挖苦、排挤，在频率上已经很高了，而且已经给小卿带来了诸多负面影响。

第三步：如果家长最终认定孩子所遭受的就是校园欺凌，就需要采取应对措施。家长应立即联系老师，家校协同处理这件事。包括了阐述孩子当前现状、详细说明欺凌背后的原因、安抚孩子受伤的心灵、与老师共同商讨解决办法、持续关注孩子在校的情况。以家校协作的方式处理校园欺凌，老师才能全面了解问题的性质与严重性，帮助老师更准确地把握情况。与此同时，家校合力才能更加确保欺凌行为得到有效遏制，并在多方面给予孩子内心的安抚。

第四步：应削弱自身的焦虑。对校园欺凌保持警惕是每一位家长的责任，更是对孩子爱的体现。但如果过于担心，草木皆兵，也不利于孩子成长，甚至会给孩子与老师带来负担。例如，小明的妈妈就非常害怕自己的孩子在学校被欺凌，于是在孩子上学期间，总是试探性地打电话给班主任询问小明表现得怎么样，有没有同学和他有冲突。小明每天回家，也要被询问在学校与哪些同学交往、有没有不开心、有没有与同学发生矛盾。一旦小明表达出一点和同学产生了冲突的情况，小明妈妈就会马上冲到学校，要求老师和同学给个说法。过分的担忧，让老师和孩子都不堪重负。所以，保持警惕的态度，但又不过分焦虑，才能更好地保护和支持孩子。

五、教会孩子如何应对校园欺凌

家长还要教会孩子如何勇敢应对校园欺凌，可以从这四个方面着手，分别是普及知识、给予关爱、勇敢面对、科学应对。

第一，给孩子普及校园欺凌的相关知识，如校园欺凌与玩笑之间的区别是什么、校园欺凌包含了哪些种类。这样有利于孩子更精准地识别校园欺凌。除此之外，还应普及校园欺凌的法律知识，树立孩子的法律意识，如告诉孩子 欺凌者可能需要承担民事或刑事责任。当孩子知道某些行为是违法的时，他们会更有意识地保护自己不受侵害，并明白在遇到欺凌时可以依靠法律来保护自己。

第二，给予孩子更多的爱和力量。从很多校园欺凌的新闻中，我们可以发现一些欺凌者或被欺凌者是留守儿童，他们在成长过程中缺乏父母的关爱与陪伴，因此，给孩子更多的关爱，让孩子感受爱，他们的内心才能有更多的爱，从而更坚强且更有力量。一个内心有爱、有力量的孩子，不会去轻易伤害别人，别人也不能轻易伤害他。所以，家长可以在日常生活中，多鼓励孩子，发现孩子值得被赞扬的每一个瞬间；多体贴、关心、慰问孩子的身心健康；勇敢地表达你对孩子的爱，可以是语言，也可以是行动；告诉孩子，无论发生了什么，家人永远是你最坚实的后盾，受了委屈要及时告诉家人。

第三，教育孩子要勇敢面对校园欺凌。倘若孩子在面对欺凌时表现得很软弱，往往会被欺凌者认为这个孩子是容易被欺负的目标。例如：小静在体育课上被几个同学故意绊倒导致膝盖受伤，小静的反应是害怕、怯懦、退缩。这让欺负她的那些同学一致认为，欺负小静不会付出什么代价，反正她也不敢告诉老师。所以，对待校园欺凌，要教会孩子勇敢去面对，不要害怕。当然，也不能表现得很激烈、冲动，因为冲动也许会激怒对方，进而引发更消极的后果，造成不必要的伤害。因此，冷静、勇敢地面对校园欺凌，在很大程度上可以保护孩子不被进一步伤害。

第四，教授孩子面临校园欺凌时的科学应对方法。倘若校园欺凌真的来到了孩子身边，一定要告知孩子须遵循一个核心原则与两个关键步骤。一个核心原则是无论何时都必须保证自身安全，两个关键步骤是从心理与行为两个角度做出回应。例如，小亮最近上完体育课，会遭遇班内几个同学围堵，并以看似玩耍的方式向小亮身上泼水，已经好几次了。小亮并不喜欢被这样对待，但是却一直默默忍受。如果你的孩子就是小亮，可以告诉他这样做：首先，心理上应保持冷静，调整认知，不让情绪失控，并告诉孩子发生这样的事情是欺凌者不对，并非自己做错了什么，这样有助于增强孩子的应对信心。其次，在行为上应坚决回应，迅速离场，主动求助，可以用坚定且不惧怕挑衅的语气告诉这些欺凌者："请不要这样做，或许你们觉得很好玩，但是这真的让我非常不舒服。"勇敢地表达自己当前的态度与感受，如果对方停止了行为并道歉，那么自己就解决了这个困扰。但是如果对方不仅没有停止，反而变本加厉，那么就要迅速离开现场，去到一个安全的地方，远离那些欺凌者。倘若在离开时却被欺凌者拦住不让走，孩子需要在依旧保持冷静的情况下，坚定且不惧地告诉对方："这样的玩笑，一点都不好玩，让我离开。"并告知对方可能存在的后果，如表示"这已经不是第一次了，这就是校园欺凌，你们很清楚校园欺凌的后果"之类的话语。家长要向孩子强调一定要主动寻求帮助。如果欺凌者还是不肯放过自己，可以大声呼喊，向周围的同学寻求帮助。事后，将这件事如实地告诉老师，或回家后告诉家长。并向孩子强调，家人永远是他们最坚实可靠的后盾。

综上所述，通过家长的积极介入和孩子自身的科学应对，才能创造一个更安全、更友善的校园环境，让每个孩子在健康、愉快的氛围中成长。

相信在校园欺凌防护网的加持下，每一位孩子都能在无忧无虑的校园生活中绽放最美的笑颜。也期望每一位孩子在校园欺凌的事件中，不做附和者，不做冷眼旁观者，更不做欺凌实施者！

重视交通安全

孩子的安全，是家长最在意、最牵挂的。安全问题可能发生在孩子成长的方方面面，其中交通安全和我们的生活息息相关。

现如今，道路上的车辆越来越多，且总有少部分人因缺乏交通知识或不遵守交通规则，从而使人们在出行时存在安全隐患，导致交通事故频频发生。

我们常常在新闻中看到让人痛心的交通安全事故：在步行安全方面，有孩子因横穿马路、未观察来往车辆就突然过马路、在马路上嬉戏打闹、擅自翻越马路中间的栏杆、在司机视野盲区长时间停留等危险行为，生命安全受到威胁；在乘车安全方面，有孩子因乘坐机动车时头、手探出窗外，乘坐电动车时未按要求佩戴头盔等危险行为，生命安全受到威胁；在骑车安全方面，有学生因未满12岁就在道路上骑自行车、骑车时逆行、骑车时不戴头盔等危险行为，生命安全受到威胁。

每每看到这些新闻，家长会觉得触目惊心，心痛不已。但是每次我们和孩子强调交通安全的时候，他们总是觉得我们很唠叨，往往置若罔闻。

一、为什么孩子会忽视交通安全

（一）成长阶段的心理特点

中学生正处于青春期的成长阶段，这一时期他们的心理发展具有显著的独特性。他们渴望独立、自主，对于外界的评价和限制容易产生逆反心理。因此，当家长反复强调交通安全问题时，他们可能会认为这是对他们的不信任和束缚，从而产生抵触情绪，进而选择性地忽视这些提醒。

（二）信息时代的注意力分散

随着科技的快速发展，我们已进入了一个信息爆炸的时代。中学生作为数字时代的“原住民”，他们的生活和学习中充斥着各种电子设备和社交媒体。这些现代科技产品成了中学生便捷的学习和交流工具的同时，也带来了分散学生注意力的问题。在面对繁多的信息时，他们很难将注意力长时间集中在交通安全这一看似“枯燥”的话题上。

（三）交通安全意识的缺失

交通安全问题不仅受外界环境的影响，而且与中学生自身的交通安全意识紧密相连。然而，很多中学生缺乏足够的交通安全知识和意识，对交通规则了解不足，对潜在的危险缺乏预判和应对能力。例如，他们在过马路时可能不看红绿灯，或者骑行速度过快等。

（四）交通设施的不足

随着城市化的快速发展，交通设施的不足逐渐凸显出来，如交通标志不够明显或缺失、交通拥堵会带来混乱等，都可能对中学生的交通安全构成威胁。

二、如何让孩子更加重视交通安全

（一）加强教育，提高认识

家长需要加强对孩子的交通安全教育。可以通过讲解交通事故案例、观看交通安全宣传片等方式，让孩子了解交通安全的重要性，提高他们的交通安全意识。同时，还可以引导孩子认识交通信号灯等各类交通设施，了解其意义并掌握使用方法，让他们在实践中更好地掌握交通安全知识。

以下三个方面的安全知识需要特别注意。

1.步行安全

说到步行安全，它是孩子日常生活中最基本的出行方式。那么，在复杂的交通状况下，孩子需要注意些什么呢？首先，让我们来看几个案例。

案例1：一名初中生在放学回家的路上不幸被一辆疾驰而过的汽车撞倒。据目击者描述，当时该名学生正在横穿马路，未注意观察来往车辆，而肇事司机在行驶过程中也未能及时发现并避让行人。

案例2：某日下午放学时分，初二学生小明因急于回家而匆忙穿越马路，未遵守交通规则，在斑马线外横穿马路。此时，一辆正常行驶的轿车的驾驶员未能及时发现小明，导致车辆与小明发生碰撞，小明当场倒地不起。

家长们，你们发现了什么共同点呢？是的，那就是他们在过马路的时候有横冲直撞的危险行为。这些悲剧的发生，再次提醒我们交通安全无小事，每一步都需谨慎。

因此我们在指导孩子步行安全时，可以在行走的过程中、在真实的情景中与孩子沟通。主要包括以下几个方面。

第一，过马路要走人行横道。步行的时候一定要走人行横道。如果没有人行横道时应走马路的右侧。几个人一起走路的时候，不要并排，而要尽量走成一路或者是两路纵队，而且要靠路边走。

第二，要遵守交通信号灯。相信我们的孩子们都学习过“红灯停，绿灯行”的口诀，以及步行的时候要走过街设施或者人行横道。我们要教导孩子们应首选过街设施，因为它节省了等待红绿灯的时间，同时也做到了人车分离，过马路的时候就会更加安全。在通过没有交通信号灯的斑马线时应该怎样做呢？我们要教导孩子应当观察来往车辆的情况，确认安全以后再通过。

第三，步行的时候要集中注意力。如果走路的时候看手机或者和同伴打闹的话，那孩子的注意力会集中在其他地方，可能无法及时关注到路面的情况。这时如果突然走偏了或者有其他车辆出现，孩子可能意识不到。所以走路时一定要集中注意力，随时观察路面的情况。

第四，禁止翻越隔离护栏。在机动车道上正常行驶的车辆速度都是比较快的，如果这个时候行人突然出现的话，司机往往就会来不及刹车，这是非常危险的。因此我们要告知孩子随意横穿马路或者翻越护栏都是不可以的。

第五，不能在马路上玩轮滑、滑板等。我们要告知孩子这些活动仅限于在安全允许的条件下或者在专业场所内进行，如在道路上踢足球、玩滑轮、滑滑板等行为是非常危险的。

2. 骑车安全

案例：某日下午放学时分，初中生小东骑着自行车回家。由于当天是周末，路上的车辆和行人相对较多。小东在骑行过程中，为了赶时间，忽略了前方的交通信号灯，强行闯红灯。此时，一辆正在正常行驶的轿车司机因视线受阻，未能及时发现小东，导致两车相撞。事故造成小东腿部骨折。

可见，小东交通安全意识淡薄。小东在骑行过程中，未能严格遵守交通规则，强行闯红灯，这是导致事故发生的直接原因。一些初中生在交通安全方面的意识薄弱，容易受到外界因素的影响，导致他们忽视交通安全问题。家长应教育孩子在交通环境复杂的情况下，需要更加谨慎地骑行，以免发生意外。以下几点骑车安全知识需要孩子注意。

第一，严格遵守交通法规。骑车时要做到“七不”：不双手撒把，不多人并骑，不相互攀扶，不戴耳机听音乐，不追赶比赛，不扒机动车，不带人。此外，要经常检修自行车，保持车况良好，定期检查车闸、车铃是否灵敏。骑自行车应在非机动车道行驶，在没有划分路线的道路上，机动车在中间行驶，自行车应靠右边行驶，绝对不能逆行。雨、雪、雾天骑车要格外小心，要穿鲜艳的雨衣，同时减速行驶。

第二，注意大货车的内轮差。由于大型货车司机所处的位置比较高，视野不是很好，而且车身比较长，有些孩子会在货车前轮转弯的时候去靠近它，这样做很容易发生交通事故。这是由于货车的内轮差使司机存在视野盲区。所以，孩子们在公路上骑行的时候，如果发现有大型货车，我们应该引导孩子远离它，而且最好远离两米以外的距离，这样才能保障孩子们的交通安全。

第三，《中华人民共和国道路交通安全法实施条例》第七十二条规定，驾驶自行车或三轮车须年满12周岁，驾驶电动自行车必须年满16周岁。如果你的孩子未满12岁，请不要让孩子在道路上骑自行车或三轮车。即使年满12岁的青少年，由于城区的道路路况比较复杂、车辆比较多，建议孩子骑行上路时车速不要过快。

3. 乘车安全

对于孩子来说，常乘坐的车是公交车、地铁和私家车，所以主要介绍这三种车的乘车安全注意事项。

案例：初中生小亚放学后乘坐了一辆公交车回家。由于正值下班高峰期，车内乘客众多，小亚只能站在车厢的过道上。当公交车行驶至一个十字路口时，由于前方车辆突然刹车，公交车司机也紧急制动，车内乘客发生晃动。小亚在晃动中不慎摔倒，头部撞到了车厢的扶手上，当场昏迷。事故发生后，公交车司机立即拨打了急救电话，并将小亚送往附近医院。经过医生的紧急救治，小亚脱离了生命危险，但头部仍留有伤痕，需要一段时间才能康复。

这起事故是公交车司机驾驶操作不当造成的。在行驶过程中，司机未能根据前方路况提前减速，导致在紧急制动时乘客发生晃动，从而引发事故。除此之外，乘客安全意识不足。小亚在乘公交车过程中未能站稳扶好，未能充分意识到站立乘车的风险，也是导致事故发生的一个重要原因。

因此，孩子需要了解以下几点乘车安全知识。

（1）乘坐公交车的安全知识

第一，孩子在候车时，应选择指定的公交站点，切勿在机动车道上或者非站点处候车，以免发生危险。同时，要遵守站点秩序，排队候车，不要拥挤、打闹，以免因为推搡而导致意外发生。此外，候车时还要留意公交车的行驶动态，待车辆停稳后再有序上车。

第二，在车辆停稳后，按照先下后上的原则有序上车，不要争抢座位，以免发生碰撞或摔倒。同时，要留意车辆内部的安全设施，如扶手等，确保自己坐稳扶好，避免在行车过程中受伤。

第三，在乘车过程中，孩子应严格遵守公交车的各项规定，不要将头、手等身体部位伸出窗外，以免被过往车辆或路边物体剐伤。同时，要保持车内卫生，不要随意丢弃垃圾，共同维护良好的乘车环境。此外，还要保持安静，不要大声喧哗、打闹，以免影响其他乘客。

第四，下车时，孩子应提前做好准备，观察车辆周围的交通情况，确认安全后再下车。在车门处等待时，要留意车门开启的方向和速度，避免被车门夹伤。下车后，不要急于穿越马路，应观察来往车辆，确保安全后再通过。

（2）乘坐地铁的安全知识

第一，在乘坐地铁时，站台是孩子与地铁直接接触的区域。因此，注意站台安全尤为重要。孩子应站在黄线以内等车，避免越过黄线进入轨道区域。同时，在列车进站时，要保持警惕，避免被列车与站台之间的缝隙夹伤。此外，在列车即将离站时，不要强行追赶或扒门上车，以免发生意外。

第二，进入车厢后，孩子们应继续保持警惕，注意车厢内的安全。首先，要抓好扶手或站稳，避免在列车行驶过程中摔倒。其次，要注意车厢内的紧急设施，如紧急制动装置、紧急报警按钮等，以便在发生紧急情况时及时采取措施。

第三，除了遵守乘车规定和注意站台、车厢安全外，孩子还应增强自我保护意识。在乘坐地铁时，要时刻关注周围环境，发现异常情况及时报警或求助。同时，要学会识别可疑人员和物品，避免与陌生人随意交谈或接受陌生人的食物、饮料等物品。此外，在乘坐地铁时，要保管好个人财物，避免遗失或被盗。

（3）乘坐私家车

乘坐私家车下车时，正确的做法应该是要从汽车的右侧下车，而且要在汽车停稳以后再下车。可能还有孩子乘车时觉得窗外的风景特别美丽想把手伸出去或者是头伸出去，或者站在座椅上把头伸出天窗，这些行为都是非常危险且需要被禁止的。

（二）培养责任，注重安全

家长应提高孩子注意交通安全的责任感，让他们明白交通安全不仅是个人的事情，更关乎家庭和社会的安宁。有可能因为自己的疏忽，带来严重的后果，不仅伤害到自己，也会伤害到他人。因此，在日常的教育中，应有意识地强调出行时关注周围环境、遵守交通规则、不随意穿越马路、不在马路上嬉戏打闹等，让孩子保持警觉，确保自己和他人的安全。

（三）家长示范，以身作则

让孩子能更加重视交通安全，除了必要的交通安全教育以外，还需要家长们在生活中以身作则，自觉遵守交通规则，不闯红灯、不酒驾、不疲劳驾驶，把交通规则牢记在心间，落实在行动上，为孩子们树立良好榜样。同时，我们也要时刻关注孩子的行为，及时纠正他们在交通行为中的不当之处，帮助他们形成正确的交通安全习惯，为孩子们的生命安全保驾护航。

防范意外溺水

每年夏天，随着气温升高，溺水事故也进入高发期。据世界卫生组织发布的《全球溺水报告》显示，2021年我国每年约有5.9万人死于溺水，其中未成年人占95%以上。因此，我们要绷紧防溺水这根弦，严防溺水事故发生。让我们先来看一个案例。

案例：小宗是一个活泼好动的12岁初中生。他的父母平时很忙，和孩子的交流几乎都是讲道理。在一个炎热的下午，在没有家长陪同的情况下，小宗和朋友们一起去了家附近的河里游泳。孩子们在河里嬉戏打闹，享受夏日的清凉。突然间，小宗因为不熟悉河道情况，被卷入了一个漩涡，从而失去了平衡，开始在水中挣扎，而朋友们也不知如何是好。幸好最后小宗被路人救了下来。

在这个案例中，我们可以看到几个关键问题。首先，小宗对自己的游泳能力和水域环境缺乏准确评估。他没有意识到自己在不熟悉的水域中可能会遇到危险。其次，小宗和他的朋友们缺乏必要的安全意识和救援知识。在紧急情况下，他们无法迅速采取有效的自救或互救措施。

一、溺水可能带来的后果

溺水事故的后果不容忽视，主要包括以下几点。

①肺部感染风险：溺水容易引起肺部感染，甚至可能导致器官损伤。

②长期健康影响：幸存者可能因脑部缺氧导致认知障碍。

③生命危险：短短几秒内，孩子就可能因窒息而面临生命危险。

二、家长面对孩子溺水的应对办法

事情发生后，小宗的家长感到非常后怕，于是采取了以下措施。

①沟通与教育：家长非常担心，多次与小宗沟通，反复强调这次经历的危险性，强调私自游泳带来的问题，并告诫他以后绝不能再这样做。

②限制外出时间：为了避免再次发生危险，家长限制了小宗与同学外出活动

的时间，并且要求小宗每次出门前把出去要做的事情告知他们，试图将孩子置于自己的保护之下。

然而，这种方式引起了小宗的反感和抵触情绪，让小宗感到被束缚和不被信任，进一步加剧了亲子关系的紧张程度。

三、给家长的建议

那么，究竟怎么做才能防范意外溺水呢？以下是给家长的一些具体建议。

①加强与孩子的沟通，教育他们认识到溺水的危险性。

家长应定期与孩子进行安全教育谈话，让他们明白哪些水域是安全的，哪些水域存在危险。告诫他们不能独自或结伴前往危险水域，不在无家长或成人带领下游泳，不在无安全设施和救援人员的水域游泳。

②教会孩子掌握基本自救知识。

首先，保持镇定，不要慌张，发现周围有人时立即呼救。其次，仰泳露鼻，屏住呼吸，放松肢体，尽可能保持头向后仰、面部朝上的仰泳体位，使口鼻露出水面，有节奏地缓慢地一呼一吸。最后，深吸浅呼，呼吸时注意吸气要深，呼气要浅，因为深吸气时人体比重比水略轻，可浮出水面，呼气时人体比重比水略重。

③关注孩子的行踪。

家长们还应该关注孩子的行踪，特别是在夏天容易发生溺水事故的时间段。可以给孩子配备电话手表等与孩子保持联系，并进行行踪定位，保证孩子遇到紧急情况时能够第一时间向家长寻求帮助。

生命是宝贵的，每一次的意外都可能带来不可挽回的后果。希望通过阅读本文，大家能更加重视水上安全。

专题五

网络教育

初中生应在网上理性消费

一、案例呈现及影响分析

案例：初中生小晶网购花光了母亲12万元手术费，虽然警方与相关平台联系后退回了6万余元，但部分物品因被使用而无法退还。初中生小春在父母不知情的情况下，在漫画阅读平台进行付费阅读，累计支付1400余元。初中生小发未经父母同意，在某电商平台购买了一辆价值4000余元的越野摩托车。小学生小晴在其父母不知情的情况下，通过微信给直播平台充值4万余元。小学生小俊在放假期间，通过母亲手机在直播平台充值打赏1万余元。小学生小兰偷偷用妈妈的手机注册微信账户，并将家里的4张银行卡捆绑在该账户上，多次在网上下单购买实物商品和虚拟游戏产品，导致卡里的6万元所剩无几。初中生小红在网络世界中被骗，通过扫码支付、微信红包等方式向对方多次转账，最终受骗金额达2万余元。

这些案例反映出未成年人在网上进行非理性消费的问题，需要家长加强对孩子的网络安全教育和消费行为引导。现在网上购物已经成了我们生活的一部分。在网络环境中，孩子根据自己的经济能力，有计划、有节制地进行消费，避免盲目跟风、攀比和过度消费，才能做到理性消费。这些要求我们的孩子能够正确认识金钱的价值，合理使用金钱，结合实际情况进行消费，具备对消费行为的自我控制能力。具体来说，家长们可以看看你的孩子是否可以做到以下几点。

①你的孩子会根据自己的实际需要和经济能力，制订消费计划，避免冲动消费和不必要的开支。

②你的孩子在面对各种网络促销和广告时，能够自我控制，不因诱惑而盲目

购买不需要的商品或服务。

③你的孩子能够认识到金钱的价值，不浪费金钱在无意义的消费上，能理解消费不仅是满足当前需求，也是对未来的一种投资。

④你的孩子能做到注重身心健康，避免沉迷网络游戏和不健康的消费习惯，如在游戏中购买许多设备等。

⑤你的孩子明白作为消费者，应有社会责任感，消费行为不仅关乎个人，也影响着全社会。

你对自己孩子网络消费行为还满意吗？要知道现实中孩子们非理性消费的后果往往很严重。

非理性消费往往导致过度开支，增加家庭的经济负担。例如，有初中生在父母不知情的情况下，通过网络平台进行高额消费，最终给家庭带来巨大经济损失；初中生小晴在3个月内“打赏”某主播65余万元，其母遂以女儿名义起诉该直播平台要求退还“打赏”金额。

未成年人的非理性消费行为可能引发法律纠纷。例如，未成年人偷用父母账号消费的事件一旦出现，很多时候需要靠法律的手段才能解决。

非理性消费可能会影响孩子的心理健康。过度消费和盲目攀比可能导致他们产生焦虑、内疚和自我否定的情绪。例如，有初中生因迷恋上某直播平台，进行高额打赏，最终导致心理和经济上的双重压力。

非理性消费行为可能会扭曲孩子的价值观，使他们过分追求物质享受和外在表现，忽视内在品质和精神追求。例如，初中生在消费过程中由于缺乏科学理性消费观念，容易产生攀比心理和享乐消费倾向。

非理性消费行为可能会削弱孩子的社会责任感。他们可能会忽视消费行为对社会的影响，缺乏节约资源和保护环境的意识。

过度消费和沉迷网络购物可能会影响孩子的学业。他们可能会将大量时间和精力投入网络消费中，忽视学习和其他有益活动。

非理性消费行为可能会引发家庭矛盾和冲突。家长可能会因为孩子的不合理消费行为而感到失望和愤怒，导致家庭关系紧张。

孩子的非理性消费行为不仅影响个人和家庭，还可能对社会产生负面影响。例如，过度消费和盲目攀比可能会加剧社会不公和资源浪费。

总之，孩子非理性消费的后果是多方面的，因此家长引导孩子树立正确的消费观念，培养他们的理性消费习惯迫在眉睫。

二、引导孩子理性消费的建议

在引导孩子形成理性消费观念方面，家长承担着重要的责任。家长应通过理财教育，引导孩子树立正确的消费观念，控制和监督孩子的消费行为，避免过度溺爱，让孩子学会自理和自立。学校和社会也应提供正确的价值观引导，帮助青少年规避非理性消费行为，培育他们理性、健康、绿色的消费观念。

（一）监督引导，情感支持

1. 开放讨论，以身作则

与孩子开放地讨论金钱，包括赚钱、花钱、储蓄和投资等话题。家长通过自己的行为展示理性消费和财务责任感，为孩子树立榜样。因为孩子往往会模仿大人的消费习惯。与孩子一起讨论消费决策、分析消费的利弊，包括非理性消费可能带来的负面影响，培养他们的批判性思维，让他们看到理性消费的重要性。教育孩子考虑消费对环境的影响，提倡绿色消费和可持续发展的理念。培养孩子对社会责任的认识，理解个人消费行为对环境和社会的影响。

2. 财商教育，合理消费

向孩子传授基本的理财知识，包括预算、储蓄、消费和投资的基本概念。教导孩子根据自己的需求和预算，区分必需品和奢侈品，制订清晰的消费计划，合理安排消费，避免冲动购物。教育孩子不要为了攀比或跟风而消费。为孩子的零用钱设定限额，并鼓励他们记录支出，了解自己的消费习惯。鼓励孩子为特定的目标储蓄，如购买想要的物品或为未来教育储蓄。教导孩子如何制订消费计划，区分需要和欲望，并学会按需要程度排序。在适当的程度上与孩子分享家庭的财务状况，让他们了解家庭预算和支出。

（二）参与劳动，价值引领

帮助孩子理解金钱的价值，包括劳动与报酬之间的关系。鼓励孩子参与家务或其他劳动，让他们体会赚钱的过程，增加他们对金钱价值的认识。教育孩子节约资源，让他们认识到节约的重要性，并在日常生活中实践。参与慈善活动，让孩子了解金钱可以帮助他人和社会。

监督孩子的消费行为，但同时给予适当的自由度，让孩子在实践中学习如何做出消费决策。指导孩子如何安全上网，识别网络诈骗和不良商业行为。让孩子了解非理性消费可能带来的后果，包括经济压力和心理负担。在孩子面临消费决策时提供情感支持，帮助他们建立自信，避免在同伴压力下的不理性消费。随着孩子年龄的增长，逐步减少监督，给予他们更多的自由和自主权，让他们在安全的环境中学会自我管理和自我保护，培养他们的责任感和自我控制能力。对孩子的消费行为给予及时反馈，表扬他们的理性消费行为，指出不理性消费的后果。让孩子在家长的监督下，逐步学会独立管理自己的网络消费。在进行较大金额的消费前，征询家长的意见和指导。

（三）巧用工具养成理财习惯

家长利用技术工具一方面可以监控孩子的网络消费行为，同时有利于培养孩子良好的理财习惯，培养孩子的自主管理能力。家长在推荐这些工具给孩子使用时，应确保孩子了解这些工具的使用方法，并在必要时给予适当的指导和监督，应避免过度监控，以免侵犯孩子的隐私。

1. 使用技术工具

利用电子表格或财务管理应用程序帮助孩子跟踪和管理他们的资金。

2. 使用软件或程序记录

利用记账软件或应用程序记录每一笔支出，了解自己的消费习惯。以下几个软件或小程序供各位家长参考。

①微信小程序“微信记账本”：可以同步微信支付账单，帮助孩子了解自己的收支情况。

②支付宝账单功能：通过“我的—账单”进入，适合经常使用支付宝的孩子，可以快速查到消费明细和占比。

③银行APP账单功能：在银行APP中搜索“账单”，可以统计银行理财变化、每月收益率等。

④支付宝“蚂蚁星愿”：在支付宝搜索“心愿”，设定存钱目标，每存下一笔，心愿进度就会更新，增加储蓄的乐趣。

（四）巧用理性消费小妙招

送给家长们五个小妙招：一辨、二比、三想、四思、五安。

一辨：教育孩子识别和批判性地思考广告和促销手段，避免受到夸大宣传或虚假广告的影响。

二比：教孩子如何比较不同商品和服务的价格、质量、性能和用户评价，选择性价比高的商品，做出明智的消费选择。

三想：不因为流行或同伴压力而购买不需要的商品。教育孩子感恩所拥有的，而不是总追求更多。

四思：鼓励孩子定期反思自己的网上消费行为，评估是否符合理性消费的原则。

五安：在网上购物时，注意个人信息的安全，避免泄露银行账户和密码等敏感信息。教育孩子识别网络诈骗和风险，避免在不安全的网站上购物。

和孩子做网友

这一代的孩子，从小就使用智能手机和平板电脑上网课、玩游戏、刷视频、看直播，网络已经深深地融入他们的生活。他们对网络的依赖已经远远高于我们。也正因此，面对复杂的网络环境，相信家长或多或少都会担心孩子沉迷网络、偷偷网恋、浏览不良网页、遇到坏人、影响成绩等。

最近张女士也因为孩子上网的事情感到很苦恼，她的女儿最近一回到家就回房间玩手机，也不像以前那样爱倾诉了，开口闭口都是网络流行词汇，而张女士自己却对此知之甚少，有时候问起“什么意思”，得到的答案往往是“说了你也不懂”。张女士发现自己和女儿代沟逐渐加深，关系好像没以前那么密切了。张女士曾试图通过查看女儿的社交媒体动态了解女儿的生活，但女儿对此十分反感，甚至开始设置隐私限制，以此阻止张女士的访问。这下，张女士彻底不知道该怎么办了。

这位妈妈的经历，相信不少家长都不陌生，家长对孩子的关心和爱护是天生的本能，许多家长尝试通过网络了解孩子，却遭遇了孩子的抵触和排斥。为此，家长们想了不少办法。一部分家长会开启“祥林嫂”模式，把孩子这种行为的危害性翻来覆去地念叨，直到孩子有所改变；也有部分家长可能会采取强制性措施，如从根源上阻止孩子上网，以此保护孩子不受网络的伤害。可以上两种行为非但解决不了问题，甚至会让孩子与父母关系越来越疏远。

如今的孩子，是在互联网中成长起来的一代。据团中央维护青少年权益部、中国互联网络信息中心、中国青少年新媒体协会发布的《第五次全国未成年人互联网使用情况调查报告》显示，我国未成年网民规模不断扩大，2022年未成年网民规模已突破1.93亿，未成年人互联网普及率增长到97.2%。同时，网络满足了他们获取知识、社会交往、休闲娱乐、探究兴趣等需求，想让孩子一点不接触网络，是不现实的，也不利于他们的成长。

既然网络已经成为孩子生活中必不可少的组成部分，那么我们是否可以通过网络走近孩子呢？

一、为何一些家长无法通过网络走近孩子

有的家长可能会说，我也想通过孩子感兴趣的网络活动去了解孩子，但是却

总是被拒绝。这是为什么呢？这其实和青春期孩子的特点及我们对网络的态度有关。

首先，进入青春期的孩子内心渴望独立，希望有自己的空间和隐私，这是他们走向成熟的必经过程。他们认为网络世界也是生活的一部分，所以他们不再事事向父母汇报，但这不代表刻意隐瞒。如果父母经常未经允许监控青少年的网络活动，他们可能会产生逆反心理，故意隐藏自己的网络行为以保持控制权。

其次，一些家长会把网络看作洪水猛兽，担心孩子会沉迷网络、接触不良信息。这种担忧使得家长在与孩子交流时带有偏见，无法客观地看待孩子在网络上的行为，一聊起手机网络问题，总是以吵架收尾。比如，我有个学生小林，对各类游戏都了然于胸，不管是“王者荣耀”，还是“英雄联盟”，他都能够说得头头是道，而且经常向父母说起自己在游戏中的成就。但是，父母听到这些话，只会说：“只有好好学习才是正道，网络游戏都是不务正业，以后肯定没出息！”孩子想跟父母聊网络游戏带给自己的快乐和成就感，而父母却只关注网络游戏是否对成绩有影响。这种沟通是信息不对等的，也就是无效沟通。原因在于父母总是用过去的眼光及固有的观念来看待当下的孩子，更不能理解孩子内心的想法或愿望，自然就无法接纳孩子的行为，在沟通过程中孩子也感觉不到父母对自己的鼓励和信任，双方都得不到自己想要的回应。因此，孩子为了逃避现实生活中的矛盾冲突，同时也害怕父母会限制他们的言论自由或社交活动，拒绝与父母讨论网络相关问题，更不可能与父母成为网友。

所以，并不是因为网络的出现才导致亲子关系的疏远，而是青春期的孩子对独立性的追求有所上升，以及以往亲子沟通不畅的惯性导致孩子对父母是不信任的。

二、家长如何通过网络走近孩子

家长该如何把握行为方式的尺度呢？如何通过网络了解孩子，与孩子成为网友，拉近彼此之间的关系呢？家长可以从以下三点出发。

1. 放下对网络的偏见

家长要先改变对网络的单一评价，知名儿童精神科专家希米·康在其畅销书《屏幕时代，重塑孩子的自控力》中表示：“科技对儿童和青少年的影响，不能简单地用‘好’或‘坏’来判断。如果使用得当，科技产品会给他们带来难以置信的好处。”

家长要杜绝“以暴制暴，一刀切”的网络管理手段。心理学中有个效应叫

“禁果效应”，指的是越是被禁止的行为或东西，越会引发孩子更多的好奇。加上青春期的逆反心理，孩子会想方设法地进行尝试。比起担心孩子玩物丧志、影响学习，不如尝试让孩子看到网络隐藏的“宝藏”，把重心放在引导孩子掌握正确使用网络的方法上。互联网时代，手机上除了有游戏，也有许多即时资讯和学习资源。比如，搜索功能可以提高孩子遇到问题时的搜索能力，网络知识平台可以提升孩子学习的突破能力，网络社交功能可以锻炼孩子语言表现的协调能力等。

2. 建立和谐的亲子关系

良好的亲子关系是一切的基础，就是家长把“管控”的心，变成“关心”的心。让孩子感受到家长是发自内心地关心自己，才能真正走进孩子内心，帮助家长了解他们。

以下是建立和谐亲子关系的小妙招。

①家长应该将孩子看作是独立的个体，尊重他们的隐私权。在家长想通过社交媒体了解孩子的学习和生活时，应事先征求孩子的同意，以孩子认同和接受的方式去了解他们。同时，家长也要理解他们对独立性的需求，允许他们有不向父母敞开的部分。

②家长应该适度放手，与孩子共同作好上网规划。使用网络成为孩子满足自己的心理需求的途径之一，虽然爱玩是每个孩子的天性，不过这并不代表他们一定会沉迷网络，其实孩子比我们想象中更自律。研究表明，青少年使用互联网时最担忧的问题就是担心自己沉迷网络，说明在使用网络过程中孩子有一定的反省能力。

家长和孩子可以共同制订关于网络使用的约定，比如规定每天使用网络的时长，有效区分用于学习和放松的上网时间，以及禁止在哪些场合使用网络等。约定实施过程中有两点需要注意；首先是需要不断进行总结、反思并及时调整约定内容；其次是赏罚分明，根据目标的完成程度进行奖惩。这样可以培养孩子的自律能力，同时让孩子明白使用网络的边界，也能更好地学会与网络共处。

③家长应该学会有效沟通的技巧。有效沟通一定是建立在家长和孩子双方都有交流意愿的时候，反之，则很有可能出现“左耳进，右耳出”的无效沟通。通过营造良好的有效沟通氛围，与孩子建立信任关系，会让他们更愿意分享自己的网络经历。

一是真正倾听孩子的想法。一些家长在沟通中仅仅是换了一张和善的面孔来表达自己的态度和要求，实则并不在意孩子的想法，只是换了一种相对柔软的方式在沟通中让孩子听自己的话。同时，倾听不是说家长闭着嘴巴、坐在那里光听就好了，最好的倾听要有互动。在孩子提出要求时，可以进行开放式回应，如说“你的希望是什么?”“你的计划是什么?”类似的话。这能有效保护孩子沟通的意愿，让孩子对自己的生活有参与感和掌控感，能够有效提升他们的自信心和自尊心。

二是寻找沟通契机。家长可以寻找生活中的一个比较放松的场景进行对话，让对话自然而然地产生，比如在接孩子放学的路程中或者去超市购买零食的途中，也可以是一起共进晚餐的时候，从孩子生活中寻找话题，逐渐过渡到想要聊的话题上，比如对使用网络的看法、如何辨别网络的有害信息等。

三是抓住沟通重点。如果家长总是只提要求，总是说“少看手机，少玩游戏，要好好学习，我们都是为你好”这样的话，孩子只会想要尽快结束话题。唠叨是把“钝刀”，无形间破坏着亲子关系。我们要站在孩子的身后，和他一起去寻找解决问题的方法，而不仅仅是指责和批评。

四是学会讲故事。对于孩子们不知道的风险，家长可以用讲故事的方式给孩子进行预防。比如在用餐或散步时，气氛融洽的时候开始闲聊，讲讲热点事件的脉络走向，但提醒家长不要谈容易引起孩子害怕的细节。总之，利用春风化雨、润物细无声的讲故事方式，去防微杜渐，防范网络风险。

3. 提供高质量的网络陪伴

既然孩子的生活无法与网络割裂，那么如何利用网络资源，进行高质量的亲子陪伴就是需要家长思考的问题。这种陪伴并不是简单地把网络当作是“电子保姆”，而是全身心投入尽力做好孩子的网络朋友。

①我们可以和孩子一起在网络中学习和探索。

纪录片《互联网时代》说：“现在的孩子是‘互联网原住民’，而我们成年人是‘互联网移民’。”网络是新鲜事物，物理世界的文明有上千年的历史，而互联网世界的文明才短短几十年，里面还有太多的嘈杂、混乱和未知。家长要和孩子一起学习网络、接触网络、使用网络，包括网络安全知识和技能。这不只是共同学习进步的过程，也是家长和孩子共同成长、彼此了解的亲子互动过程。这样会减少孩子和家长的疏离感，逐步成为朋友。

②我们还可以和孩子利用网络资源寻找共同爱好。

处于青春期的孩子对网络世界有着莫大的好奇心，家长可以与孩子一起参与网络活动，包括一起搜索问题，一起下载软件，一起玩游戏，一起了解科普知识等。通过这些共同兴趣，家长可以更自然地融入孩子的网络生活，增进亲子关系。

在这个过程中家长依旧要承担为孩子把关的责任。以同玩一款游戏为例，首先，家长需要选择适合孩子的游戏项目。家长可以通过网络了解相关游戏画面和用户评论，或通过查询分级标示准确了解该游戏的年龄分级和内容特征描述，选择适合孩子的游戏。其次，家长积极参与孩子的游戏过程，与孩子一起度过愉快的家庭时光；并以平等的身份理解孩子的游戏动机，进而通过孩子的游戏行为理解孩子，促进亲子关系的良性发展。

4. 树立榜样精神

身教大于言传，家长要作正确的表率。家长是孩子的第一任老师，孩子们习惯和认知的养成，大多源于家庭。有的家长给孩子规定了上网时间，自己却毫无节制地玩游戏、看直播、刷视频。这样的做法是严重的区别对待，没有了公平，规定起不了应有的作用。

现在有很多软件，可以有效培养自我控制能力，帮助家长和孩子养成良好的上网习惯。家长可以带着孩子尝试下载自律软件进行打卡，如强制锁屏、强制关机的APP，以及运动打卡、早起打卡、学习打卡的APP。好习惯的养成，少不了全家的一起行动，互相监督，互相提醒，从他律、互律走向自律，从好行为变为好习惯。

成为孩子的网友并不意味着家长需要完全了解孩子的每一个网络行为，而是通过保持客观态度对待网络、建立良好的亲子关系、提供高质量的网络陪伴，与孩子在网络世界中建立起积极的互动关系。通过这些方式，家长不仅能更好地了解孩子，还能帮助他们培养健康的网络使用习惯。

预防网络沉迷

你的孩子有过这些情况吗？

一拿到手机和平板电脑，就什么事都不管了，饭也不来吃，觉也不去睡；上网时间越来越长，放假的时候甚至能抱着手机连续看好几个小时，眼睛都要看坏了；只要拿起手机或者平板电脑，基本上就对周围一切爱搭不理了，要是让他放下手机或者平板电脑，简直是“要了他的命”，他的脸色会特别难看，甚至还想大闹一场；孩子有时候有些烦心事，但只要拿起手机刷短视频，不到五分钟，就马上喜笑颜开了，就像啥事都没有了似的，可是一放下手机，马上又愁眉不展了……

有的家长会说：“那怎么办呢？孩子的手机、平板电脑就像粘在手上一样，孩子每天都想和它们形影不离，感觉他就快要钻进屏幕里去了！”

一提到孩子对上网的痴迷，太多家长有话要讲，也有很多家长担心孩子上网程度不合适，或太沉迷网络。那么，什么程度算是沉迷网络呢？可以从下面5个问题中试着了解孩子沉迷网络的程度。

①上网时间是不是一天比一天长，孩子才能够感到满足？

②孩子是不是忍不住总是想要上网，比如频繁点开软件看看消息、总想刷一刷短视频或者网页？

③让孩子停下来时，他有没有感到空虚、难过或是非常暴躁？

④为了隐瞒实际上网情况，孩子会不会撒谎？

⑤孩子上网情况有没有严重影响到学业与休息？

这5个问题里，回答的“是”越多，孩子对网络的沉迷程度越深，但也说明孩子自己也越苦恼。即使知道沉迷上网有很多负面影响，网络仍让很多孩子难以割舍。那么，孩子们为什么容易沉迷上网呢？

一、孩子沉迷网络的原因

根据“推-拉”理论，孩子沉迷上网可以从两个方面来解释：一方面是生活中各种各样不顺利的事情将孩子“推”向虚拟的网络世界，另一方面是网上各种各样的平台绞尽脑汁把孩子“拉”向网络世界。

生活中哪些事情将孩子“推”向了网络呢？比如，孩子在学校里难以融入班级、与老师关系紧张、缺少朋友，孩子在家里亲子关系不良、缺少父母陪伴、父母对孩子知之甚少。互联网能通过提供虚拟的交流平台，让孩子在网络世界中结交朋友，满足孩子对朋友的渴望和情绪的宣泄。有的孩子缺少交朋友的技能，在现实生活中难以拥有朋友，就更容易转向线上平台来寻求朋友的温暖陪伴。研究人员发现，越自信、责任心越强的孩子越不容易沉迷网络，而总是对自己不够满意、认为自己不够好的孩子越容易向往网络世界。

当孩子选择投入网络的怀抱时，互联网也在千方百计地留住孩子。视频网站、游戏平台、交友平台、购物软件等试图将孩子“拉”向自己。网络世界提供发泄情绪和获得成就感的便捷渠道、展示各种新鲜好玩的内容、提供各种娱乐方式，试图满足孩子的各种心理需求。如果不加节制地上网，久而久之，孩子沉迷网络的风险也随之增加。

二、家长预防孩子沉迷网络的方法

当孩子在“推”与“拉”的双重作用下沉迷于网络时，我们会担心，孩子难以甄别网络上的大量信息，从而对孩子的价值观产生负面影响。上网时间过长、脱离现实生活，也会影响孩子的身心健康。

听到这里各位家长是否感觉网络世界太可怕了？别担心，网络给我们的生活提供了很多便利，所以风险与优势并存。既然我们离不开网络，那就通过努力把孩子从网络世界中“拽”回来吧！我们有很多办法可以帮助孩子预防网络沉迷，孩子也能够收获更多生活的技能和成长的力量。

想要帮助孩子预防网络沉迷，家长可以从自我改变、和孩子一起改变、家庭环境的改变三方面出发。

1. 家长自我改变

家长可以通过调整合理期待、提升网络素养和关注自身行为来做出自我改变。

（1）调整合理期待

心理学研究发现，为了预防网络沉迷，家庭给孩子提供的保护因素应该有良好的父母关系、良好的亲子关系、父母对孩子的真实成绩满意、父母了解孩子的日常生活。研究表明，家庭保护因素每增加一个，网络沉迷的发生率都将降低一些。

事实上，在这4个因素中，家长最多做到的是“父母对孩子的日常了解多”，最少做到的是“父母对孩子的真实成绩满意”。你猜对了吗？在实际生活中，父母更容易做到了解孩子的生活，但也更难对孩子的成绩有合理期待。在当下很多家庭中，爸爸、妈妈对孩子的学业成绩有着过高的要求，孩子们普遍承受着过大的学业压力。有的家长认为高分才是衡量孩子能力与未来发展的唯一标准，有的家长担心孩子未来发展，不敢放低要求，给孩子增加了很多额外的学习任务和补习负担。这些学习压力却容易将孩子推向网络世界，增加了孩子沉迷网络的可能性。

既然高压环境会产生将孩子推向网络世界的推力，那么，我们需要反思自己对孩子学业要求是否合理，到底什么对孩子的终身发展更重要。我们能否调整自己的想法，看见孩子的痛苦，试着接纳孩子当下的真实。

（2）提升网络素养

除了调整对孩子的期待，父母也需要提升自身网络素养，这样可以更了解孩子的上网活动，并且在适合的时机提醒孩子减少不恰当的行为。比如在孩子刷短视频停不下来的时候，或者是孩子打算在游戏里买东西的时候给予提醒和引导。

我们也可以参与校园或社区举办的网络教育课程，可以关注和了解这几方面内容：①基本的网络使用技巧；②青少年喜欢的线上游戏语言、内容和流行的游戏文化；③网络沉迷高危人群的特征、适时提供帮助和指导的方法；④青少年常见的网络犯罪类型、网络法律常识；⑤青少年网络侵害案件的危机处理。

（3）关注自身行为

孩子会观察和学习家长的上网行为，因此家长需要关注自身的上网活动是否恰当。如果自己过多地沉迷在电子设备的世界里，那就很难说服孩子相信这种做法是不恰当的。与之相反，如果我们能够保持现实生活与网络世界的平衡，我们其实也在为孩子保持生活的平衡提供更好的参考。

2. 和孩子一起改变

孩子往往也需要家长的协助和指导，家长可以给孩子提供一些具体的帮助：帮助孩子了解自己沉迷网络背后的需求、协助孩子反思差异、提供替代活动，以及和孩子一起制订上网计划。

（1）帮助孩子了解自己沉迷网络背后的需求

孩子需要在家长的帮助下正视自己的真正需求，而非表面上、形式上的需求。比如，孩子认为不上网就不知道同学们在聊什么，会被同学排挤，或是需要上网查资料等。这些未必是孩子上网的真正需求，孩子真正需要的可能是成就感、想要被他人认可、希望融入集体等。

孩子沉迷网络的原因往往比较复杂，不同的孩子在实际生活中遇到的问题和困难可能截然不同。我们可以和孩子讨论难以割舍网络的根本原因，帮助孩子梳理网络使用的真实情况，如分析孩子喜欢哪种网络活动，是听音乐、看视频，还是聊天。

（2）协助孩子反思差异

美国心理学家金伯利·杨认为，如果能觉察到自身网络沉迷情况，就能激发改变的力量。因此，我们可以陪伴和指导孩子一步步回顾、觉察和反思。

首先，我们要找出时间和孩子一起坐下来，告诉孩子我们希望聊聊孩子的上网行为，请注意要和孩子心平气和地交流。

其次，我们可以参考金伯利·杨的办法，和孩子一起行动起来。

步骤1：让孩子写出至少10种在上网之后被忽略的休闲活动、爱好与生活习惯。

步骤2：按照“非常重要”“重要”和“不重要”把这10个内容归类。

步骤3：让孩子诚实地回想频繁上网之前的生活，再把注意力放在那些“非常重要”的内容上，思考是因为什么放弃这些重要的活动。

这个办法可以帮助孩子感受到过度上网前、后的生活变化。在回顾时，记得引导孩子说出一些明确、具体的生活例子，如孩子和同学渐行渐远、学业成绩的下滑等，孩子更容易强烈地感受到沉迷网络前、后的差异。

（3）提供替代活动

有的孩子需要更多的机会来展示自己，有的孩子只是想打发时间。如果在学校里学业表现普通，孩子就很难获得成就感；如果孩子在生活中总是受挫，就更愿意沉浸在网络世界里获取内心的满足。家长可以给孩子提供更多的机会，帮助孩子寻找和保持兴趣爱好。

支持孩子保持自己的兴趣爱好，能够帮助孩子获得成就感，也能够让孩子在受挫低落时自己调整情绪。针对周末上网打发时间的孩子，可以帮助他们列出一份自己喜欢的活动清单，在孩子感到无聊时也能够找一些有趣的事情来做，而不是打开电脑或者手机。

（4）和孩子一起制订上网的计划

孩子需要我们和他一起制订计划。如果只是单方面要求孩子遵守家长的规定，青春期的孩子很容易抗拒。所以，制订计划的第一步，需要家长找出时间和孩子一起商量计划内容，具体包括以下几条。

①讨论一天中可以有多少时间使用电子产品，推荐青少年平均每天可以上网30～45分钟。

②制订网络使用的规划表，包括什么时候开始，什么时候结束，以及上网做什么等。

③确保学习在前，上网在后。孩子需要先完成学习任务，再上网娱乐；在需要用电脑完成作业时，也要保持先学习、后娱乐的习惯；如果学习任务过多，可以讨论先完成哪些学习任务，再上网。

④协调上网和休息时间，在使用电子设备时，每隔15～20分钟适当休息5分钟，以保护视力。

⑤要和孩子谈谈过度上网的危害，让他们知道我们为什么担心，并希望限制他们的上网行为。除了电子产品之外，也有别的活动会让人上瘾。所以，任何活动都不能过多，让孩子慢慢了解兴趣和上瘾的区别。

⑥当孩子的需求增加时，可基于良好的上网习惯适当增加网络使用时间，并与孩子做好详细约定。

在讨论以上这些事情的过程中，孩子能学习如何安排自己的上网活动，也会形成不滥用网络的习惯，同样有助于他们处理以后生活中其他的沉迷或上瘾问题。

这里有三点需要注意的问题。

①当你不在家监督的时候，不要期望孩子能遵守电子设备的使用约定。当你发现孩子严重违反了约定，可以没收孩子的电子产品，直到他们准备好遵守约定。

②孩子无法做出完美的计划，孩子的生活也并非一成不变。我们可以提醒孩子留出灵活上网的时间，以及提醒孩子定期调整上网安排。如果孩子对这周的安排不太满意，那么可以告诉孩子坚持到下周就可以调整计划了。孩子能够学习认真做计划，也能够学习等待和承担自己所做得不够好的计划所带来的结果。

③严格控制孩子的上网时长很可能不是个好办法，提供日常陪伴才是更明智的选择。有的家长认为孩子的上网时间过长，试图严格控制孩子的上网时间。然而实际研究表明，对于孩子来说，父母日常的陪伴越多，孩子沉迷网络的可能性才越小。研究人员分析，这可能是因为孩子上网时长已经很长，父母管得越严，孩子的反抗越激烈，反而越沉迷网络。此时，父母应该将注意力更多放在增加亲子日常陪伴上，才能更有效地帮助孩子降低对网络的沉迷。

3. 家庭环境的改变

针对家庭环境的改变，家长可以从家庭关系和物理环境两方面做出努力。

（1）营造和谐家庭关系

良好的家庭关系对于预防孩子沉迷网络也很重要，家庭环境的和谐会减少孩子对网络世界的渴望。另外，父母之间的良好关系也会给孩子带来面对现实生活的力量。所有家庭成员之间的良好互动方式也会让孩子感到有所归属，并对现实生活更加满意。孩子在遇到不顺利的事情时，也能够从温暖的家庭中获得支持。

（2）物理环境的调整

客厅是个不错的摆放电脑的地方。也许一开始，孩子会很不满，但是电脑摆放在客厅可以让家长随时看得到孩子的上网活动。多数家庭会将电脑摆放在书房或者孩子的房间，但如果改变一下电脑摆放的位置，放在全家人经常互动的地方，既能达到监督的效果，避免孩子无节制地沉浸在网络之中；又能让大家有机会一起讨论网上的信息，反而有助于家庭成员间的互动。

随着科技的发展，人们对互联网的使用需求会越来越多，现在很多学龄前的孩子就已经使用网络进行娱乐和学习了。在预防网络沉迷这件事上，家庭的作用也越来越重要。作为预防孩子沉迷网络的第一道重要防线，家长应该努力让家庭提供更多的支持和温暖。

理性对待网恋

随着科技的不断发展，网络已经成为我们日常生活中不可或缺的一部分，孩子们也逐渐融入了这个数字化时代。网络在带来便捷的同时，也为青少年的成长带来了一些问题。

案例：近日，有家长反馈自己的14岁的女儿，经常抱着手机聊天、傻笑，并且情绪不稳定，学习效率下降。然后，这位家长没收了孩子的手机，查看聊天记录，结果发现自己的女儿和一名陌生网友网恋了3个月。家长一气之下，狠狠地打骂了孩子，现在孩子也无心学习，也不跟父母说话，整天把自己关在屋子里，整个人的精神状态非常糟糕，最后只能休学在家。

这个案例中的家长应对孩子出现网恋现象的措施过于简单粗暴，只看到孩子网恋的结果，却没有询问原因，也没有尝试了解孩子的内心想法，最后家长和孩子两败俱伤。

孩子们在网络上交友是一种越来越普遍的现象。《第5次全国未成年人互联网使用情况调查报告》中提到，53.6%的未成年人选择上网聊天作为网上社交活动。而另一些研究者对国内中学生网恋进行调查，结果显示近两成的中学生有过网恋体验或者正在经历网恋。这提醒我们思考：孩子怎么了？他们为什么要在网络这种虚拟的环境中去寻找“爱情”？

要解答这个问题，首先我们要知道什么是网恋。网恋是一种以网络为媒介的恋爱模式，往往开始于社交平台、在线游戏、聊天室等环境中。

一、网恋的特点

网恋的特点是升温快、情感波动大。网络为人们提供了一个相对匿名的空间，人们可以隐瞒自己的真实身份或展现出平时不敢展现的一面。这种自由表达的机会往往让人们更容易与人建立联系，这种简单、便捷的方式容易促使情感迅速升温。还有一种网恋方式是通过在线游戏谈恋爱，但这种以文字为主的网络互动，空间的局限性会导致很多问题得不到解决，因此情感波动也更大。

对孩子来说，网络像是一个“潘多拉的魔盒”，一旦打开，就有不同于现实世界的美丽色彩令其着迷。网恋就像一层面纱，遮住了两个人的真实面目，因此在交往时，只能从网络语言中去猜测对方的身份和想法。即使对对方有所了解也是“犹抱琵琶半遮面”，但这种不真切正吸引着孩子们去一探究竟。在这种匿名的网络世界里，孩子可能经受不住诱惑，影响自己的学习、生活与身心健康。

二、孩子网恋的主要原因

1. 由网络平台本身的特点决定

网络自身便捷、匿名的特点增加了孩子陷入网恋的概率。网恋中的孩子大多被网络社会的虚拟性、平等性、多元化吸引，但他们没有意识到以文字为载体的这种交往方式缺乏理性，形成了较大的想象空间。在虚拟世界里，孩子往往更容易敞开心扉，表达自己的情感和想法。这种沟通方式让他们感到轻松和自在，可以与陌生人分享自己的心事，得到别人的支持和鼓励。这种信任感的建立，往往会让他们产生情感上的依恋。

2. 由孩子的生理成长决定

初中阶段的孩子正处于青春期，是生理和心理发育的第二次高峰期，尤其是性发育已接近成熟。大脑的发育也是青春期孩子生理发育的重要指标。神经心理学家弗朗西斯·詹森通揭示出青少年大脑发育的不完善，是青春期叛逆冲动、行事鲁莽、喜怒无常等问题产生的深层原因。从大脑的发育上看，掌管青春期孩子情绪的边缘系统发育得相对完善，所以能够敏锐地感知到各种情绪；但是掌管他们理性的额叶还正在发育完善中，所以产生情绪以后，该如何妥善处理情绪，他们没有一个有效的对策，容易被外界刺激，释放出多巴胺，导致他们容易陷入网恋的漩涡。

3. 由孩子的心理需求决定

（1）网恋可能补偿了情感的需求

根据心理学家马斯洛的需求理论可知，其实人们都有对生理、社交、尊重、爱和归属感、自我实现的需求。孩子们其实也同样有这些需求，促使身心尚未发育成熟的孩子在虚拟社会中追求情感。一些中学生网恋的原因为感情受挫、失落或无聊，还有一些中学生把在现实中找不到合适的对象作为发展网络恋情的理由。这其实是把网恋作为补偿现实生活中的情感缺乏的一种方式。在他们看来，网络可能只是作为一个现实生活之外的拓展空间，可以为自己提供积极情绪调节的因素，补偿现实生活空间得不到的情绪体验。

（2）网恋可能来自好奇和模仿

孩子的好奇心是非常强烈的，他们渴望新鲜的事物，而网络世界的多样性刚好满足了这种需求。网恋是神秘而又陌生的，对越神秘的东西，他们越有一种强烈的好奇心。通过键盘连接的情感，使孩子产生了更强的好奇心和吸引力。加上周围同龄人的“网恋故事”的诱惑，在这种好奇心理和模仿心理的驱使下，很多孩子就可能会尝试网恋。

（3）网恋可能是在回避现实压力

初中阶段的孩子正在探索自己的身份和价值观。在这个过程中，他们需要与同龄人建立关系并相互认可。然而，由于现实中学习压力大，许多孩子在现实生活中感到孤独和无助，他们往往会在网络上寻找安慰和陪伴。网恋成了一种逃避现实压力、寻求情感寄托的方式，尤其是遭遇了情感方面的挫折后，有的孩子试图通过网恋得到安慰和信心，就像下面这首网络诗歌所写的：

当我的眼睛滴下晶莹剔透的泪
我就来到屏幕前
无形的线条将你我相连
我让我的泪沿着它流向你的心
轻扣你的心弦
你的话语却如此温柔地抚着我的心田
我的痛苦如潮水般汹涌
你的胸怀像大海般温柔地接纳
在那里风平浪静
我的心又重新变得透明

从这首网络诗歌中我们可以看出，网恋给孩子提供了一个类似抚平“伤口”的途径。在现实生活中遇到了问题或困难时，如果没有办法解决，有的孩子可能就会选择“网恋”来回避现实压力。

三、家长对待孩子网恋的建议

（一）保持冷静，理解孩子需求

有的家长发现自己的孩子网恋了，然后急得焦头烂额，甚至马上“收拾”孩子，并做出一系列的阻断行为：收手机、断网……但是这种方式可能会产生心理学上的“罗密欧与朱丽叶”效应，即当两个人的感情受到外界（尤其是父母）的干涉和反对时，他们之间的情感联系反而可能会加强，甚至产生非其不可的强烈信念。所以，这要求家长要学会温和的引导，而不是简单粗暴的禁止。

所以，发现孩子网恋的时候，家长们先要保持冷静，不急不躁，没有必要将网恋视为洪水猛兽，如临大敌，应把它当作孩子成长的一个转折点，用理解、包容的心态去面对。换个角度看，这表明孩子真的长大了，情感有了新的需求，然后再去用智慧处理。

（二）建立良好关系，学会倾听

如何智慧处理呢？关键核心在于建立良好关系，学会倾听。有一句话相信很多家长都不陌生，就是孩子说的“你一点都不理解我”。这是在许多家庭中，孩子常常向父母抱怨的一句话。然而作为父母，我们听到这样的抱怨会感到非常伤心。

倾听是听见孩子的内心世界。作为家长的我们到底应该“听”什么？

接下来，给大家介绍“3F”倾听小技巧，把和孩子的“对立关系”变成倾听和诉说的关系。

第一个F是倾听事实（fact），即倾听孩子所描述的事实。

第二个F是倾听感受（feel），即学会感受孩子语言背后的情绪和观点。

第三个F是倾听意图（focus），即学会在沟通的过程中听到孩子语言背后的真实意图和需要。

发现孩子网恋时，家长想倾听孩子到底怎么想的，我们该如何利用“3F”倾听小技巧呢？

第一步，在孩子说自己的故事时（如与网友是如何认识的、认识多久等），听孩子描述的事实，不要先入为主地反驳批评，不然孩子可能不愿意说内心里的话或者只说家长想听的内容。

第二步，在孩子说自己网恋的故事时，家长要注意观察孩子的情绪和观点，可以从孩子的语气、音调、情绪状态等方面去发现问题。比如，孩子的语言是紧张的、纠结的还是憧憬的，此刻的情绪状态是平静的还是波动的，孩子语言背后的态度是坚定的还是浅浅尝试的。这有助于我们了解孩子网恋时的情绪状态和真实想法。

第三步，在整个沟通过程中，听比说更重要。家长要去听到孩子的心理需求和真实需求。比如，有的孩子是因为在学校压力太大，现实生活中人际关系紧张，在家父母只看成绩，找不到人诉说，网恋给自己提供了一个树洞般的空间，情绪得到了释放，也有人关心自己的感受；有的孩子其实自己也知道这种网恋是不稳定的，但是因为好奇心的驱使才去尝试的。那么，倾听孩子不同的意图和需要有助于我们有针对性地引导孩子正确对待网恋。

（三）客观看待对方，避免晕轮效应

在网恋中存在着这样一种心理学效应，叫晕轮效应，又称“光环效应”。它是一种心理现象，指的是人们对他人的某种特征形成好或坏的印象后，会倾向于将这种印象推及这个人的其他方面。例如，在网恋时孩子会因为对方的一些关心的语言觉得对方是一个体贴的人，产生好感，并会不自觉地将其优点放大，甚至忽略其缺点。因此，家长需要引导孩子保持理性，在日常生活中（如看电视剧、新闻时）给孩子科普晕轮效应，引导孩子看待人和事物要客观、全面，避免以偏概全，防止因为一时的冲动而做出错误的决定。

（四）利用恰当时机，讲解网恋的潜在危害

在倾听完之后，大部分家长除了担心影响孩子的学习生活，还担心孩子在网上被骗。那么，家长可以在恰当的时机让孩子明白和不熟悉的陌生网友的网恋是一件有潜在危险的事情。网络是一个虚拟的空间，孩子不知道网络另一端的人是谁，也不知道这个人有什么目的。因此，家长需要引导孩子在网络上保持适当的警惕。网络上的人可以轻易伪装自己的身份，孩子可能与另有目的的成年人在交流。一些不法分子利用孩子的单纯和缺乏警惕性，向其介绍不健康或有害的内容，甚至诱导他们分享私人信息或进行不安全的操作，从而牟利；或者快速建立情感联系，操控孩子的情感，使其放松警惕进而做出一些如诈骗等违法的事情。

家长们该用什么样的方式引导孩子保持警惕呢？我们可以把最容易遇到的风险转化成故事、案例等，并分享给孩子，避免用简单说教的方式教导孩子。

（五）关心有界限，引导孩子培养现实中的友谊

孩子是一个独立的个体，他们有独立的人格，有自己的想法与追求，同时也有对安全感的需求。独立的物理空间与安全的心理空间是他们安全感的重要来源。因此，家长需要尊重孩子的界限，不打着关心的名义去窥探孩子的隐私，如偷看孩子的聊天记录和日记等，否则只会激发孩子的情绪与对抗的心理，将孩子越推越远。同时，为了帮助孩子走出网恋，家长需要引导孩子在现实中建立真实的友谊。鼓励孩子参与学校的社交活动，拓展孩子现实生活中的交际圈，以便他们可以更好地体验到真实的友情，减少对网络关系的依赖。给予孩子充足的自由

时间并鼓励其参加集体活动可以帮助孩子构建现实中的友情。例如，在田径队、舞蹈队或合唱团中与同龄人互动的孩子可以融入集体生活中，培养社交技能，建立现实中的友谊。

如果孩子缺少在现实生活中社交的技能，家长可以通过模拟情境、角色扮演等方式，帮助孩子学会与人交往的技巧，使他们在与他人交往时更加得心应手。

此外，家长可以通过言传身教的方式，教导孩子尊重他人、理解他人、包容他人，以及学会与他人分享、合作等良好的人际关系观念，从而帮助他们建立积极、健康的人际关系。

（六）满足孩子对情感的需要，将注意力转移到现实世界

家长在日常生活中可以注重爱的表达，让孩子确信自己是被爱的。这种表达不仅是言语上的，更重要的是在行动上让孩子感受到来自家庭的情感与支持。比如在孩子遇到困难时，可以给孩子一个拥抱或者拍一拍孩子的肩膀告诉他："没关系，我们会和你一起面对"。除此以外，在日常生活中，组织一些有趣的家庭活动，将孩子的注意力转移到现实世界，如假期带孩子出去旅行，欣赏美丽的风景，品尝当地的美食，这些亲子活动可以满足孩子的情感需求和帮助孩子建立现实感。此外，还可以引导孩子培养一些兴趣爱好，为孩子提供多样选择的机会，让他们尝试不同领域的活动，如体育、音乐、手工、科学等。在活动中，家长要多称赞他们的努力和成就，提供支持和鼓励，这些有助于减少孩子在网络上寻找情感支持。

网恋是让人担心的，但通过家长的智慧处理，也是孩子的一次成长契机。保持沟通、理解孩子的情绪和想法，引导孩子理性对待网恋，鼓励孩子建立健康的生活和社交方式，可以帮助他们度过成长过程中遇到的挑战。

专题六

性 教 育

正确对待自慰行为

不少家长说曾经在一些蛛丝马迹中发现自己孩子可能存在自慰行为，如垃圾桶里可疑的纸巾，内裤上已经干了的分泌物。

孩子存在自慰现象正常吗？

首先，要明确的是孩子有自慰现象是正常的。自慰是指用手或其他物体刺激自己的身体，特别是性器官，从而获得快感的行为。

自慰是人类最常见的性行为之一。在孩子小的时候，甚至婴儿阶段，就有男婴抚摸阴茎，女婴摩擦外阴的现象。其实，自慰可能发生在生命周期中的任何阶段，尤其进入青春期，男孩女孩都可能进行与性有关的探索，有些人通过抚摸、摩擦或其他方式刺激生殖器官，让身体获得舒服的感觉。

大部分人都有过自慰的经历。据2007年发布的杜蕾斯全球性福指数调查显示，中国84%的人都有过自慰经历。所以，如果你发现孩子有自慰的现象，不要惊慌，这是很正常、很普遍的行为。

当然，不是所有的人都会自慰。每个人对自慰的认识不同，接受程度不同，对身体探索的方式不同。一个人无论有自慰，还是没有自慰，都是正常的。

一、青春期自慰的原因

为什么青春期的孩子出现自慰的现象比较普遍呢？作为家长，我们要了解青春期孩子的性心理特点。进入青春期的孩子，随着身体的不断发育，生殖器官的逐渐成熟，男孩女孩都会分泌性激素。在性激素的作用下，无论是男孩还是女孩，都可能会开始出现强烈的性的感觉，比如男孩出现梦遗，女孩出现性幻想，这就是性冲动。

三、自慰对身体是否有害

一种观点认为自慰是可耻的、道德败坏的。如果家长也是持这种观点，反而在很大程度上会影响孩子对自慰的认识，他们可能会在自慰后陷入自责、羞耻、担忧甚至恐惧之中，责备自己又没管住自己，担心自慰会让自己的身体变得很糟，甚至性功能受损等，从而严重影响了孩子的身心健康。所以，有学者认为，自慰最大的害处就是对自慰有害的担忧。

另一种观点认为，自慰对身体有害。现代医学证明精液里面90%都是水，精子只占不到1%，其余不到10%是各种营养成分，包括脂肪、蛋白质颗粒、游离氨基酸、矿物质（钙、镁、钾、锌）、酶、果糖等，它们都是可以从日常饮食中获得的。每当精液排出后，精浆部分在24小时内即可补充完毕。

其实，自慰是正常的生理现象。孩子自慰绝大多数情况是为了缓解压力和焦虑，释放性冲动。

四、过度自慰

（一）自慰过度的负面影响

①面黄，两眼无神，眼圈发黑。

②食欲欠佳，喜欢刺激性食品。

③消瘦，盗汗，体力下降。

④感觉大脑被抽空，无法集中注意力，思考及运算能力下降，健忘。

⑤心神不宁，犹豫不决、瞻前顾后。

⑥容易疲劳，眼睛生涩，不能长期看文字，一看就头晕。

⑦脾气变坏，容易激动。

⑧心里有空虚感，感到后悔，内疚。

所以说，自慰本身不是问题，而拒绝色情信息的诱惑，防止纵欲过度，才是青春期孩子管理性冲动最严峻的考验。

（二）如何帮助孩子应对过度自慰

1. 帮助孩子正确认识自慰

让孩子知道，频繁自慰或沉湎于自慰的快感之中有害处，会给自己的身心发育造成一定的危害，影响健康成长。

2. 使孩子加强体育运动

家长可以多带孩子参加一些体育运动。运动能促进血液循环，增强体质，加快新陈代谢，缓解性压力。让孩子把更多的精力投入其他的事情上，这能够很大程度减少他自慰的行为。

3. 注意孩子的衣物选择

如果孩子穿过紧的裤子，在活动时会刺激孩子的生殖器，会给他带来快感，可能让他对这种感觉念念不忘。所以，在给孩子选择衣物时，尽量选择宽松一些的。

4. 避免孩子接触不良性信息

如不读不健康的书刊、杂志，不看带色情元素的影视作品，不参与一些不健康的谈话和交往活动。

5. 鼓励孩子参加社交活动

家长要帮助孩子融入健康的集体，在与同学们真诚的交往中得到欢愉，降低对异性的异常敏感。

6. 给予孩子足够的关注

父母如果缺少对孩子的关爱，会让孩子感到孤单，觉得生活无聊，就可能会用自慰的方式来满足自己情感上的需求。所以，家长们应多给孩子一些陪伴，与孩子多沟通，让孩子感受到父母对他足够的关注，给了他情感上的满足。这样就会减少他自慰的次数。

7. 缓解孩子的精神压力

很多孩子把自慰当作是缓解压力的手段，每当他们焦虑、压力太大、遭遇失败时，都会用自慰来帮助自己缓解。父母应该及时寻找孩子的焦虑因素，采取相应的措施帮助孩子缓解压力。

五、和孩子聊性教育话题的注意事项

家长和孩子聊性教育的话题，需要注意以下几点。

1. 建立开放的沟通渠道

父母是最重要的性教育者之一，应当努力建立与孩子之间开放、真诚的沟通渠道，使孩子能够安心地分享他们的疑虑。

2. 理解和尊重隐私

虽然家庭中应该存在开放的沟通环境，但同时也要尊重孩子的隐私，避免讨论过于具有侵入性的问题。

3. 寻求专业支持

如果家长感到自己无法有效处理性教育的话题，如缺乏正确的性知识，或者确实难以启齿，家长可以寻求专业的心理咨询辅导或医疗支持。

青春期是一个充满探索的时期，对于自慰这个普遍而正常的生理行为，家长应该以科学、开放的态度来看待，让我们一起帮助孩子健康地成长。

关注青春期的异性交往

不知道多少家长在孩子进入青春期后，听到孩子谈论与异性交往的话题，就会进入草木皆兵的状态，再有点风吹草动，更是坐立不安。为什么会这样呢？我想大家担心的都是孩子无法把握与异性交往的尺度，过早地陷入恋爱。下面，本文将从青春期孩子渴望与异性交往的原因、健康的异性交往对孩子成长的积极作用、正确引导孩子与异性交往的方法三个部分进行分析探讨，帮助家长们能够智慧应对青春期孩子的异性交往。

一、青春期渴望与异性交往的原因

青春期是指儿童逐渐发育成为成年人的过渡时期，一般来说，女孩子的青春期比男孩子早，大约从10～12岁开始，而男孩子则从12～14岁才开始。不过，由于个体差异很大，10～20岁这段时期被统称为青春期。为什么青春期的孩子想要了解异性，渴望和异性交往呢？主要是两个方面的原因，即生理原因和心理原因。

1. 生理原因

青春期孩子的生理进入了发育的第二个加速期。具体表现为身体外形的变化。主要体现在身高的增长、体重的增加，以及第二性征的出现。在生长激素的作用下，孩子的身高迅速增长，由于身高的增长及肌肉发育的加快，孩子的体重也随之增长。而第二性征是孩子外形变化的重要标志也是性发育的外部表现。在性激素的影响下，男孩声音变得低沉粗犷，并开始长胡须；女孩则是声音变得尖细柔润，胸部开始发育。随着第二性征的出现，孩子开始从中性状态进入两性分化的状态，也就是在外形上会接近成年男性、女性。

另外，随着青春期的到来，在性激素的作用下，孩子的性器官及性功能逐渐成熟。这一成熟称为“性成熟”，在孩子的心理发展上起着重要作用，主要体现为对性器官和性机能的好奇，以及逐渐产生的性意识。

2. 心理原因

首先是自我意识的增强。小学时期的孩子更多关注于客观世界，也就是他们喜欢去探索外部的世界，比如大树为什么会长那么高、为什么秋天叶子会掉落、冬天为什么会下雪等自然现象的变化。而进入青春期后，你会不会发现孩子很少再问这样的问题了。这是因为他们身体外形的急剧变化使其产生了成人感，将他们的思想从客观世界拉入主观世界，从而导致他们自我意识出现了再一次的“飞跃”，因此在心理上他们希望能尽快地“像成人一样”，摆脱了孩童时期的稚嫩，希望自己可以摆脱成年人的束缚，能够独立自主地处理自己的学习和生活，甚至在生活中，他们会尝试着模仿成人的行为，如会希望像成人一样去追求异性。

其次是性心理的发展。孩子在性器官与性功能上逐渐成熟，这一成熟也促使他们性意识觉醒。孩子处在性心理发展的第二阶段——爱慕期，他们从过去对异性的疏远渐渐过渡到了对异性的爱慕，对异性的感受强烈。例如，对异性好奇，想要了解性相关的知识，关注异性不同于自己的部分；想要接近异性，与异性成为朋友，从而会做出一些举动来吸引异性对自己的关注。你们有没有发现自己在小学时不爱干净的孩子进入初中后变得喜欢打扮了，也开始打篮球、踢足球了。这其实就是他们吸引他人关注的形式。还有就是孩子对异性的感情也具有隐蔽性，他们通常会选择眉目传情或寻求异性帮助等形式，与异性接触或者表达自己对异性的兴趣。

最后是同伴交往的需求增强。自我意识的增强促使孩子对父母的依赖逐渐降低，开始期待独立面对世界，因而他们会更愿意去和同龄人交往，建立联结，并期望在同伴中获得接纳与认可，尤其是异性同伴的认同会增加他们的社交自信。

你看，这么一分析，是不是就说明青春期孩子渴望与异性交往与其身心发展是密切相关的，是孩子成长过程中一种自然而然的表现。

二、健康异性交往对孩子成长的积极作用

那么，异性交往对孩子的成长有什么作用呢？研究表明：青春期健康的异性交往对孩子的成长发展是有积极促进作用的。具体体现在五个方面：自我认知的完善、个性的全面发展、心理健康的维护、人际交往能力的提升以及学习效率的提高。下面，我们就一个一个来解释。

1. 自我认知的完善

青春期是孩子形成“自我同一”的重要时期，他们不断进行着“我是谁”“我是怎么样的一个人”的探索与思考。而在与异性同伴的交往过程中，孩子通过互相认识和评价，可以进一步确认自己的性别角色，还能够从多个角度认识自己。另外，为了在交往中给对方留下良好印象，男孩和女孩都会有意识按照理想

的模式塑造自我形象，因此，异性交往还可以培养孩子人际交往中所需的教养和理智，促使个体进一步完善自我。

2. 个性的全面发展

心理学的研究发现：青春期交往范围广泛，既有同性又有异性朋友的人，比那些朋友少或只有同性朋友的人的个性发展更完善，情绪波动小，情感丰富，自制力较强，心理健康水平较高，容易形成积极乐观、开朗豁达的性格。因为在健康的异性交往过程中，孩子可以实现性格差异的互补，做到取长补短，不断完善自己的个性，比如男生可以学到女生的细心和耐心、温柔和体贴，女生可以从男生那里学到勇敢和独立、豁达和担当、果断和刚强。

3. 心理健康的维护

孩子对异性的倾慕、向往和好奇，会驱使他们接近异性，以求得心理满足，这种愿望一旦受到压抑，会引起心理上焦虑，或导致注意力不集中、情绪烦躁、低落，或通过其他方式宣泄。而适当的异性交往，可以使他们的心理需要得到一定程度的满足，获得愉快的情绪体验，激发学习、生活的积极性和创造力。俗话说“男女搭配，干活不累”，就是这个道理。

4. 人际交往能力的提升

健康的异性交往，一方面扩大了孩子的交友范围，提高了他们人际沟通和社会交往的能力，增强了自信；另一方面积累与异性合理交往的经验，逐渐在与异性交往中成长，也为以后获得成熟的爱情打下坚实的基础。

5. 学习效率的提高

科学研究表明：男女生在智力整体结构上没有明显的差异，但是在智力分布上有着不同的优势。例如，男生擅长理性思考和推理，空间知觉较好；女生则擅长语言表达，具有良好的直觉。在解决问题的过程中，若男生和女生相互配合，就可以发挥各自的优势，提高学习效率。

三、正确引导孩子与异性交往的方法

既然青春期异性交往有这么多好处，那我们是不是就不要管孩子与异性之间的交往，让他们自由发展。

答案当然是否定的，因为青春期阶段孩子的身心其实是处于一种不平衡状态，这种不平衡状态便对青春期个体造成了一定程度上的冲击。例如，孩子内心产生成人感，而负责计划、调控人心理活动的大脑区域却尚未成熟；又或者是青春期孩子对自己的极速发育感到陌生，从而出现诸多心理紊乱等，加之社会成熟度也不够，使得他们在正确认识和处理异性交往上存在很多的困惑与苦恼。

作为家长需要恰当地给予引导，调整与孩子的相处之道，才能帮助他们顺利度过这一时期。那么该如何正确引导孩子与异性的交往呢？下面，我给大家介绍七个具体可行的方法。

1. 尊重孩子现阶段的心理发展特点

在这里，我首先要告诉家长的就是不必将孩子与异性的正常交往看作是洪水猛兽，更不要一味制止他们和异性接触，要理性看待孩子这个时期与异性交往的心理需求，以免激起孩子的逆反心理。

那我们应该怎么说才不会引起孩子的反感呢？如果这样说“孩子，爸爸妈妈知道你长大了，和异性同学交往能让你学到更多的东西，我们相信你有自己的判断和分寸，希望你在交往过程中有什么想法和问题都可以和我们交流”，是不是能更好地拉近你们之间的关系了？

2. 科学进行孩子的性教育

在传统的家庭教育中都是谈“性”色变，这反而加深了孩子对“性”的好奇，想去一探究竟。尤其是在当今科技信息发达的时代，孩子很容易在鱼龙混杂的互联网中满足自己的好奇心，难以获得科学的性知识，树立正确的性观念。因此，需要家长对青春期孩子进行恰当的性教育。首先，我们可以就孩子出现的第二性征（比如男生长胡须、女生胸部发育）与孩子探讨其出现的过程和意义，并普及青春期生理卫生知识；其次，可以陪伴孩子一起观看以性教育为题材的电影、纪录片，阅读相关书籍，并以坦诚的态度回答孩子的疑问；最后，鼓励孩子对自己的行为负责，拒绝过早、非自愿的性行为。

3. 增加和孩子之间的沟通

青春期的孩子说：“爸爸妈妈，我们班上好像有人在偷偷谈恋爱。”你的回答会是什么呢？是“小小年纪，不好好学习，还早恋”吗？你觉得孩子下一次还会和你聊关于异性交往的话题吗？我想你心里面应该有答案了吧！我们该怎么说才会让孩子愿意和我们聊天呢？

首先，要耐心倾听，可以问为什么会觉得他们是在谈恋爱、他们做了什么。当孩子给你描述了他的理解后，你可以再问你觉得初中生该怎样和异性交往、你对初中生谈恋爱是什么态度。我们了解到他们的态度后，要给予他们尊重与理解。

其次，积极的引导，我们可以说“男生和女生之间的喜欢，也许是一种欣赏吧，可能是觉得对方身上有吸引自己的品质，有值得自己学习的地方”之类的话。这样可以让孩子认识到青春期对于异性的“喜欢”实际上是受到了异性身上的某一品质或多个品质的吸引，因此是一件正常的事情。

最后，还要鼓励孩子当遇到与异性相处或者交往的困惑时，可以主动向你寻求帮助。

4. 引导孩子在交友范围上要广泛交往

怎样算是广泛交往呢？那就是交往的对象应该不仅限于同性同伴或者异性同伴。要鼓励孩子多参加有多名男女生同时参加的集体活动，如班级的兴趣小组、合唱活动等。这样可以让孩子在与异性交往时更加自然和放松，减少紧张和羞怯。同时，广泛交往也有助于孩子培养良好的人际关系和社交能力。比如，我们可以鼓励孩子参加学校组织的社团活动或志愿者活动，让他们有机会结识更多的朋友，拓展自己的社交圈子。

5. 引导孩子在交往方式上要保持公开性

家长要告诉孩子，无论在校内还是校外，与异性同学交往应该公开进行，不要偷偷摸摸。因为事情越保密，别人就越好奇，越容易引起误会。例如，异性同学约孩子一起参加正常公开场合的某项活动，如逛书店、观画展、看球赛等，我们完全可以让孩子大大方方地赴约，也可以鼓励孩子和其他同学交流自己在活动中的感受和收获。但重点要提醒孩子远离社会娱乐场所，如网吧、KTV、酒吧等不适合未成年人进入的地方。也尽量不要参加封闭空间的活动，比如真人密室逃脱等可能存在安全隐患的团体活动。

6. 引导孩子在交往中要适度且自然

孩子在和异性同学交往的过程中，家长还应该提醒孩子要把握一个度，也就是要有分寸。可以从下面四个方面进行引导。

第一个方面是时间适度，包括交往的频率和单独相处的时间。例如，孩子和异性同学单独学习或者参加一些活动的次数，尽量每周控制在两三次，每次可以将时间控制在一两个小时。如果单独相处的时间过长可以适当提醒，你可以说“孩子，你和某某都已经出去两个小时了，爸爸妈妈有点担心，我们希望你能够早点回来”之类的话，避免孩子和异性同学过长时间单独相处引起误会或是过度依赖。

第二个方面是情感投入适度。在孩子与异性同学交往中，家长应告诉孩子应该以尊重为前提，把对方当作普通朋友，不要投入太多的情感，保持适当的心理和空间距离。假如遇到纠缠不休甚至威逼诱吓的异性，一定要及时请家长、老师帮助处理。

第三个方面是身体接触适度。在学校活动中，孩子可能会与异性有一些肢体接触，如合作搬东西、参与团体游戏等，要告诉孩子不必扭扭捏捏，但要避免长时间牵手、拥抱等亲密举动。

第四个方面是交流内容适度。家长要告诉孩子和异性同学交流时要以学习、兴趣爱好、校园生活等为主，避免探讨过于私密或情感浓烈的话题，如个人恋爱观等。

7. 当孩子有“心仪对象”时，表达理解和接纳，并传达感受

青春期的孩子说：“爸爸妈妈，我好像喜欢上我们班一个同学了。”你要怎么回答才能继续你们的聊天呢？高情商的父母会说：“哇！宝贝，爸爸妈妈很高兴你愿意和我们分享你的心事儿，你愿意和我们聊聊你为什么喜欢他呀？他怎么就吸引到了优秀的你呢？”接着，就耐心倾听孩子的心声，还可以时不时抱着好奇心询问，如表示“听起来不错，还有吗？”“后面如果有什么新消息记得及时分享给我们呀，爸爸妈妈可是专家哦，可以给你出谋划策”。在听孩子讲完后，你可以说“听起来真不错呀，他身上有这么好的品质吸引到了你。爸爸妈妈也想和你聊聊我们的恋情经历……”之类的话。这样既表达了你对孩子的理解，认为现在阶段对异性有好感是正常现象，又给孩子传递了喜欢和爱是有区别，真正的爱情应该是怎样的，有助于培养孩子正确的恋爱观。

青春期孩子渴望接近异性，想要和异性交往，是身心发展到一定阶段的需求，是正常的现象。作为家长，应该看到健康的异性交往是有助于孩子提高自我认知能力、增强自我体验；同时，在交往过程中孩子也逐步认识性别之间的差异，更好地认识异性、了解异性，学习到进入社会后如何更好地进行人际交往与合作。

当然，最重要的还是家长要用尊重理解的态度、积极沟通的方式，智慧地引导孩子正确地与异性交往，帮助孩子安然度过青春期，健康成长。

专题七

家庭沟通

高质量亲子关系的秘诀

作为初中老师，我们平时在与家长们交流的过程中会经常听到这样的话："孩子现在大了，不听管教了，说他一句顶回十句来，脾气大得不得了""孩子几乎不和我们交流，一吃完饭就回自己房间""孩子情绪不好的时候问他什么原因也不说"……不知道在你与青春期的孩子相处的过程中，会不会也有这样的现象？那么，这些问题背后的原因是什么呢？

在解答这个问题之前，首先想请各位家长思考一件事：当你在生活或工作中遇到困惑时，更愿意和谁谈心，接受谁的建议？相信大家的答案都是和与你最亲近、最信任的人。同样一句话不同的人说出来，给我们带来的情绪会不同，接受程度也会不同，而对于孩子也是如此。所以，刚刚提到的问题的根本解就是关系。父母与子女的关系，是孩子生命中的第一份关系，也是他们生命中最重要的人际关系之一。

高质量的亲子关系，是教育的前提和基础。

《正面管教》一书提到，在纠正孩子的行为之前，要先建立情感连接。所以对于孩子来说，如果喜欢你、亲近你、信任你、佩服你，那么你说的话他们愿意听，你做的事他们愿意模仿，甚至你的批评他们都会认真反思；然而，如果讨厌你、远离你，那么你说的话、做的事他们不仅不听、不学，甚至还故意反着来，觉得你不开心他们就快乐。可见，如果关系恰当，我们对孩子说的话会更有分量，我们在孩子心中的影响力和感染力也会大大增强，教育就是一件水到渠成的事。而没有好的亲子关系，我们就没有影响力，甚至说的话会适得其反，教育在没开始时就注定失败了。

在亲子关系不和谐的家庭中，孩子长期缺乏父母的关注和支持，那么他们会容易出现什么样的问题呢？

首先，很容易出现身心障碍、情绪不稳定等问题。研究表明，与亲子关系和谐的家庭相比，关系不和谐的青少年患心理问题的风险更高，其焦虑和抑郁情绪可能会更加强烈和持久，也会产生其他行为问题。同时，这种不稳定的情绪也会导致孩子无法集中注意力，也让他们在学习、社交中没有办法有好的表现。哪个人会愿意跟一个情绪极不稳定的人当朋友呢？

此外，不和谐的亲子关系会影响青春期孩子自尊的发展，因为孩子无法从父母那里获得足够的支持，总是感到自己被忽视或者不被认可。长此以往，孩子会怀疑自己的价值和自信心，可能会导致孩子在社交方面出现问题，比如对内产生孤独、隔离、自闭等情绪，对外表现出攻击性，开始违反家庭和社会规则。这也会导致孩子极容易和家长、老师、同学爆发矛盾。这很可能是因为他们想得到别人的关注，但不能以正确的方式表达自我。

既然亲子关系如此重要，那么作为家长，你有没有评估过你目前与自己的孩子关系怎么样呢？让我们通过3个简单的小问题来判断一下你与孩子之间的关系状态如何。

你家孩子把东西弄坏了，孩子的第一反应是“完蛋了，爸爸妈妈一定不会原谅我的”还是“我需要给爸爸妈妈打个电话，看看怎么处理比较好”。这也就是说，当你的孩子犯了错、闯了祸时，他敢不敢告诉你，是否相信你可以接纳他的错误并指导他做得更好。

你的孩子考砸了，孩子的第一反应是“考这么差简直都不敢回家了”，还是“哎，晚上想跟妈妈一起去散散心，聊一聊怎么提升学习成绩”？这就是说，当你的孩子在学习、生活中遭受挫折，他是否相信父母看中他是因为他是他自己，而不是一定要变成什么样的人才爱他。

你的孩子与朋友发生矛盾了，孩子的第一反应是“好烦，不想告诉爸妈这件事，他们肯定不会理解”，还是“今天要狠狠宰老爸一顿，让他请我吃好吃的，安慰我”？这就是说，你的孩子是否有足够的安全感，可以放心地跟你分享他糟糕的感受和经历，并相信你会回应和理解他。

如果你的答案更多的是后者，那么恭喜你！说明你目前与孩子的关系非常不错。如果你孩子的反应是前者，那说明你们的亲子关系还有很大的提升空间。接下来我就要给你四个秘诀，帮你构建更加和谐、高质量的亲子关系。

一、平等有效的沟通，让关系更亲密

高质量的亲子关系，离不开平等有效的沟通。现实生活中，许多家长虽然知道沟通的重要性，但缺乏一些沟通技巧。你在与孩子沟通时是否有以下情况出现？比如，喜欢说教，灌输大道理，一看到孩子做的不对的地方就立即批评、斥责孩子。这种时候孩子的反应如何呢？他们做出改变了吗？我想答案往往是否定的。

青春期的孩子本就不再像小时候一样什么事都愿意跟家长说，所以如果不能用正确的方式跟孩子沟通，往往会让本就紧张的亲子关系雪上加霜。有效的沟通，一定是双向的，在尊重和理解的前提下进行亲子双方感受、想法的交换，最终达到解决问题的目的。

所以，沟通的第一步是家长首先要学会倾听。不管发生什么事，不要先入为主，先听听孩子怎么说，给孩子表达的机会，这也是了解孩子的过程。

其次，问问孩子感觉怎样，并接纳、理解孩子的感受，比如说“我知道，你非常想做好这件事”“你是不是很难过/生气？我明白你的感觉”类似的话，把更多的关注放在孩子的情绪上，先关心他自身的感受，朝着“先对人，再对事”的方向逐渐改进。情感上的交流会帮助父母走进孩子的内心，赢得孩子的信任。

最后，家长们可以谈谈自己对这件事的感受和建议，为孩子提供适当的参考和帮助，但不要求孩子一定听自己的。

二、恰如其分的界限，让关系有尊重

在人际交往中有一个心理学效应叫作“刺猬效应”：在寒冷的冬天里，两只刺猬要相依取暖，一开始由于距离太近，各自的刺将对方刺得鲜血淋漓，后来他们调整了姿势，相互之间保持了适当的距离，不但能够取暖，而且很好地保护了对方。这告诉我们人际关系中需要一些距离，我们和孩子的关系之间亦是如此。

青春期的孩子时常会因为隐私问题、自主权问题与家长发生矛盾，其实这是一件好事。这是孩子成长的标志，他们的自我意识越来越强，生气、反抗是孩子对自主空间的保护和争取，要求父母尊重和理解自己。而作为家长应当随着孩子的成长调整自己的行为，逐渐放手，给予孩子更多空间。

1. 清晰彼此的边界

家长可以在与孩子的沟通中了解他们的敏感点，对于哪些事情孩子较为在意家长的介入，渐渐明晰什么事情是我们能够做的，什么是我们可以放手的。

2. 以共识和协议的方式处理矛盾

有时候，我们和孩子会有争执和分歧，这时候，我们可以和孩子合作找到解决问题的方法，而不是“一言堂”。

3. 给孩子足够的空间和自主性

孩子的成长需要自发性、冒险性和创造性，我们应该尊重孩子自主选择的权利，鼓励他们多思考多尝试，我们提供孩子需要的资源与帮助就好。

建立好恰如其分的边界感，不仅能让孩子在亲子关系中感受到尊重，减少很多亲子冲突，还能为孩子成长为人格独立、能力良好的成年人打下基础。

三、保持稳定的情绪，让关系更积极

一位父亲由于受到公司老板批评，回家把正在玩耍的儿子臭骂了一顿。儿子很生气，于是转身狠狠踢了身边的小猫一脚。小猫受到惊吓逃到街上，正好一辆卡车经过司机紧急避让，却撞上了路边的孩子。像这种由于负面情绪传递而来的连锁反应，在心理学上叫“踢猫效应”。如果父母的情绪不稳定，经常争吵，或朝孩子发脾气，孩子将成为坏情绪链条上弱小的受害者，会极大影响孩子的安全感，孩子的抵触情绪也会更强烈。当你本身已经成为一个情绪黑洞时，你就没有更多、更积极的能量去爱你的孩子。

而如果父母能很好地管理自己的情绪，家人之间的沟通模式是健康的，那么孩子将会习得正确的沟通方式，能够控制好情绪，懂得用合适的方式来表达感受和需求。

所以，家长首先要处理好自己的情绪。你先冷静下来，再处理孩子的情绪。自己情绪要来的时候，除了在心里默念“亲生的”，还可以从10、9、8、7……开始数数，这么做是给自己即将爆发的情绪按下暂停键，有意识地提醒自己要理性，避免冲突爆发。可以再加上深呼吸，给大脑汲取氧气，缓解紧张的神经，更有助于自己冷静、放松下来。

对于情绪激动的孩子，家长则可以根据不同的情况，让孩子尽情地倾诉或者大哭，或者让他一个人静思、听音乐等来缓解不良情绪。孩子的情绪平息之后，再跟孩子交谈。

当孩子能够比较平静地交谈时，家长应全神贯注地倾听孩子的讲述，而不打断他；可以用复述孩子的话去回应他，而不评价他，每一次复述其实都意味着表示“我听到了，我肯定了你的情绪”，让孩子感受到你的积极支持；家长还要思考孩子情绪底层的原因，而不仅仅停留在表面，再与孩子共同制订解决问题的方案。

经过这三步，相信家长可以在管理自己情绪的同时，也为孩子提供稳定的情感支持，时刻稳稳地托住孩子的情绪，创造一个更积极、更和谐的家庭环境。

四、平衡自我生活，在关系中共成长

最近一个月你有多少时间是留给自己的独处、休闲、培养兴趣爱好的？你是否有一些积极的习惯与行为方式是能够给孩子带来正面影响的？

网络上有个话题：父母有哪些习惯影响了你的一生？一位网友回答：十几年来我的爸爸坚持每天6：30起床看书充电，而我的妈妈只要有空闲也会拿起书来认真阅读。每天饭后父母晚饭后父母总是相约在楼下空地打球或是跑跑步，回家后乐此不疲地交流运动的好处。多年以后我才惊觉这些是父母刻意为之的教育。曾经的我早上起不来，一看书就发困，一运动就犯懒，可当我看到父母都还在坚持，就突然觉得早起也没有那么辛苦了，读书好像也没有那么难了，运动也成了每天的习惯。

正如陶行知先生所说的：家庭教育主要是生活教育。家长是怎样生活的，给孩子带来的就是怎样的教育。父母的优秀品质，都会在无形中传递给孩子，成为他们成长道路上的力量源泉。这样的影响其实也是父母与孩子之间情感的小小默契与联结。当你们共读一本书、相约打一次球、共同欣赏一场还不怎么看得懂的美术展时，可以让亲子关系更加紧密的同时，父母与孩子也在不断地自我完善中共同成长。

好的亲子关系是共情，是陪伴，是关怀，是尊重，是一切教育的基础。你是一个什么样的人，你跟孩子关系怎么样，比你对孩子怎么做要重要得多。建立高质量的亲子关系，是一个长期的过程。祝愿你与孩子互相尊重，彼此成就。这才是爱最好的样子。

基于尊重的管教

你在和孩子沟通时，说过下面这些话吗？这样说的效果如何呢？

“你怎么这么笨！”

“哭什么哭，你还有脸哭？”

“我以后再也不会相信你了。”

“你太不争气了，我的脸都被你丢尽了。”

“我说不行就是不行。”

“你看看人家……”

“我再也不管你了，你想干什么就干什么。”

“你啊，学好不行，学坏真行。”

“一看你就没多大的出息，将来看你怎么办！”

“为了妈妈，你努点力好吗？”

不管说没说过，反正从看到这里起，建议家长就一句也不要再说了，因为这些话不但没有效果，反而会严重影响亲子关系，让孩子关上与你沟通的大门。

然而，家长们可能会有这样的困惑：孩子一出生，一群人精心呵护他，问他有什么需求，在家中也实行民主和尊重的教育方式，在这种环境下长大的小孩，他们对话语权的要求更高，觉得和谁都应该是平等的；而自己在父母严格的管教下长大，去教育在尊重和自由中长大的孩子，无疑会面对巨大的挑战。

先了解一下初中生亲子沟通的特点，也许会帮助我们更好地与孩子沟通。

一、初中生亲子沟通特点

（一）情感复杂性与敏感性增强

处于青春期的初中生，渴望自由与尊重，而情感波动较大。青春期的孩子在与父母沟通时，更容易产生强烈的情绪反应，如敏感、抵触或叛逆。因此，亲子沟通需要更加细致和敏感地处理情感问题。

（二）独立性与自我意识增强

随着年龄的增长，初中生开始渴望独立和自主，希望在某些事情上能够自己做决定。这种独立性和自主意识的增强可能导致他们在与父母沟通时更加坚持自己的观点，甚至与父母产生分歧。父母需要尊重孩子的独立性，同时引导他们学会理性思考和负责任地作决定。

（三）隐私感与界限意识觉醒

初中生开始更加重视个人隐私和个人空间，他们可能不再愿意与父母分享所有的事情，尤其是关于朋友、同学或情感方面的私密话题。这种觉醒要求父母在沟通时更加尊重孩子的意愿，避免过度干涉或侵犯孩子的隐私。

（四）寻求认同与支持

初中生具有独立性与依赖性并存的特点，他们在追求独立自主的过程中可能会表现出一定的叛逆和抵触情绪；但他们在遇到困难或挑战时，他们可能更愿意向父母寻求帮助和建议。因此，父母在沟通中应该给予孩子足够的鼓励和支持，帮助他们建立自信并克服困难。

二、了解暴力沟通与非暴力沟通

（一）暴力沟通

暴力沟通是指使用攻击性、贬低、辩解、撕裂、恐吓等语言来表达自己的需求和感情，导致对方感到伤害和压迫的沟通方式。可见，本文刚开始的那10句话就属于暴力沟通。暴力沟通的四种表达方式为道德评判、比较、回避责任和强人所难。有人认为，他妈妈的暴力沟通的表现是上学时，总拿自己跟别人的孩子比成绩；长大了，和别人比工作、收入、地位；找伴侣时，和邻居、同学的伴侣比能力、才华、发展前景。

（二）非暴力沟通

非暴力沟通其实就是温柔而坚定地说话。《非暴力沟通》的作者马歇尔·卢森堡博士认为在家庭和亲子矛盾中，应转变谈话和聆听的方式，不再有条件反射式的反应，而是了解自己的观察、感受和愿望，有意识地使用沟通语言。非暴力沟通的核心在于避免指责、命令和评判，通过观察事实、表达感受、明确需求和提出请求，来与孩子建立真正的连接。

三、非暴力沟通的重要性

（一）促进亲子间的理解与共情

减少误解：非暴力沟通强调以观察代替评判，通过客观地描述事实，减少主观臆断产生的误解。这种方式让父母和孩子都能更准确地理解对方的行为和意图。

增强共情：通过表达感受和需求让亲子双方都能感受到对方的情感，从而增强共情能力。这种共情能力有助于建立更加紧密的关系。

（二）改善家庭氛围

减少冲突：非暴力沟通避免了指责、命令和评判，减少了亲子间的冲突和对抗。当双方都能以平和的心态进行交流时，家庭氛围自然会变得更加和谐。

增进信任：通过真诚的沟通和理解，非暴力沟通能够增进亲子间的信任。当孩子感受到被理解和尊重时，他们更愿意与父母分享自己的想法和感受，从而建立更加稳固的信任关系。

（三）促进孩子健康成长

培养自尊自信：非暴力沟通强调肯定和鼓励孩子，这有助于培养他们的自尊和自信。当孩子得到父母的认可和支持时，他们会更加积极地面对生活中的挑战和困难。

提高解决问题的能力：通过非暴力沟通，父母可以教会孩子如何观察问题、表达感受和需求，以及提出具体的解决方案。这种能力对孩子未来的成长和发展至关重要。

（四）提升亲子关系质量

加深情感连接：非暴力沟通让亲子双方都能感受到彼此的爱和关怀，从而加深情感连接。这种连接是亲子关系中最宝贵的部分之一。

促进合作与协作：当亲子双方都能以非暴力的方式进行沟通时，他们更容易达成共识和合作。这种合作不仅限于家庭内部的事务处理上，还可以延伸到孩子的学习和社交等方面。

四、非暴力沟通的方法

（一）案例呈现

那么到底怎样才能做到非暴力沟通呢？我们来看一个案例。

妈妈：“哎，都什么时候了，你又在玩手机，最近看着你的入学成绩，我都替你着急啊。咱能在学习上再上点心吗？”

小艺：“我知道，我知道，又来了，今天是周六，我就不能稍微放松一下吗？”

妈妈：“可以放松，但一定要看手机吗？看手机容易上瘾，而且你的眼镜度数越来越高了。”

小艺：“现在这个时代，手机是必需品，是工具。我也需要跟上时代，还可以查查学习资料，所以你不要总是唠叨”。

妈妈：“跟上时代？你更需要跟上学习，你要是像你们班小安一样，学习自律，成绩优秀，我唠叨你？”

小艺：“好好好，我知道了，我都听腻了。”

妈妈：“听腻了有什么用，那你听进去了没？能不能懂点事啊？我每天在外那么辛苦赚钱养你，你就用这样的方式回报我的吗？”

小艺头也不回地回到了自己的房间。

这样的对话在小艺和妈妈之间，已经不是第一次出现了。如果妈妈和小艺的总是这样沟通，他们之间接下来可能会发生什么？可能会导致误会升级、矛盾积压、言语和肢体冲突、影响学业。他们之所以出现这种情况，是因为他们只关注到了对方说的话，却没有关注这句话背后的含义。

（二）案例分析

著名的心理治疗师和家庭治疗师萨提亚认为，每个完整的人就像一座冰山，我们只能看见对方表面很少的一部分，而更大的一部分内在世界就在冰山之下，不为人所见。那我们就带入小艺和妈妈的角色，来认识这座冰山的结构：

1. 冰山之上：行为——外显、可观察

妈妈：抱怨、数落。小艺：玩手机。

2. 冰山之下：情绪——内在、不易察觉

①应对方式——对事物的反应。

妈妈：你又在玩手机。小艺：妈妈又在唠叨。

②情绪和感受——行为引发的内在感受。

妈妈：愤怒、失望。小艺：烦躁、委屈。

③观点——内在信念和价值观。（观点会影响情绪和感受）

妈妈：玩手机会耽误学习。小艺：学习应该劳逸结合。

④期待——对自己和对方的期待 。

妈妈：希望小艺自律、上进、好好学习。小艺：放松心态，更好地学习。

⑤渴望—— 一个人内心真正在意的价值。（如被爱、被接纳、受尊重等）

妈妈：我的孩子要尊重我、听我的话。小艺：我需要父母的尊重，给我做主的权利。

⑥自我——对自己的评价。

妈妈：我是一个尽责的妈妈。小艺：我已经长大了，我是一个能够自己管理好自己的人。

就此，我们可以看到亲子沟通时，大家都只听到了语言的表层意思，而没有深入去感受语言背后的意思，就下意识地说出让对方不舒服的话，所以小艺母女才会不欢而散。

（三）非暴力沟通的四个步骤

1. 观察

说出你的观察，一定是客观看到的事实，而不是带有偏见和评价的观点。请看下表中表达观察和表达观点的不同之处。

表达观察和表达观点的区别

表达观察	表达观点
你今天外出没锁门	你这个人真不靠谱
你3天没换洗袜子了	你怎么这么不讲卫生
你今天没写完作业	你怎么这么不听话
你上月买东西花了1000元	你花钱大手大脚

2. 感受

客观地不带情绪地表达你的真实感受。如果带有强烈情绪去表达情绪会使对方先感受到情绪所带有的攻击，使沟通变得困难。让我们来看看下表中列出的不同表达。

客观的表达和情绪化的表达的区别

客观的表达	情绪化的表达
这让我觉得难过和伤心	歇斯底里地哭泣
我对这件事很生气且失望	摔东西，拍桌子

3. 需要

直接地告诉对方你的需要是什么，你有什么需求没有被满足，而非用指责对方的方式来表达不满。让我们来看看下表列出的不同表达。

表达需求和不满地指责的区别

表达需求	不满地指责
我希望你提前一天告诉我	你怎么总是临时提需求？
我需要你出门捎垃圾	你怎么眼里一点活儿都看不见？

4. 请求

根据你的需求，表达出你对对方的请求。请求不是命令，请求里有礼貌和尊重，也有对得到的任何结果的接纳。获得的回复如果是你期待的，那是一种被尊重后的自愿承诺，不是命令。

回到我们前面的案例，如果妈妈这样说：小艺，妈妈看到你又拿起了手机（观察），其实我还是有点生气的（感受），因为你现在处于一个非常关键的学习时期；我也知道刚刚结束了一周的学习，你应该也有些许疲惫，想要放松放松，但是妈妈记得上一次也是因为你玩手机忘记了时间，导致星期天深夜还在补作业，妈妈觉得你可以先写写作业，写完了作业再好好放松一下，你觉得呢（请求）？

妈妈这样说话，就是温和而坚定的非暴力沟通，小艺的感受可能会和之前有很大的区别，她很有可能接受妈妈的建议。

（四）巩固练习——非暴力沟通

场景一：你怎么天天到处乱扔脏衣服，一点都不知道好好收拾自己的东西！

观察：看到沙发上有两件你的脏衣服。

感受：我不太高兴。

需要：因为我非常看重整洁。

期待：你愿不愿意把衣服放到洗衣机里呢？

非暴力沟通不仅可以用在我们想让孩子改变的事情上，也可以用在我们对孩子的鼓励和表扬上。

场景二：孩子主动收拾好自己的房间。

观察：我看到你主动收拾房间，并整理得很好。

感受：我感到很欣慰。

需要：因为一个人需要养成好的生活习惯。

期待：希望你能坚持下去。

心理学家阿德勒说过，必须有人开始改变，即使别人不合作，那也与你无关。但其实，只要我们开始改变，我们的变化孩子会看得到，感受得到。“路虽远行则必至，事虽难做则必成”。希望家长们可以让语言成为温暖的工具，用更有效的沟通方式，陪伴孩子成长！

积极参与学校活动

一个周末，我接到小明家长的一通电话，他说：“老师，我们家孩子一直躺在沙发上玩手机，可他玩得作业不做，饭也不吃。我还特地给他做了一大堆好吃的，叫他吃饭好多次，他都不理我，后来实在生气就吼了他一句，可他比我还凶。不仅怼我让我不要管他，还摔门而入把自己反锁在房间里一直不出来。我敲门，他不开，也不理……自从上了初中，他脾气变得越来越差，我在家说话做事还得小心翼翼，稍微不顺他的意，就对我发火，家里常常弄得鸡飞狗跳，我实在不知道该怎么办了！”家长既伤心又委屈地向我倾诉。如果你的家里正好也有这样一个处于青春期的孩子，身为家长的你是不是也一样小心翼翼、如履薄冰？这到底是什么原因？我们又该怎么办呢？

一、问题分析

（一）孩子自身的原因

1. 大脑天翻地覆地发育

心理咨询师约翰·科尔曼在《为什么我的青春期孩子不和我说话？》中指出，孩子进入青春期除了有我们看得见的变化——身体、情绪、社交、学习方面的变化外，还有我们看不见的变化——大脑在天翻地覆地发育。主导青春期变化的有三个重要脑区：前额叶皮质、杏仁核和海马体。前额叶皮质是负责思考、计划和解决问题的区域；杏仁核是负责情绪、感觉和觉醒的区域；海马体是与记忆联系最为紧密的部位，在学习中起着重要作用。其中，杏仁核这个负责情绪和感觉的区域发育速度通常比前额叶皮质要快，青少年在追求快乐和激励的过程中也会比较莽撞，而大脑前额叶皮质还没有发育出足够的控制能力，再加上激素作用，从而导致青少年容易感情用事，情绪波动较大，容易失控。青春期的喜怒无常不仅令父母很困惑，而且青少年自己也很困惑。这对亲子之间的关系产生了非常大的破坏作用。这也是小明在妈妈的催促和斥责下突然就发火了的重要原因。

2. 不适应新环境

小明从小学升到初中，对新环境、新老师、新同学都充满期待，也可能面临以下困难。

（1）学习压力增大

进入初中，随着学习科目和学习难度的增加，需要合理安排各个学科的学习内容，同时还要面对考试等学习压力，适应新的学习环境和学习方式。小明起初在课堂上还会积极发言，课后作业也较为认真。初一下学期随着学业负担不断加重，他没有找到适合自己的学习方法，努力学习后效果仍不理想，学习成绩还大幅度下降。他渐渐出现了不按时完成家庭作业、不想上学的消极情绪，从而沉迷于玩手机，想要暂时逃避现实痛苦，获得短暂的乐趣。

（2）人际关系问题

从初中学生的身心发展规律特点来看，青春期的孩子认知能力不断提高，思维逐渐从具体的形象思维向抽象逻辑思维过渡。他们开始关注自我，注重个人形象和自尊心，注重与同伴的交往，希望得到他人的认可和接纳。但是，他们在人际交往中可能会遇到一些问题，如友谊冲突。小明刚进初中时在班级中积极表现，较为生动活泼，尊敬老师，团结同学，积极参加班级活动，想把自己最好的一面展示给老师和同学，希望得到老师和同学的认同，可是在自己的主动下也没有获得其他人太多的认可和关注。学习的压力和人际交往的障碍让他心理产生了严重的挫败感。在班级中渐渐表现为沉默寡言，喜欢独来独往。

（二）家长的原因

问题产生的原因往往都不是单方面的，我们再来看看家长方面。

1. 陪伴时间很少

小明父母经营着一家餐馆，平时工作较忙，陪伴孩子的时间很少，更别说抽时间参加儿子学校的各种活动了，所以对小明的心思不了解。加上家中还有一个妹妹，爸爸妈妈在忙碌的工作之余还要照顾4岁的妹妹。久而久之，小明觉得爸爸妈妈更爱妹妹，不爱自己，感觉到不被重视而心生怨气。

2. 沟通方式不当

（1）沟通话题单一

小明父母与孩子次数不多的沟通内容大多聚焦在学习和成绩上。“作业做完了吗?”“最近学习怎么样呢?”“还有多久考试啊?”……让孩子觉得父母眼里似乎只有学习成绩，对自己的兴趣爱好、人际关系等方面不关注，完全忽略了他的内心需要。

（2）单向沟通

家长常常怕孩子犯错，走弯路，就用自己的经历对孩子苦口婆心地进行教育，甚至直接告诉他应该怎样做。这样的沟通让孩子觉得家长只是在不停地唠叨、说教，甚至在审问自己。家长一开口，孩子就关闭了耳朵和心门，用不予理会、转身离开，甚至直接对抗的方式来进行回应。

3. 目标期望过高

小明的家长觉得孩子小学时学习成绩还不错，到了初中也应该继续保持。平时，小明的家长没有做到和孩子深入交流，也没有和学校老师取得密切联系，小明回家常常报喜不报忧，导致家长不了解小明在校的真实表现和学习水平，还将小明与其他孩子作比较。但是，小明在学习成绩上迟迟不能达到父母的要求，他也找不到方法来改变现状。小明的心理落差越来越大，渐渐将原因从外部客观因素转移到对自我的否定。家长不但没有理解小明的痛苦，及时予以支持帮助，还认为是他努力不够，小明想要发展自己的兴趣爱好也被看作是贪玩的表现。

因此，小明周末在家经常以做作业为由待在自己的房间，拒绝父母进自己的房间，不愿与父母一起外出，做事也不积极，甚至有时吃饭也需要家长反复催促才能离开自己的房间。在家中，他的不耐烦，性格暴躁，常常因学业问题或一点小事与父母发生冲突。于是，经常出现文章开头的一幕，甚至曾有过离家出走的行为。

父母生活的压力和孩子学习的压力在折磨消耗着双方，亲子间不是平等和气的沟通，取而代之的是焦灼的父母和“躺平”的孩子间的剑拔弩张。小明与父母之间的沟通越来越少，关系也变得越来越疏远，亲子间的关系也非常紧张，让家长很是头疼。

小明的班主任建议家长要转变教育方式，不能只把注意力放在孩子的学习上，应多陪伴孩子，努力帮助孩子适应初中生活，重视孩子综合能力的培养，帮助孩子树立信心，从而改善亲子关系，促进孩子身心发展，为孩子初中阶段的学习和生活保驾护航。

二、解决办法

小明父母听取了班主任的建议后也意识到自身教育出现了问题。他们决心做出改变，阅读了许多有关青春期教育的书籍，还关注了不少儿童心理方面的微信公众号，决心科学地教育孩子，不再把注意力只放在学习上，而是更关注孩子的心理需求。为此，他们有了以下改变。

1. 积极有效陪伴

小明父母特意抽出时间来陪孩子学习、运动，可发现小明积极性并不高。恰逢此时班级正在筹备学校运动会开幕式表演，需对成都本土文化进行解读与展示。小明父亲是厨师，我与其母亲进行沟通协商后，决定将川菜文化作为此次运动会表演的主题。在老师和父母的鼓励下小明也同意参与本次表演，并邀请其父亲参与班级活动的筹备。小明父母非常乐意，积极发挥了自己的长处，为班级提供了制作川菜的各种工具。小明父亲还将小明带到餐馆了解学习川菜制作的方法。因练习持续时间较长，和父母的接触时间也变多了，小明感受到了父母对自己的重视和关爱。家长的参与不仅仅是身体上的陪伴，更是心灵上的陪伴和支持，这种陪伴能够满足孩子在情感上的需求。根据马斯洛的需求层次理论，当孩子的情感需求得到满足时，他们才能够更好地追求更高层次的需求，如自我实现。

2. 双向沟通交流

在陪伴的过程中，父母也转变了与小明的沟通方法，从提要求、说教，甚至指责、批评的单向沟通转变为双向沟通。例如，倾听孩子想法与感受，让孩子也有说话的机会，让孩子感觉到自己被理解、被接纳，有平等感和参与感。

谈论的话题也不仅仅只是围绕学习，孩子没有太大心理压力，也能心平气和地沟通。小明父母对川菜有着深入的研究，给他讲解了一些川菜知识和生活技巧，小明对父母产生崇敬之情，并对制作川菜表现出强烈的兴致，他们一起谈论川菜的话题。

三、取得的效果

参与这次活动给小明家庭带来了不小的改变。这次活动为亲子沟通提供了机会和话题，家长用实际行动让小明感受到父母对自己的关心、重视。

小明在练习的过程中理解了父母的辛苦与不易，父母也发现了孩子的很多优点，如小明独立生活能力较强，有吃苦耐劳的品质，在家能主动照顾妹妹，有责任感。在父母的悉心指导和培训下，小明现场为全校同学展示了麻婆豆腐的制作过程，赢得评委们的一致好评和同学们的一片喝彩。

班级老师、同学观看了小明的精彩表演，尝到他亲手做的美食后，对他加以肯定和称赞，让他获得了极大的认同感和成就感，小明逐渐建立起了自信，不再抗拒学校生活。从心理学家阿德勒提出的“归属感”概念中可以发现，孩子在学校中渴望被接纳、被认可。家长的参与能够让他们感受到自己在家庭和学校两个重要场所都有归属感，从而增强自信心和安全感。

小明家长通过努力取得良好效果后非常高兴，之后的学校活动都积极主动地参加，小明也渐渐变得开朗起来，在学习上也有了不小的进步，亲子关系也有了明显的改善。

四、参与学校活动对亲子关系的积极影响

孩子的成长是一场无法重来的旅程，而在这个旅程中，学校和家庭就如同他们的双翼，只有协同共进，才能助力孩子飞得更高更远。学校活动，作为连接学校与家庭的重要纽带，其意义远超我们想象。

1. 增进亲子间的了解

积极参与学校活动是家长了解孩子在校表现的重要窗口。初中生的在校表现和在家表现可能有所差异，家长可以通过参与学校活动观察、了解孩子在老师和同学面前的状态表现。获取与老师面对面交流的机会，可以帮助家长更好地与孩子沟通在校学习生活的情况，从而了解孩子的需求和发现问题，给予他们正确的引导和帮助。同时，孩子也能通过活动中家长的表现了解到家长的另一面。

2. 创造共同的回忆

回忆一下我们自己的学生时代，让我们记忆深刻的或许并不是老师课堂讲解的某个知识点，更多的是某次活动中的瞬间，或许一个温暖的拥抱、一句温馨的话语、一个鼓励的眼神就能够打动我们的心灵。当一家人共同为了学校的义卖活动准备物品，或者一起参加亲子运动会的比赛项目，这些充满欢笑和汗水的时刻会成为家庭的珍贵记忆。在活动结束后，大家围坐在一起，分享活动中的点滴，交流彼此的感受，家庭氛围也会因此变得更加温馨和谐。这些有情有“忆”的经历也会增进亲子关系。

3. 以身作则树立榜样

参与学校活动有时对家长来说也是一种挑战。从社会学习理论的角度来看，孩子通过观察家长在筹备或参与学校活动中的表现，可以学习到如何与人合作、如何克服困难面对挑战、如何保持积极的态度。家长的言传身教在这个过程中发挥着无可替代的作用。

那么，学校活动具体都有哪些类型呢？比如，科技节能够激发孩子的创新思维和探索精神，读书节可以培养孩子的阅读习惯和文学素养。还有各类社团活动，如绘画、音乐、体育等，能够让孩子发现自己的兴趣和特长。

而家长参与这些活动的方式也是多种多样的，可以作为志愿者协助活动的组

织和开展；可以在活动中与孩子一起完成任务；还可以在活动结束后，与孩子一起总结经验，分享感受。

然而，现实中仍有一些家长对参与学校活动存在误解或顾虑。有的家长认为自己工作太忙，没有时间；有的家长觉得自己不懂教育，参与了也帮不上什么忙；还有的家长担心在活动中表现不好，会让孩子丢脸。其实，这些都不是真正的障碍。时间就像海绵里的水，只要愿意挤，总是有的。家长可以提前作好规划，安排好工作和生活。而且，参与学校活动并不需要有多么高深的教育知识，陪伴和支持就是对孩子最大的鼓励。至于担心表现不好，孩子们在乎的并不是家长做得有多完美，而是家长是否愿意为了他们而努力尝试。

家长积极参与学校组织开展的各项活动，可以有效促进家庭亲子沟通，提升亲子沟通质量，改善亲子关系，从而为学生的成长发展助力。

专题八

父母成长

成为教练式家长

一、案例分享

最近在学校里，我的咨询室内来了一位特殊的来访者，她不是学校的学生，而是学生小丽的妈妈。当我看到这位家长满脸愁容地坐在我的对面的时候，我很好奇，她到底遇到了什么困扰？

经过了一番交流，我了解到：小丽妈妈最近几个星期每次周末放假都会和女儿发生强烈争吵。她觉得女儿自从上了初中就慢慢变了，不再像以前那么乖巧懂事。后来，我又找了小丽聊了聊，没想到小丽越说越委屈，她感觉上了初中之后，自己住校每周才能回去一次，每次回去妈妈都问自己周考、月考成绩如何，根本就不关心她在学校的生活。小丽妈妈认为的教育和小丽所需要的教育之间出现了很大的分歧，才产生了孩子和家长之间的种种误会。

这样的故事在我们身边绝对不是个例，也许很多家长也正在经历着这样的困扰，所以我想通过这种方式和各位家长聊一聊当下非常流行的一种教育理念，叫作教练式家长。

二、什么是教练式家长

教练式家长具体指的是什么？教练式家长就是以教练的身份来陪伴和支持孩子成长。主要表现为在教育孩子的过程中承担的是一种引导者的角色，而不是单纯的教育者和决策者。很多喜欢锻炼的家长可能有所感触，在健身房自己锻炼和上私教课程，哪一个效果更好？答案毋庸置疑，肯定是有教练的引领效果更好。教练式家长的这种教育理念虽然是近几年才兴起的，但却广受各位学者以及家长的认可，就是因为这种理念的目的是激发孩子的内在动力，让他们成为更加自信、自律的人。当我们在教练的带领下把各种器材和动作要领都掌握得非常全面的时候，就能自主规划自己的训练了。

教练式家长与传统家长的区别有哪些？主要表现在以下三个方面。

①在教育方式上，传统家长他们总是习惯性地灌输知识和经验，让孩子被动接受，就像是把食物硬塞进孩子的嘴里，不仅会造成知识上的“消化不良”，还会让孩子感觉非常反感。教练式家长不一样，他们更注重启发式教育，就像是一个引导者，引导孩子主动思考，自己去找寻答案。这样的教育方式更能培养孩子的独立思考能力和解决问题的能力。

②在角色定位上，传统家长往往“高高在上”，喜欢命令孩子，要求孩子必须怎么做。而教练式家长则更像是孩子成长路上的引路人和合作伙伴，他们会和孩子一起探讨问题，一起寻找解决方案，让孩子在平等的交流中成长。

③在关注点上，传统家长往往过分关注学业成绩，他们觉得只有成绩好了，孩子才有未来。而教练式家长则更侧重于培养孩子的综合素质和兴趣爱好。

三、教练式家长对孩子有哪些影响

教练式家长对孩子的成长有哪些影响呢？这些影响主要体现在孩子的兴趣和智力方面。

从孩子的兴趣来看，教练式家长可以通过激发孩子好奇心来帮助孩子发现和培养良性的兴趣爱好。我们经常说兴趣是孩子最好的老师，虽然很多家长都希望自己的孩子能够培养一些积极的、有益的兴趣爱好，但现实好像往往事与愿违。有的家长就非常苦恼，因为他们发现孩子的兴趣爱好主要体现在各种娱乐方面。小丽妈妈就向我抱怨过，小学的时候女儿每天放学回到家都会围着她说学校里面发生的事情，晚饭后一家人还会去小区楼下或者附近的公园散散步。到了初中，孩子每周回到家都拿着手机，不是在打游戏，就是和不知道是网友还是同学不停聊天。小丽妈妈想要和她好好相处，她让小丽放下手机，找一些其他的感兴趣的事情来做，结果小丽回答说玩手机就是她感兴趣的事情。

这样的情况应该很多家长都有所感触，所以学会成为教练式家长很有必要。

那么，再来说说智力方面的影响。说到智力一词，国内外许多心理学家都尝试从不同的角度对此进行研究，虽然研究的结果各有不同，但这些专家们对智力进行界定时一般都包含两个内容：一是从经验中进行学习的能力，二是适应环境的能力。简单来说，智力就是智商和能力。当然不同的心理学家对于智力有着不同的理论成果，其中不乏有一些我们经常听到的也被大众普遍接受的理论，如加德纳的多元智力理论。这个理论由哈佛大学心理学家加德纳于1983年首次提出，之后经过了不断的改进。加德纳认为每个人或多或少都拥有八种类型的智力，分别为语言智力、逻辑数学智力、音乐智力、空间智力、身体运动智力、人际关系智力、内省智力和自然智力。这八种智力各自独立又相互作用，因此也造就了人与人之间的不同。而教练式家长则注重并开发孩子的各种智力，以及让不同智力合理组合，从而让孩子的个性得到充分的发展和完善。

四、如何成为教练式家长

教练式家长是以教练的角色引导孩子主动探索和启发，从而激发孩子的兴趣和潜能。要成为教练式家长，培养孩子的兴趣、发展孩子的智力既是目标又是方向。

（一）培养兴趣

1. 耐心倾听，积极回应

生活中家长们一定遇到过这种情况，孩子特别喜欢玩游戏，为此还在游戏中充了不少钱。这时候，大部分的家长可能会大发雷霆，随即和孩子爆发激烈的争吵。这样的处理方式不仅不会让孩子远离游戏，可能还会让孩子更难以管教。在咨询室里，小丽妈妈向我谈起小丽沉迷手机的事，焦急又苦恼。为了改变孩子爱打游戏的情况，于是小丽妈妈没收了小丽的手机，责令她多买一些课外书看。小丽妈妈管理得非常严格，每周还时不时检查小丽有没有添置新的书籍，书上有没有阅读的痕迹。她以为手机没收后孩子就没有办法玩了，但殊不知小丽在网上用便宜的价格淘了一些旧书，完美地应付了妈妈的检查，自己还用省下来的钱买了一部二手手机，偷偷玩游戏。一天晚上，小丽妈妈半夜胃疼起来吃药，看到小丽房间里还亮着光，推门进去才发现小丽还在激动地玩着游戏，顿时火冒三丈，甚至动手打了小丽。这件事导致小丽妈妈和小丽的关系降至冰点，不仅没有达到管理手机的目的，还让孩子学会撒谎。面对小丽妈妈的困扰，我向她提出了一些小建议。

首先，耐心了解孩子为什么喜欢这些游戏，她能够在游戏中获得什么？其次，去挖掘游戏中的积极部分，肯定孩子的爱好，并引导孩子往进取向上的方面去思考。比如，让小丽了解制作游戏需要学会计算机知识，游戏人物设计需要美术功底，而不是一味地否定孩子玩游戏不好。这样更容易让他们从玩游戏变成研究游戏，自然而然培养出其他的更适宜成长的兴趣爱好。小丽妈妈听了我的建议，和小丽沟通之后，给小丽报了编程学习班，现在小丽已经会自己设计一些简单的小游戏了。

2. 尊重意愿，塑造个性

每个孩子都是独一无二的个体，有自己的兴趣、特长和梦想。鼓励他们根据自己的兴趣和意愿去发展，这样他们才能更加自信和快乐。很多家长会在生活中过度干预或强迫孩子按照自己的意愿行事，虽然出发点是为了孩子好，但是实际结果却不尽如人意。就小丽妈妈与女儿小丽的故事一样，虽然小丽妈妈的初衷是希望小丽更好，但做法反而激化了矛盾。这时候，我们应该尊重孩子的个性和意愿，引导和协商的方式共同解决问题。比如，小丽学跳舞特别费力，小丽妈妈却认为学跳舞可以让孩子更有气质。小学时迫于妈妈的压力小丽学了4年舞蹈，结果却完全没有培养出妈妈理想中的气质。所以对于小丽的情况，小丽妈妈后来和小丽交流时说："我之前一直在以我的想法要求你，我希望你漂亮有气质所以送你去学跳舞；我希望你积极上进所以抵触你玩游戏，很多时候我都没有站在你的角度想过你愿不愿意。最近，我也上网了解了一些你们这些孩子喜欢玩的游戏，才知道过去妈妈的想法太片面了，原来游戏中也能获得很多的知识。我看你对游戏很有兴趣，我们可以去专门学习一下编程，说不定未来最火的一款游戏就是我女儿制作的。"王妈妈的这番话是几个月以来和女儿难得的心平气和的沟通，而小丽也从这番话中感觉到了妈妈的良苦用心。

3. 共同参与，激发动力

共同参与活动不仅能增进亲子感情，还能让孩子在轻松愉快的氛围中感受家庭的温暖与支持，从而激发孩子学习知识和技能的动力。说到这里，就不得不提一下著名的教育家、心理学家奥舒贝尔提出的学业成就动机理论。他认为，一个人想要获得成就，与自身的需求有关，而这个需求就表现为内驱力。奥舒贝尔把学业成就动机分为了三种，分别是认知内驱力、自我提高内驱力和附属内驱力。认知内驱力指的是由好奇心而产生的学习某项知识和技能的动力。比如，被苹果砸中脑袋的牛顿，最初研究力学的原因也仅仅是好奇为什么苹果成熟后会往下掉落而已。自我提高内驱力简单来说就是，孩子通过自己的能力获得了相应的地位，而为了保住这个地位，从而持续不断地获得前进的动力。比如，某同学因为英语成绩好而被选为了英语课代表，为了当好英语课代表，这个同学就在英语学科上非常努力，从而形成了学业上的良性循环。附属内驱力，是指孩子为了获得老师、家长、同伴的赞赏和认可所表现出来的学习动力。因此，教练式家长就会通过共同参与孩子的生活、学习，在必要时对孩子表达出赞许和认同，从而激发孩子的附属内驱力。

（二）发展智力

著名心理学家卡特尔提出的流体智力与晶体智力理论。他指出，像记忆、推理能力这样的流体智力大多是先天的。而像审美、语言文字能力这样的晶体智力是在一定的社会文化背景中习得的，依赖于后天的学习和经验。流体智力随人的衰老而衰退，在14岁左右达到顶峰，随后逐渐下降；晶体智力则随人的成长而不断积累，到60岁左右才开始逐渐衰退。

结合多元智力理论，要想启迪孩子智力，同样可以分三步进行。

1. 合理评价，及时反思

《论语·学而》中提到“吾日三省吾身”。教练式家长就是要帮助孩子了解自身优势与不足，形成积极的自我评价体系。在小丽妈妈的故事中，小丽也向我抱怨：“妈妈只看重学习成绩，一点都不关心我生活和爱好。每次一考差了，妈妈就觉得是我贪玩不够努力，但其实在学校里面有时候晚自习结束回到寝室，我都还会自己用台灯背一会单词。有时候我怀疑，我不是学习的料。”小丽的烦恼就来源于没有形成积极的自我或他人评价。

对孩子评价过低，会让孩子变得自卑而敏感；对孩子评价过高，又容易使孩子向“熊孩子”的方向发展。所以在面对孩子的各种行为时，一方面家长要做到合理地评价孩子的是非，而不是一味地纵容溺爱；另一方面要引导孩子进行定期的自我反思。比如，每周或每月在固定的时间与孩子一起回顾过去的点滴，让他们思考自己在哪些方面做得好，哪些方面还有待提高。这样的反思过程能让孩子更加清晰地认识自己，也能帮助他们逐渐形成一个客观、全面的自我认知。

2. 接受挑战，培养能力

在日新月异的社会中，充斥着各种机遇与挑战。在皮亚杰认知发展理论中，中学生刚好处于形式运算阶段。这一阶段的孩子开始形成解决抽象问题的能力，推理和逻辑思维能力也迅速发展，这些能力是孩子日后面对复杂世界时不可或缺的宝贵财富。但是在孩子各项能力急速发展的这一阶段，有的家长这些做法却成了孩子成长路上的“拦路虎”。小丽妈妈在和我交流的时候向我说过这样的话——“平时小丽一周回来一次，每次回来我都给她做一桌的好吃的，不让她洗碗不让她拖地，甚至学校里面穿的衣服我都让她带回来我帮她洗。我对她这么好，她还觉得我不关心她”。小丽妈妈的做法不仅没有得到孩子的理解，反而让孩子更加不懂感恩。

我给王妈妈建议：小丽每次回来之后邀请她一起去市场挑选自己喜欢吃的蔬菜，做饭的时候也适当选择一些步骤让小丽参与。暑假的时候，小丽妈妈在微信上给我发了几张家常菜的图片，原来这些菜都是小丽主动要给全家做的。所以，看重孩子学业的同时还要引导孩子参与实际问题的解决，不断地让孩子尝试和挑战，在实践中不断积累经验，提升自我认知。对于复杂的情况，还可以通过设定合理的目标、培养抗挫能力等方式，提升他们的心理素质和解决问题的能力，避免出现“高分低能”的现象。

3. 充分了解、因材施教

现代社会是需要各种人才的时代，而每一个孩子都有相对而言的优势智力领域，如有的人显露出过人的音乐才能，有的则表现出超常的数学天赋，只有孩子的才能得到充分展示，个性得以充分体现，才能保证孩子适应并立足于当今这个极具个性化的时代。教练式家长会根据孩子的具体情况，准确地把握他们的状态，为后续的教育指导提供有力依据。

历史上苏东坡的父亲苏洵就是这样一位家长。苏洵有两个儿子，一个叫苏轼，一个叫苏辙。按照当时的习俗，孩子一生下来一般只会取乳名，等长大一点不容易夭折后才会正式取名字。而苏轼严格意义上有名字是在他13岁的时候。知子莫若父，在多年的成长过程中，苏洵已经看出了两个孩子的脾性。苏轼自幼聪慧过人，读书过目不忘，作文落笔惊人，父亲担心他锋芒太露，不肯吃苦耐劳，就给他起了个“轼”的名字。“轼”这个指车前部用作扶手的横木，没有多少用处，却不加掩饰地横在车的最显眼的地方。父亲给他取“轼”这样的名字，就是要时时提醒他不要锋芒太露。苏辙性情温良，处事谨慎，就给他取了个“辙”的名字。“辙”指车子运行留下来的轨迹，苏洵知道二儿子性情温良谨慎，只要谨慎地处在祸福之间，是不会出差错的。

苏洵了解自己的孩子，并因材施教，所以苏轼、苏辙在历史上都有巨大的成就。小丽妈妈送小丽学习编程，也是了解孩子的表现，小丽也成功获得含金量较高的非专业级软件能力认证，现在对人工智能产生了浓厚的兴趣。可见，教练式家长在培养、教育孩子的时候，一定会了解孩子的个性和特点。

教育应该因人而异、扬长避短，如果忽视孩子的个性特征，进行千篇一律的教育，很可能会适得其反。

这些内容只是教练式家长理论中的冰山一角，还有更多的方法需要各位家长在生活中去实践和探索。在未来，我们期待更多的家长能够践行教练式家长理念，为孩子的成长之路注入更多的智慧与力量。

如何减少亲子冲突

亲子冲突可能是很多家长的痛点，但其实，亲子冲突其实也是一种家庭常态，可能无法避免，但一定可以有效减少。

有个叫小耀的学生，在一次沟通中，这个孩子提起上初中后跟父母交流变少，尤其跟母亲关系稍显紧张，亲子相处时常因一些小事爆发冲突。一个周末，母亲外出买菜，叮嘱他在家做作业，回来后直接冲进小耀房间，一看桌上摆着的卷子并未做完但他却在玩游戏，母亲当即火冒三丈，严厉批评。小耀说："我做不了，周末玩会游戏怎么了？"母亲听闻此言更是气不打一处来，抄起鸡毛掸子便对小耀进行棍棒教育。父亲听到动静后，前来制止，向母亲表达孩子大了，不能再通过"棍棒教育"而要讲道理，母亲不以为意，称"我们小时候就是这样挨打长大的"，觉得跟小耀好好说他不听。父亲以小耀初中相比小学学习成绩的下降和初中基础知识学习的重要性启发小耀，让他改掉坏习惯，努力学习，最后要求小耀做出保证。在父亲教育小耀的过程中，母亲虽在收拾其他物品，但嘴里一直碎碎念，数落着小耀现在条件好却不认真学习，爱玩游戏，每次都要爸爸辅导，自己没有上进心，等等。

家长们，案例中有你与孩子相处的影子吗？我们先来看看在这个案例中出现的几种角色及他们的特点。

第一种：监管者（规范者），自身的成长经历影响了母亲的家庭教育观念，教养方式是典型的专制式家长的打骂教育。

第二种：教育者（引导者），父亲试图以理服人，拥有权威式的教养方式。

第三种：被教育者，很明显，孩子就是这个角色。

从孩子反应来看，打骂非但不能起到教育效果，反而会让孩子心生抵触、恐惧，更加厌恶学习，同时也影响亲子关系。而对于父亲的教育方式，小耀更乐于接受，也根据要求作出了保证，算是对教育的一个反馈。

那么，我们该怎么做才能减少亲子冲突呢？以下有几种方法。

①听事实。接收客观事实信息，不偏见，不评判。听感受，感知对方的情绪体会，做到感同身受。听意图，把握对方真实意图背后的心声。比如上述案例中，孩子说不会做，想玩会游戏，背后可能是自己学习上比较吃力的事实和无奈

无助的情绪，并希望能在周末获得放松的愿望。

②会说话。改变习惯用“你……”的指责式说话方式，用“我信息”进行表达。记住这个公式：我……+行为（事实）+感受+期望（影响）。以第一人称开头，客观描述你观察到的事实，真实表达你当下的感受，然后说明影响，表达愿望。

③慎用惩罚。如确有必要惩罚，用减少一个令其愉快的刺激的负惩罚会比施加一个令其不愉快的刺激的正惩罚引发冲突的概率更小。比如，没收平板会比看到孩子玩游戏就打骂好一些。

④适时暂停。在发生亲子冲突时，可先冷处理，等双方情绪冷静后再理性处理，避免二次冲突的发生。

⑤巧妙借力。将想向孩子表达但又可能引发亲子冲突的信息，通过孩子比较信服的长辈、朋友之口传递给孩子，可能更容易使其接受。

⑥学会适当示弱。家长的适当示弱能够在一定程度上满足青春期的孩子内心的成人感。

⑦遵守“刺猬法则”。缺乏边界是亲子关系最大的杀手。亲子平和沟通，厘清边界，守好自己的边界，不入侵对方的边界。保持距离，不过于热心，不妄加判断，不把孩子当成自己或家族的延伸，信任与尊重他们。

⑧心理辅导。如问题严重，可寻求专业帮助，进行家庭心理咨询。

重视鼓励的力量

相信家长们对于“佛系”“躺平”“摆烂”这一系列网络热词并不陌生，甚至我们都会时不时用于自嘲。但是当这些词出现在我们孩子们嘴里的时候，相信各位都不会平静以待。有研究表明，超过70%的家长被自家孩子们各类“躺平”的问题所困扰。孩子不同程度地表现出百无聊赖、无所事事，没有上进心，学习没有动力，对任何事情都提不起兴趣，缺乏积极行动，什么都不想做，不想读书、思考、进行户外运动，口口声声表示要“开摆”。

2021年11月一项针对全国30多万中小学生社会心理适应情况的调查表明，孩子们“四无”现象较为突出：学习无动力、真实世界无兴趣、社交无能力、生命无价值感。

学习无动力，即厌学情绪多。学习内动力的缺乏是一些孩子存在的一个问题。学习无动力表现为在学习上被动、依赖，缺乏明确的学习目标，没有父母和老师的督促就不爱读书和思考。我们容易把厌学和青春期叛逆混淆，忽视了厌学背后隐藏着孩子对自我的厌弃。父母如果给予孩子的期望过于单一和过高，孩子会感觉“无论自己如何努力，也不能达到父母的期待”，加深对自己的悲观失望情绪。

真实世界无兴趣，即极易因手机和电脑管理爆发冲突。因手机、电脑引发的各类亲子冲突事件近几年并不鲜见。网络依赖加剧的背后，其实是孩子们逃避繁重学业，逃避真实世界的心理需求。他们对自己生存的环境压力感觉比较大，对未来前途忧心忡忡、茫然无助。对现实世界中真实的人、事、物逐渐失去兴趣，因此沉迷于网络游戏和社交媒体中。

社交无能力，但时常感觉孤独。曾经听到孩子这样说过：“我的骨髓里有一种东西，那就是孤独。我的心是结冰的江面，我像孤舟中的老翁，在江面上独钓，其中的滋味，只有我自己能懂。”不少孩子都遇到了人际交往方面的压力和困惑，他们在生活中表现出不善于人际交往，缺乏一定的人际沟通能力。有专家指出，青少年群体之间的社交是人社会化的重要过程，关系到他们的身心健康和今后学业、事业发展。

生命无价值感，枯竭感过早到来。在现实学业高强度的压力下，部分孩子感受到生命无价值感，感觉自我与社会脱节，没有自我存在感，没有人生的追求；出现焦虑感，失去了对生活的热情以至于难以体会快乐与喜悦，在学习和生活上缺乏成就感和意义感；出现厌倦感，对周遭事物冷漠，并丧失对更高追求的信心，缺乏明确志向，一天到晚不知道自己该干什么，浑浑噩噩，没着没落，感到空虚、茫然、郁闷、无聊与无奈。

孩子们的精神世界，真的就这么贫瘠无意义吗？曾经有一部纪录片《小小少年》在哔哩哔哩视频平台赢得了9.8分的好口碑。其中，鲜活真实的主人公是吸引观众的关键。我们可以从中看到在猪肉铺里翩然起舞的彝族少女，机器人世界大赛赛场的人大附中少年，痴迷于虫子的小学生，想要获得冠军的14岁摩托车少女，放弃乒乓球选择职业电竞的15岁少年，沉迷于组乐队的小男孩。从中我们发现，一个少年会呈现两种不同的生长样态，是因为内心的热情有没有被点燃。

面对部分孩子缺乏做事的内驱力，表现出“躺平”的心态和行为，我们应该如何积极应对？

1968年的一天，美国心理学家罗森塔尔和雅各布森一行到某学校考察，并做了个实验。他们从该校1—6年级的每个班级中随意抽取了3名学生，把这18个学生的名单交给了校长和相关的老师，以赞许的口吻说：经过科学测定，这些学生具有高智商，是最有前途的好苗子；并要求他们保密，以免影响实验的正确性。8个月以后，罗森塔尔一行又来到该校，对18名学生进行复试，发现他们进步很大而且性格开朗，自信心强，求知欲旺盛，更乐于与人打交道。再到后来，这18个人在不同的岗位都成绩斐然。

这就是心理学上著名的“罗森塔尔效应”。这个实验说明了人们在情感和观念上会不同程度地接受别人下意识（暗示）的影响，达到期望心理中的共鸣效果。期待、鼓励和赞美对于人的成才不可或缺。有研究发现：在缺乏激励的环境中人的潜力只能发挥出20%～30%，如果受到充分的激励人的潜力就可以发挥到80%～90%。

鼓励可以激发和唤醒孩子的内动力，使孩子从“被成长”中产生生命自觉，让他们用自己的力量成长，最终达到成人成才的目的。从实践层面来看，鼓励可以激发孩子通过自身的实践和探索，做出创新的尝试，创造出更多的价值和成果；从心理层面来看，鼓励可以成为正能量的注入源，帮助孩子摆脱负能量的滋扰，重拾信念和希望；从精神层面来看，鼓励可以激励孩子更好地面对问题和困境，克服内心的恐惧和犹豫，挑战自己的极限，成就更好的自己。

如果我们能学会鼓励孩子，也许就能激发孩子们的积极性，使之坚定信念，发挥自己的潜能。那我们应该如何鼓励孩子呢？所有的鼓励都需要言传身教来达成，既能让孩子学习怎么做，又能让孩子们看到做了的效果，从而起到很好的激励作用。

一、善用鼓励让孩子肯定自我价值

引导孩子发现自我价值，有助于他们建立自信，形成积极的人生态度，并更好地应对生活中的挑战。

1. 接纳孩子的不同

每个孩子有着不一样的优势，也有着不同的成长节奏，一味地用别人家的小孩成长模板套用在自己的孩子身上，不仅会限制孩子的成长，更会给自己增加许多不必要的焦虑感。每一个孩子都是一朵花，只是花期不同而已，我们要做的就是静待花开，帮助孩子看到自我的价值，爱自己，愿意为了自己而努力。但静待花开需要避免以下一些误区。

①在静待花开的同时，我们需要默默耕耘。别把放手不管当成静待花开，来掩饰家庭教育的惰性和不作为。要知道，越有智慧的教育一定是越不容易的，越需要行动的。

②在静待花开的同时，我们要接纳花的种类是多样的，色彩是丰富的。我们不需要拿向日葵与玫瑰比芬芳，也无需拿玫瑰与向日葵比高矮。我们需要根据孩子的特点有针对性地积极引导，这样的环境对于孩子而言就是最舒适的。

③在静待花开的同时，我们要知道成长是有顺序的，每个孩子的成长节奏也是不尽相同的，切忌拔苗助长。其实，人生就像一场马拉松，输在起跑线上未必不能赢得冠军，长得早也并不一定会决定长得好。

2. 鼓励过程而非结果

我们需要学会成长型鼓励，肯定孩子努力的过程，培养孩子的内在动力。这要求我们首先要成长为一个具有成长型思维的父母。将鼓励的重点从结果转移到过程，是帮助孩子建立成长型心态的关键。当我们能通过成长型鼓励帮助孩子建立起强烈的价值感时，孩子会开始从内心深处认可自己的努力和进步，而不仅仅是外在的成就。这种内在的驱动力是持久且稳定的，能够让孩子在面对挑战时展现出更大的韧性和积极性。因此，我们可以尝试关注过程，而非结果，鼓励孩子享受学习和探索的过程，培养他们对挑战的兴趣和好奇心。肯定努力，而非天赋，强调努力的重要性，而不是天生的聪明或才能，以免孩子在遇到困难时轻易放弃。

二、常用鼓励让孩子点燃探索勇气

当一个孩子充满了力量，在面对挑战和困难时才会有勇气和决心去应对，才会敢于探索、勇于向前，朝着自己的梦想积极奋进。我们可以用以下的一些做法，点燃孩子们的勇气。

1. 将自己塑造为勇气的榜样

教育最好的方式是“点燃”，但它是有基础和条件的，需要父母有必备的知识和见识，以及良好的示范。首先，作为家长我们需要不断提升自己，开阔眼界拓展边界，不要让我们自身成为限制孩子成长的天花板。如果一个孩子都没有在父母身上看到过积极奋进的模样，如何能习得积极奋进的宝贵品质呢？可能我们不一定事事都能成功，但是我们可以展现努力的姿态，让孩子们能从我们身上感受到不怕失败的无畏，以及失败之后如何重新奋进的智慧。其次，家长对孩子提出所有的要求，自己一定也要达到同样的要求，让自己成为孩子的成长引领。所谓言传身教、以身作则，就是如此。

2. 给予积极的肯定

在我们的态度里，藏着孩子的未来。从小被父母认可的孩子，才会能量满满，往更优秀的方向努力发展。用“我相信你能做到”而不是“我希望你能做到”前者给孩子坚持下去的信任；后者会使孩子怀疑自己的能力，在遇到困难时容易半途而废。而在其中，我们不仅要说给孩子听，在我们日常做事的时候，也需要展现这样的状态，时常把“我相信”挂在嘴边，成就孩子的同时也能成就自己。

3. 创造机会给予支持

使唐僧成为唐僧的，不是经书而是取经的那条路。我们要给孩子提供尝试的机会和环境。孩子想要勇敢尝试新事物，有时候还需要一个合适的环境和机会，如果我们能陪同参与是最好的了。比如，我们可以带着孩子一起参加各类活动等，让孩子有机会接触和尝试一些新领域的事物。通过这样的尝试，孩子能够发现自己的优势和潜力，激发起勇于尝试的冒险精神。

当然，孩子在尝试新事物的过程中，难免会遇到各种困难和挑战，我们要及时给予孩子支持和帮助，鼓励他们面对困难，勇敢尝试。

4. 给予合理的期许

孩子的成长需要时间。家长对孩子提出要求时，需要考虑到孩子的年龄特点，给孩子设置“跳一跳”就能达到的目标。比如对于初中生，有些家长只要求孩子能够完全独立解决所有学习问题，而认为与学习无关的事却都无关紧要，如他们会说“学习是你的事，赚钱是我的事，我们各自做好自己的事”“我能做的都做了，学习这个只能靠你自己了”类似的话。这些显然就是不合理的。如果父母始终对孩子抱有过高的期望，又不提供足够的支撑，会让孩子产生无助感，呈现出低自尊的表现。

三、巧用鼓励让孩子强化奋斗信念

1. 用积极的态度引导孩子树立目标

对于中学生而言，人生理想、奋斗目标还比较模糊。如果问一些中小学生：“长大以后想做什么？目标如何?”他们的回答大都是不明确的。有的会说“现在年纪还小，没有认真考虑过，等长大了再说”，有的会说“父母会给我安排好的，不用我操心”，还有的会说“好好上学，长大了好好挣钱”，等等。如果不加以正确的鼓励引导，他们的学习就会漫无目的，就会产生得过且过的思想，失去学习的信心和动力。

我们可以尝试这样去引导孩子树立目标。

第一步是积极倾听和引导，顺着孩子感兴趣的点去引导他。我们需要学会问一些恰当的问题，并耐心倾听孩子的回答，如“你生活中最重要的事情是什么?”“为什么你如此在乎这些事情?”“如果有一天回顾你的一生，你希望自己如何被他人记住？”等。由此触发他内心的思考，帮助他表达自己的兴趣和志向，让他产生一些有目标感的想法和行动。这其实也是在给我们指路，弄清楚该为孩子的目标提供哪些支持。

第二步是不去为孩子创建一个人生目标，而是在必要时刻为孩子提供支持和引导，强调孩子的积极性而非我们的积极性。若是我们控制欲太强，反而会起到反作用。我们需要在孩子初步确认目标后，帮助孩子做筛选，思考孩子的天赋和兴趣如何与外界的需求和机会相匹配，并进一步激发他做出行动。我们可以尝试启发孩子这个世界上有一些问题需要被改进，尽管他们还很年轻，但仍然有能力去思考，甚至找到解决方案。

第三步是鼓励孩子学习新知识，掌握新技能，提高执行力，加大对目标的向往和行动。引导孩子在自己感兴趣的领域，接触社会，动手实践，使他了解这个世界运转的规律，接受了职业启蒙。

2. 积极帮助孩子调整状态

没有不出问题的孩子，只有暂时无法解决困难的孩子。孩子的可塑性强，但从众心理、攀比心理也相对明显，这会导致他们的状态受到影响，情绪容易起伏波动。基于这一思想和行为特点，我们必须及时积极引导，帮助他们构建起正确的价值观和成才观。当孩子状态不好时，我们可以怎么帮助他们进行调整呢？

第一步是接纳情绪。可以悲伤、难过、自责、愧疚，认识到这些情绪是正常的。当我们对孩子的情绪表达出一种完全接纳的状态时，孩子就能获得莫大的鼓励，也能让其意识到并接纳自己的情绪。这样能帮助他快速平稳情绪，恢复理智思考。这对家长有一定的能力要求，最重要的是家长需要具备一定的情绪调控能力。

第二步是改说为听。当孩子状态不佳的时候，我们若能做到认知、倾听就是一种最好的鼓励。当孩子遇到困难时，我们首先要做的不是急着输出，而是需要认真地听孩子说出他的感受、想法。这不仅能让孩子安全感得到恢复，内在动力重新积蓄，更能让我们真正地了解孩子的内心想法，帮助他们解决困难与问题。这样也能提升我们与孩子的沟通能力。

第三步是转化想法。我们需要引导孩子把问题和难题看作是暂时的、可以解决的，帮助他们尝试运用这样的句式去思考问题，如“我只是暂时不会，若是我能换一个想法，也许就能解决问题”“这个挑战虽然困难，但如果我愿意接受挑战，通过努力学习，最终就能掌握新技能，使自己得到提升”“失败能让我总结更多的经验，找出失败的原因，可以让我为下次努力作更充分的准备”“失败并不可怕，不进行尝试才会让我无法成长”。这样一些想法可以帮助孩子们塑造成长型思维。当然，最好的办法就是我们在生活中，运用这样的态度向他们展示成长型思维的样态，他们再将这些积极思维方式内化。

纪伯伦说过这样一句话：生命的确是黑暗的，除非是有了激励；一切的激励都是盲目的，除非是有了知识；一切的知识都是徒然的，除非是有了梦想；一切的梦想都是虚空的，除非是有了爱。希望我们的孩子能因我们的鼓励，愿意积极过好自己的生活。鼓励对于每一个孩子都很重要，而更重要的是孩子感受到了父母的爱。

阶段二

高　中

专题一

品德培养

与孩子谈人生

2019年，上海卢浦大桥上，17岁男孩因与妈妈发生争吵，打开车门跳桥身亡。

2020年，14岁男孩在学校走廊被母亲扇耳光后，当场跳楼身亡。

2021年，成都某中学生坠楼。

……

这些事件引起社会的广泛关注，孩子的逝去让人扼腕叹息。中国科学院心理研究所发布的《2022年青少年心理健康状况调查报告》显示，约14.8%的青少年存在不同程度的抑郁风险，中国青少年心理健康安全问题越来越突出。

我们可能有些难以理解现在的孩子为什么这么脆弱。有些家长会说："我们小时候条件比现在差多了，哪有那么多心理问题？"20世纪80年代，我们国家焦虑症的发病率只有1%～2%。当前，根据《心理健康蓝皮书：中国国民心理健康发展报告（2023—2024）》，我国成人抑郁风险检出率达到10.6%，焦虑率达到15.8%。让人遗憾的是，我们孩子的检出率更高。

在任何时候下，家庭是孩子最重要的保护地带。也许我们暂时改变不了大环境，但我们可以打造局部的春天。但作为一名心理老师，我发现压垮大多数有心理问题的孩子的最后一根稻草，往往也来自家庭。在我接待的心理咨询中，亲子关系问题排在首位。出现这一现象不能责怪这些孩子的父母，因为这些孩子的父母往往承受着更大的压力，对孩子抱有更高的期待，同时付出了更多的努力。但如果我们爱孩子的方式不对，那么我们就是在认认真真地做着错的事情，却事与愿违。

一、了解孩子的心理特点

美国心理学家弗洛姆说，真正的爱是关心、责任、尊重和了解。家长要为孩子的成长承担教育责任，但关心不以尊重为前提就会变成控制，关心不以了解为前提就会变得盲目。所以，我们对孩子所有的爱，一定要以了解和尊重孩子作为前提。

我们的孩子在这个年龄段有什么心理特点呢?

1. 性生理与性心理发育速度不一致

高中阶段是性生理发育成熟的时期，必然带来性心理的变化，但由于自身发展的限制，特别是教育引导不够的情况下，孩子的性心理发展就会表现出相对幼稚性。在性生理和性心理发展速度不一致的矛盾下，高中阶段的孩子会产生许多心理问题。

2. 自我意识增强而社会经验缺乏

从初中阶段开始，孩子就感觉自己长大了不再是孩子了，他们希望别人把他们像大人一样看待；他们希望独立决定自己的问题，期望得到社会的承认和尊重，期望与父母或其他成年人建立平等的关系。但是，他们对社会的认识还不足，也缺乏社会经验，对社会和人生的认知还处在初级阶段。因此，他们不想依赖他人，可自己又没有独立的物质条件；他们想提出对社会变革有重大价值的见解，但认知和思维水平又不够；他们敢想敢干，然而又容易偏执、冲动。这些往往给他们带来严重的情绪困扰和适应问题。

3. 情绪剧烈波动但习惯压抑自我

身体发育上的巨变，必然引来情绪上的剧烈波动，而情绪上的波动又需要适当释放才能获得平衡。但是，由于高中阶段的孩子认识能力和控制能力的增强，他们经常将内心的感受、情绪和想法等压抑起来。他们常常内心激动，表面却十分平静；他们想找人倾诉，但在长辈和老师面前，又把自己的心门锁起来。很多孩子的焦虑和抑郁，就是由这一矛盾造成的。

了解了以上三点，我们也许会更理解我们的孩子。因此，我们对他们的爱，不应该是对问题行为的指责和打压，而应该是理解、包容、支持和等待。

另外，家长必须了解的是，孩子问题行为背后往往有着一些他们想要满足的心理需求。心理学有一个著名的“冰山理论”：我们的内心就像一座冰山，我们的行为只是露在水平面上的冰山一角，而在水平面以下，隐藏着我们的感受、认知、期待、渴望等。因此，当我们看待孩子的行为时，就不能仅仅停留在孩子的行为表面，而更应该看到孩子的内在。这样，我们才能给予孩子真正需要的爱的回应。

案例：高二女生小安在某次月考后，兴冲冲地回到家，告诉自己的父亲，一直很弱的物理科考了一个前所未有的好分数，虽然这个分数在班上只是中下成绩。

作为家长，我们看到孩子呈现了怎样一座“内在冰山”呢?

行为：兴冲冲地告诉自己的父亲，自己的物理考好了。

感受：兴奋和开心。

想法：我的成绩进步了，我的努力得到了回报。

期待：我想让我的家人和我一起高兴。

渴望：得到家人的认可和赞美。

其实，孩子无非期待父亲说：“你真棒！我们真为你感到高兴!”

但小安的父亲，当时回应她的是“还差得远呢”。

那一刻，小安感到无比失落，甚至为自己的喜悦和兴奋感到羞愧。和父母的互动中，这样的事屡次发生，小安来找我时已有抑郁的倾向，并且有自己伤害的行为。

中学生抑郁是当前引发社会关注的重要话题。中学生抑郁的背后，可能是孩子强烈的孤独感和无意义感，他们不是真的想自杀，他们只是不知道为什么活下去，活着的价值和意义是什么。

二、给予孩子生命守护的建议

那么，在了解了孩子的心理特点和心理需求之后，我们到底怎么做，才可以在这个时代背景下给予孩子最好的生命守护呢？我想给家长们分享以下几点建议。

（一）小题大作，早期识别

“I’m fine”的意思是我很好，这是一个自杀的女孩留下的纸条上写的内容。这个女孩的自杀让所有人都感到意外，没有人会想到她会做出那样的行为，因为在大家眼中她是一个阳光开朗的孩子。同时，大家发现了这个字条的另一面是“help me”，意思是救救我。人们才发现，孩子早就在呼救了，只不过她的呼声，她发出的求救信号并没有被看见。

其实，孩子的心理危机并非突然发生的，通常会经历这样一个过程。

①警觉阶段：当某个问题产生时，孩子习惯的平稳生活被打破，开始感到紧张。这时，他们会尝试用自己惯用的方式来解决问题，一般不会向他人求助。

②功能恶化阶段：当他们发现惯用的方式无效后，焦虑感就会增加，生活因

此受到影响，于是他们会尝试其他方法，可能包括向他人求助等。

③求助阶段：如果问题依然没有解决，他们的焦虑感会持续增加。这时，他们的求助动机最强，也会向周围人发出各种求助信号。

④危机阶段：如果问题仍未解决，他们会感到强烈的无助，甚至产生绝望感。这时，他们才会失去信心，怀疑生命的意义，最终形成心理问题。

所以，这也给了我们机会去帮助每一个可能存在心理危机的孩子。这要求我们能够识别孩子在危机形成过程中发出的各种求助信号。其实，大多数内心痛苦的自杀者都会留下有关他们心理困境的线索，或通过某些方式发出的求助信号。例如，在行为上，他们可能在言谈、作文或社交网络中，直接或间接地表达死亡或自杀的意念，分享、引用与死亡主题相关的诗歌、文学、艺术作品等，从不同渠道探索各种自杀方法，确定临终安排，像诀别般向家人、朋友说再见，饮食、睡眠异常等。

在情绪上，他们可能情绪低落，终日闷闷不乐、容易落泪；强烈的自责、内疚，对自己感到愤怒不满；过度的担忧和焦虑，甚至感到恐惧；易激惹、暴躁、好挑衅；感到无助、无望，对自己和所处困境的改变没有信心；情绪匮乏或麻木，面无表情，眼神空洞；异常的喜悦，轻松和释然等。

在躯体上，他们会感到疲倦、萎靡不振，异常且明显的体重变化，越来越多的身体不适症状等。

在认知上，他们对自己有强烈而又坚定的负面评价，无价值感；感受不到活着的意义，认为死亡是唯一解脱方法等。

一旦发现孩子有这些危机的信号，我们应立即重视，和孩子一起面对他的危机。具体怎么做呢？

首先，表达担忧和关心，理解孩子的痛苦。

当发现孩子有危机时，我们往往紧张和恐惧，甚至惊慌失措；也可能生气愤怒，指责孩子。虽然这也是出于对孩子的爱和关心，但对孩子却是无益甚至会带来进一步伤害的。我们要稳住自己的情绪，表达对孩子的关心和担忧，用温柔、平静的语气说出我们的观察，并用提问的方式让孩子分享他更多的处境。也许我们并不赞同孩子的看法，但要表示理解孩子的痛苦，并愿意和他一起来面对。

其次，可以和孩子开诚布公地谈论自杀。

对于自杀，我们常常不敢谈。其实，恰当的交谈可以让正在痛苦中的孩子感到释怀。对他们而言，有机会在被关爱和不被批判的环境下坦然讨论这些想法和感受，有助于宣泄痛苦、减少自杀念头。若避而不答，反而可能会加剧孩子的绝望感和无助感。

再次，通过提问搜集信息，评估危险性。

虽然自杀风险评估应该由专业人员来做，但当我们发现孩子有危机信号时，也需要评估风险，以确保孩子的安全。简单来说，自杀风险从轻到重有三个等级：自杀意念、自杀计划和自杀尝试。一般而言，自杀意念越强烈、越持久、频率越高，自杀的风险越高；自杀计划越详细、越具体、方式越直接，获救机会越小，自杀风险越高；有过自杀尝试的，风险越高。

最后，寻求专业的帮助。带孩子及时去专业的心理机构进行心理评估和干预。

（二）未雨绸缪，有效预防

心理韧性也叫“心理弹性”心理复原力等，指在面临创伤、困境、威胁或其他重大压力事件时，个体能很快恢复并保持健康心理的能力。心理韧性分为三种能力。

①复原力。就如曼德拉说的生命最大的荣耀不是从来没有失败，而是每次失败后的不断奋起。我们能否从逆境、冲突、痛楚、失败、压力中迅速恢复过来，靠的就是我们的复原力。

②抗逆力。抗逆力通俗的说法是意志力、抗压力、自控力等。我国文化所提倡的“天行健，君子以自强不息”，说的就是这种能力，即我们是否能在困境中坚持下去直到问题解决或者目标达成的能力。

③创伤后的成长力。就像尼采所说“任何不能杀死我的，都会使我更强大”。当拥有这种能力时，我们不仅会从痛苦中恢复过来，还会让自己在痛苦中得到成长。

孩子心理韧性的培养，能有效预防孩子的生命危机的发生。因为一个心理韧性发展良好的孩子，在面临挫折、困难、压力和创伤等危机事件时，能很好地调整自我、解决危机、适应变化，同时获得成长。因此，我们可以这样做以下的事。

首先，帮助孩子处理情绪，提高复原力。

逆境带给孩子的冲击，首先表现在情绪上。这时，我们能给孩子提供的最好的帮助是什么呢？一处安静、不被打扰的角落，和一位懂得聆听的家长。在人际沟通过程中，80%是倾听，20%是说话。而在20%的说话中，问问题又占了80%。所以，我们可以保持倾听而非说教，开放提问而非评判指责，让孩子诉说他的困境、发泄情绪并获得支持。

其次，帮助孩子适应变化，提升抗逆力。

抗逆力的核心是在逆境中坚持，因此家长可以帮助孩子看到，人生中变化是必然，不确定性和不可控性是未来的常态，学会承担痛苦并在逆境中坚持前行，是人生的必修课。当然，作为家长我们也要给孩子提供试错、承担和坚持的机会，过度的保护和溺爱只会阻碍孩子抗逆力的养成。

最后，帮助孩子关注积极面，增强成长力。

创伤后成长，不是创伤时的坚强，也不是创伤后的复原，而是一种更为积极的改变。我们期望孩子一生顺遂，但如果不得不经历困境，我们希望孩子能经历暴风雨的洗礼，变得更加强大。例如，我们可以和孩子一起为困境重新赋予意义，去看到每件事情中积极的一面并好好利用它；我们也可以陪伴孩子尝试面对痛苦、承受痛苦，最终接纳痛苦。泰戈尔有一首诗《用生命影响生命》，其中有几句诗是这样说的：

把自己活成一道光，因为你不知道，谁会借着你的光，走出了黑暗。

请保持心中的善良，因为你不知道，谁会借着你的善良，走出了绝望。

请保持心中的信仰，因为你不知道，谁会借着你的信仰，走出了迷茫。

请相信自己的力量，因为你不知道，谁会因为相信你，开始相信了自己。

……

家长可能就是孩子生命里的那道光。因此，守护好孩子的生命，我们还要做到照顾好我们自己的情绪和生命。

作为成年人，压力和焦虑也会袭击我们，特别是在孩子的教育问题上，我们常常焦虑、无助和迷茫。这个时候，如果我们不能稳定我们自己的内心，那么最终受到伤害的是我们的孩子。因此，为我们自己的焦虑负责，别让孩子来买单。让我们成为孩子的保护性因素，而非风险性因素。

培养孩子正确的财富观

一次家校交流过程中，一位家长跟我讲述了他的困扰：他的家里有三套拆迁房，自己住了一套，另外两套出租，每个月有几千块钱房租。但自从拆迁房下来之后，孩子就没有了学习的动力，理由是即使今后自己找个月薪两三千的工作，加上房租收入，也能做到衣食无忧。家长一时也找不到什么理由来反驳，也没有更好的办法来激发自己的孩子学习动力。

近年来，类似的现象和讨论我们常常能够看到：觉得艰苦奋斗、勤俭节约已经过时，小小年纪就把“躺平”“佛系”这样的词语挂在嘴边；一些孩子相互攀比，追求新款手机、名牌鞋子和衣服等，零花钱总是用来买一些看来不切实际或性价比很低的东西；一些孩子希望自己像“网红”一样能一朝“出圈”，但是对于自身的职业规划则一片茫然。这些情况的确应该引起家长的高度重视，因为缺乏正确的财富观，会对孩子的成长产生诸多不良的影响，如不能适度消费，生活捉襟见肘；物质至上，相互攀比；超额借贷，误入歧途；违法犯罪，贻害终身；好逸恶劳，眼高手低，只愿享受不愿创造。

面对这些困扰，引导孩子树立正确的财富观就显得尤为重要。财富观是指人们对财富价值的理解认识，亦是价值观的重要组成部分。那么，家长该如何培养孩子正确的财富观呢？我将从五个方面提出自己的一些建议，供各位家长参考。

一、积极作为，在成长中贯穿财富观教育

父母是孩子的第一任教师，也是终身教师，所以孩子的财富观教育家长当仁不让。而且财富观教育要伴随孩子成长的全过程，因为如何正确看待和利用财富，是事关孩子能否拥有幸福人生的关键之一。有些家长觉得孩子自控力差，所以严格控制他们接触金钱，甚至认为孩子有钱就变坏，这种观念适得其反，容易导致孩子财富观念的扭曲。其实，用“不能输在起跑线上”这句话来形容财富观教育再合适不过了。财富观教育越早，孩子正确的财富观形成得就越牢固。

家长还要根据孩子的年龄特点来选择教育内容，如小学生要学会规划零花钱，如用零花钱帮助有需要的人等；初中学生要了解、参与家庭的收支安排，对

家庭的重大开支提出自己的意见；高中学生可以利用寒暑假打工，切身感受赚钱过程，学习一些投资知识等，循序渐进地提升孩子对金钱财富的认识和掌控能力。

二、促进孩子形成独立解决财富问题的能力

德国汉堡大学心理学教授迈尔思提出，青年人应该掌握至少三大财富能力：正确运用金钱的能力、处理物质欲望的能力、了解金钱极限与匮乏的能力。这三种能力背后所折射出的，正是对自己负责、独立解决财富问题的能力，这对于一个人的一生来说至关重要。

1. 正确运用金钱的能力

第一，家长要教导孩子自食其力，赚钱只有合法与否、没有贵贱之分；第二，要教导孩子合理消费，量入为出，不盲目攀比，崇拜名牌；第三，要教育孩子合理地规划财富，避免养成冲动消费的习惯；第四，家长要适当储存，将更多的钱花在刀刃上，如提升自我、改变环境、教育孩子等；第五，家长在当财富积累到一定阶段，应回馈社会，帮助他人，为孩子做好的榜样。

2. 处理物质欲望的能力

具有一定的物质欲望很正常，然而物质欲望过度，就会沦为物质的奴隶。家长要引导孩子，当消费欲望袭来的时候，要理性思考，延迟满足；要引导孩子避免超前消费，不要为满足自己的物质欲望，借高利贷，甚至坑蒙拐骗，违法犯罪；要引导孩子懂得知足者常乐的道理，平衡好欲望和物质之间的关系，将人生的幸福愉悦寄托在心灵与感情上，而不是一味地贪图物质与财富。

3. 了解金钱极限与匮乏的能力

匮乏是指物质的缺乏。这种境遇的确非常艰难，但不能指望天上掉馅饼解决饥寒交迫的问题，越是匮乏越要觉醒和奋斗，要改变匮乏的物质状态，必须通过勤劳、智慧和诚实的劳动去创造。可以给孩子讲我国“杂交水稻之父”袁隆平就是为了解决“饥荒的时候饿死人”“没有饭吃，人类怎么生存”等问题，一生坚持面朝黄土背朝天，扎根稻田，通过杂交水稻为解决中国人甚至是世界人吃饭的问题作出了重大贡献。粮食匮乏是袁隆平创造拼搏的原动力，即使后来杂交水稻研发成功，他依然没有停止前进的动力，他还希望水稻树下能乘凉，为世界人民的温饱做出更大的贡献。

另外，家长应教育孩子不要把财富当作人生唯一的追求，让孩子明白钱不能衡量温暖的亲情、真诚的友谊、高尚的品质，金钱只是我们解决问题的一种方式而已，有很多更高等级的乐趣，是金钱难以企及的。例如，家长可以告诉孩子若

具备了音乐或者美术方面的修养，那么听音乐会、看画展就是一种享受，这种美的鉴赏能力不是金钱能带来的；一张大学的录取通知书能够使自己遇见更多志趣相投的同学，见识到更多学识渊博、涵养深厚的老师，这些人生的宝贵财富同样也不是金钱能换来的。就像开始谈到的那个案例，那个孩子的确可以解决基本的衣食住行，但是我们人生的价值又何止于简单的衣食住行。

三、注重引导，提升孩子创造财富能力

（一）明确财富是劳动创造的

引导孩子懂得财富的多寡往往是由劳动的数量和质量所决定，引导孩子多去思考怎样提升自己创造财富的能力。也可以带孩子到父母工作的地方，让他们了解父母的工作过程，以及这份工作是怎样产生价值、创造财富的，让孩子深刻意识到，财富源于创造，创造停止了财富就枯竭了。

当孩子提出疑问：通过投资、出租房产也可以获得财富，所以财富是否并非全部由劳动创造；一些“网红”与一线劳动者相比，劳动强度远远不及后者，但是回报却大很多，这又作何解释？

家长需进一步帮助孩子深化对财富的认识。我们今天看到的一些所谓的“不劳而获”，比如投资股票、房租收益等，首先来自之前的劳动创造，同时仍然在进行着新的创造，但是如果股票背后所代表的公司效益下滑，房屋老化或者过剩，其创造的效益大打折扣，财富也就面临缩水的风险。而“网红”获得丰厚的报酬背后，也是他们为相应的商业主体创造了不菲的价值，而一旦他们丧失了价值创造的能力，收入也会锐减。

作为家长，还要引导孩子们看到什么是常态，什么是特例。既不要寄希望于一夜暴富这种极小概率事件，也不应只看到财富分配差距的表象，而忽视了劳动创造才是导致财富多寡的根本原因。

（二）提升创造财富的能力

1. 创造自我价值

要有十年深挖一口井的精神，不要一年同时挖几个坑。在学习阶段要充分了解自己的兴趣特长，除必要的学习外，要把精力和时间集中到自己的理想和目标领域中去，早日储存能量。在创造劳动价值时期，除本职工作外，孩子可以选择一个匹配自己能力又有发展前景的领域深挖成为专家，建立个人品牌价值标签，

当行业需要时就可脱颖而出。

2. 把未来财富变成今天奋斗的资本

比如，买房、买车需要银行贷款，这就叫作把未来的财富转换为今天的资本。这种利用财富杠杆的能力是值得学习借鉴的，但不能把借来的资本花在享乐上。什么时候可以跟未来的自己借钱，把未来财富当作今天奋斗的资本呢？我们要及时给予孩子一些中肯的建议。比如，自己有较强的创造价值的能力，适逢一个很好的创业机会需要投资时候；或者需要节约更多通勤时间，用来提升工作效率，需要贷款购买一辆代步汽车时等。当生活和工作真正需要，而我们对未来的预期是稳定且乐观时，我们是可以花未来的钱。

3. 提升财经素养

我们要明白财经素养教育不只是单一或专门化的财商教育、金融教育、消费教育，它是培养个体应对经济生活所必备的财经知识、理财技能、财富观念等活动的总和。财经素养教育还是以劳动教育为起点和手段，以德育为目标和方向，是劳动教育、生活教育、知识教育、思想教育和情感教育的集合。我们还可以引导孩子从最基础的信用卡使用到股票、债券、基金等专业投资知识，从财产分配到理财实操等方面学习。

四、悉心指导，培养良好的理财习惯

1. 养成记账习惯

孩子的零花钱一般来说不会太多，开销也比较单一，通过记账，可以初步养成孩子花钱有度的习惯，避免出现入不敷出。

2. 定期分析支出结构

在记账的基础上，可以和孩子定期分析自己的支出结构。比如，每月、每季度回顾自己的零花钱都花到了什么地方，有没有较大额度的非必要或不理性开支，思考怎样优化自己的支出结构。让孩子感受到用同样多的钱，办更多的事，增强孩子在支配金钱上的自主性和成就感。

3. 设置储蓄目标

鼓励孩子定期存一些零用钱到自己的存钱罐或者银行账户中。储蓄目标既可以是为了达成某个愿望，如购买商品、参加活动、外出旅游等，也可以是储蓄一定的金额。在每达成一个目标时，如100元、1000元、5000元，甚至更多，给孩子强调这个金额可以让他做成什么事情，或者维持多长时间的基本生活开支，将金钱的数字与具体而真实的生活结合起来，能真正让孩子形成对钱多少的概念，而非停留在数字的变化之上。

4. 对良好表现给予额外奖励

要让孩子持续不断地提升运用财富的能力，需要定期进行正面反馈。比如，孩子的支出结构得到了明显的优化，完成了预先设置的储蓄目标，或在某次购物中买到了一件十分物超所值的商品时，家长可以通过多种方式进行奖励。这样会强化孩子的行为，久而久之，孩子就能养成良好的习惯。

当然，我们并不提倡家长将学习成绩、家务劳动等与孩子的物质回报挂钩，因为学习是孩子分内之事，家务劳动则是作为家庭成员应该承担的责任。对孩子分内的事情给予额外的物质奖励，短期内会激发他的积极性，长期来看，容易使其缺乏内生动力和应有责任感，这会给孩子造成不好的影响。

以上是一些简单易行的方法。但是正确利用财富，远远不止以上内容，随着孩子年龄的增长，我们可以进一步提升孩子支配财富的能力。

五、以身作则，发挥榜样和示范作用

培养孩子正确的财富观念，父母要做到以身作则。比如，父母热衷于攀比，却希望孩子能够不跟同学攀比；父母花钱大手大脚，常常入不敷出，却希望孩子勤俭节约。这毫无疑问是不现实的。作为父母，首先要做好孩子的榜样，如合理消费、积极储蓄和慈善捐赠等。孩子们会通过观察和模仿父母的行为，形成自己的金钱观念。

其次，让孩子参与家庭的经济活动，让他们了解家庭的日常开销。在家庭较大开支时，征求孩子的意见，虽然他们因为年龄等原因意见可能并不成熟，但是这个过程能培养他们对家庭的责任感，对于他们养成良好的财富观念至关重要。

最后，有条件的家庭可以发挥父母的示范作用。比如，向孩子讲解自己是如何积累财富的，在投资决策时是依据怎样的标准来进行判断，怎样合理分配财富等。告诉孩子赚钱是一种能力和责任，需要付出努力和承担风险。还可以引导孩子发现自己的兴趣爱好和特长，思考自己未来的职业规划和发展方向，并鼓励他们为实现目标而努力。

总之，引导孩子树立正确的财富观是一个长期且持续的过程，需要家长和学校老师共同努力。正所谓君子爱财，取之有道，用之有方。

学会与人相处

“找呀找呀找朋友，找到一个好朋友，敬个礼，握握手，你是我的好朋友……”当听到这首歌时，你的脸上是否会露出会心的笑容，并回忆起高中时代和同伴们一起度过的美好时光？

什么是同伴交往呢？你孩子的同伴都是什么样的人？你对他们的交往情况清楚吗？你指导过孩子和同伴的交往吗？

不少家长发现孩子在进入高中后，他的秘密就不再告诉你，但会分享给朋友；孩子的烦恼不再找你倾诉，而是会分享给朋友；孩子崇拜、喜欢的人是谁也不再告诉你，依然会选择分享给朋友。家长们可能要“伤心”了，思考为什么孩子越长大和我们隔得越远了。

其实，这并不奇怪。同伴交往即同龄人间或心理发展水平相当的个体间的交流往来。同伴关系是指在交往过程中建立和发展起来的一种平行、平等的人际关系。不同于与家长或年长的人之间交往的垂直关系，成长起来的高中生更倾向于在平行、平等的人际关系中获得社会能力、认知、情感、自我概念和人格的健全发展等方面的知识与体验。

一、同伴交往的意义

（一）同伴交往可以满足孩子们情感与归属需求

有句话是这样说的：财富并非永久的朋友，朋友却是永久的财富。其实，朋友的多少并非那么重要，孩子们在意的是同伴关系中可以获取的支持和情感的流通。根据心理学家马斯洛的需要层次理论，我们可以看到个体的需求就像一座金字塔，最底层最必需的是基本的生理需求、安全需求，其次发展到归属与情感的需求。孩子们可以在与同伴的互动中，促进自己社会化的发展，逐渐融入一个集体，与周围产生紧密的联结，会满足孩子的归属需求，并在这个过程中培养爱与被爱的能力。只有这个阶段的需求得以满足后，孩子们才会向上发展，去追求自我实现等。

（二）同伴交往可以促进自我认识

同伴就像一面“镜子”，可以看到自己未曾看到的自我。通过同伴，孩子们可以了解更多关于自己的信息。例如，当一个同伴对你说：“你今天说的话真的有安慰到我，我感觉好很多了。”你就会对自己有更多一层情感和能力上的认识；班级中的同学都愿意与你交朋友，那么你就会对自己的人际交往能力充满自信。同伴为孩子们提供了一个相对稳定的社会参照物，在参照中能更加清晰自己的能力与发展的方向。

（三）同伴是孩子有力的应对资源

稳定的同伴关系本身就具有疗愈作用，可以支持孩子应对学习、生活中的压力与挑战。同伴是孩子们无压力的表达出口，因为家长和老师的思维和处理方式与孩子不在同一水平，有时候很难站在孩子的立场去考虑问题，明明是倾诉求助最后变成了说教批评。夸张点说，有时孩子与我们聊过之后反而更郁闷了。相反，和同龄人聊一聊，情绪在这种互动中也就自然地消散了很多。

此外与同龄人分享交流，也会丰富孩子的社会经验。研究表明，同伴支持是青少年心理危机的重要保护因素，拥有更多同伴支持的青少年，更能应对学业压力，乃至成年后有较高的自我价值感和较低的社会焦虑和抑郁情绪。一旦同伴关系出现了问题，就会影响孩子的方方面面，会造成情绪低落、精神萎靡、注意力涣散，甚至回避上学。

二、高中生同伴交往常见问题及原因分析

当然，如同孩子成长不是一帆风顺的，他们的同伴关系的发展也不是顺风顺水的。

（一）环境变化引发的交往问题

环境变化引发的交往问题常出现在高一入学及选科分班后。本来处于“心理断乳期”的孩子，他们面临着与初中好友的分离，又要面对一群素不相识的新同学，双重压力让他们中的一些人困惑不安。所以往往这两个时间节点，寻求心理咨询帮助的学生数量陡增，如一直“生病”的小睿。

小睿是高一年级的学生，他从高一下学期第一次月考后就一直处于生病请假的状态，持续了两个多月，直到他主动来到咨询室寻求帮助。其实，他没有生

病，但是就是不想来学校，一到学校就很烦躁，浑身不舒服。小睿的妈妈也拿他没办法，一直给他请病假，小睿就这样一直待在家休息，导致学业也落下了很多。

据小睿描述，这种烦躁和不舒服的感觉其实从上高中开始就出现了，进入新的环境，小睿起初有些不自在，特别是发现大家成群结队地都找到了聊得来的朋友，而小睿却没有交到一个朋友的时候。他只有期盼着周末和初中的几位好友联络叙旧，但到后来却发现初中的好友似乎也有了新的朋友、新的圈子，没有那么能聊到一起了，渐渐地没有当初那么要好了。小睿高一上学期就常常借身体不适而请假，较少参与班级的活动；到下学期选科分班后，这种烦躁、孤独、失落的感觉更强烈，后来发展为一直请病假不愿来学校。

我们不难发现，小睿对上学的排斥，是因为暂时还没有找到聊得来的朋友，内心感到孤独与失落。很多孩子和小睿一样会在新的环境中感到不适应，怀念老朋友，难融入或者说是不愿融入新的集体。这种孤独失落感越明显，孩子越想念初中的伙伴，恶性循环，导致孩子封闭自我，回避社交，排斥上学。

（二）认知偏差引发的交往问题

高中生正处于抽象逻辑思维高速发展阶段，孩子们很有想法，这对于学习、创新都是件好事，但有时候“太有想法”，也会把孩子的视角变得狭隘。

1. 以自我为中心

第一种可以“霸道”地表达为——我不要你觉得，我要我觉得。孩子们的自我意识增强，心理上处于“伪成熟”“小大人”的阶段，容易陷入以自我为中心的规则中，把“我认为”当作是绝对的，把他人想法视为对立的、不可融合的，容易与同伴产生矛盾。

2.“快餐式”交友

在这个快节奏时代，似乎什么都要高效、倍速。孩子们交朋友也开始“着急”起来，以超理想化的期待衡量同伴关系。期望刚认识不久就可以互诉衷肠、掏心掏肺，期望彼此想法观念一致，兴趣爱好相同，能追同一部动漫，喜欢同一位明星，打同一款游戏等。然而，现实中这种一拍即合的朋友很难得到。两个人成为朋友之前，必然会经过熟悉的过程，探索彼此的性格，了解彼此的爱好。在这个过程中，筛选出那些相处舒适、兴趣相同的人，经过时间沉淀最后才能发展为稳定的朋友关系。如果孩子着急跳过同伴间逐渐熟悉的过程，就主观觉得周围的人都无法与自己共鸣，将周围的人排斥在外，这样是没法交到知心朋友的。

3. 生性敏感多疑

小敏刚进高中时就遇到了困境：一次，她看到三位同学在聊天，于是想要加入他们的谈话，没想到原本正在开心聊天的同学立刻改变了神情，停止了聊天。后来，学校要开展项目式学习，要求同学们自己组队合作完成任务，但是没有人找小敏合作。在后来的咨询中，心理老师发现其实那三位同学是刚刚聊完天，并不是不想小敏加入谈话，而因为小敏从来没有主动表示过要和同学合作，别人也不好找她，并非大家故意排斥她。可见，过于敏感多疑会让孩子错过交朋友的时机。

4. 不擅长处理矛盾

朋友间拌嘴、闹矛盾是正常的事情，孩子有难过、委屈的情绪反应也是正常的表现。不过在处理矛盾时，有的孩子却会陷入两种误区之中。

一是冷处理。有的孩子会选择冷处理问题，任其发挥。但内心又充满煎熬，就像一根拧成麻花的绳子。其实孩子的内心是非常矛盾，一边想去处理，一边却没有行动，或者说不知道怎么去处理，所以干脆不处理了。

二是隐忍。这类孩子往往最“懂事”，他们把互动中的委屈、难受等情绪都自己默默消化，用现在很流行的词语就是“内耗”，消耗着自己心里的能量。然而，问题还是问题，没有得到解决，自己的能量却已经被消耗完了。

三、指导孩子与人正常交往的方法

上述问题可能引起了很多家长的共鸣。作为孩子的大后方，当他们面临同伴交往问题时，家长们也别慌，我们为大家准备了四个锦囊。

（一）迈“一只脚”进入孩子的圈子

家长们需要适当了解孩子的交友情况。比如，茶余饭后可以问孩子“在班里有玩得好的朋友吗?”“为什么和他比较好呢?”“平时和他在一起做什么，开心吗?”等问题。经常和孩子聊这些话题，就相当于一只脚踏入了孩子的“社交圈”。当然，踏入一只脚就够了，给孩子留有空间，尤其是为自我意识迅速发展的高中生留有空间。两只脚都踏入的话，用孩子们的话说就是“太没有边界感了”。家长们干涉过多破坏了边界会适得其反的。此外，还可以有意地点出孩子与同伴相处的乐趣，强化人际交往的快乐体验，让孩子更愿意与人沟通、交往。

（二）情绪优先原则

在平日互动中留意孩子的情绪变化。情绪就是问题外化的表现，是我们最容易捕捉到的。但是一定要注意，抓情绪不是抓情绪引发的结果。就像上面案例中的小睿，他因为人际困扰情绪低落从而不愿上学。这里，家长们最容易抓错方向，认为是孩子不愿上学，接着就是一顿指责。而孩子低落的情绪，才是我们最应该抓住的方向。抓住后，不着急处理人际关系的问题，优先处理情绪。先看到孩子情绪的低落，安抚其情绪。在情绪平稳后，孩子的理性才会正常运作，家长就可以顺藤摸瓜地与他们讨论藏在情绪背后的原因。

（三）打破认知偏差

孩子很多时候沉浸在自己的世界里，用自己的一套规则作为唯一标准去衡量着周围的事物，他看不到自己的认知偏差。这个时候需要外部力量给予帮助和引导。父母则可以成为这股力量的源泉。可以试试用提问的方式引导孩子修正思考，打破自我中心。例如，可以问以下的问题。

“你觉得对方为什么生气？”

“如果换成是你，你会有什么感受？”

“这是你的想法还是事实呢？”

“发生过什么事情能证明你的想法吗？”

用这样的提问拓宽孩子的思维视野，引导孩子区分想法与现实，更为客观地看待和分析问题。

（四）做好人际互动示范

首先，建立孩子与同伴交往的自信心。与他人友好相处的前提是与自己融洽相处。家长能做的是帮助孩子提升自信心，当孩子认可自己、重视自己时，就更容易融洽友好地与他人相处。因此，家长在平时和孩子聊天时，应该尊重孩子，鼓励孩子大胆表达自己真实的想法，肯定他的每一点进步。在孩子犯错误时，家长和孩子统一战线，共同寻找解决问题的办法，而不是简单粗暴地批评孩子，或把问题原因归结于孩子本身。默默记录孩子成长中点点滴滴的进步，在适当的时候不露声色地夸夸他，如吃晚饭的时候实事求是地说“今天隔壁的张爷爷说你在电梯里帮他提了东西”“接你放学的时候，我发现你主动和很多同学打招呼”。

其次，做好孩子学习借鉴的榜样。我们如何建立人际关系、处理人际矛盾，就是在给孩子作示范。如交往中，我们善良、平和、谦让、乐于助人，会在潜移默化中教会孩子待人真诚友善；我们锱铢必较、睚眦必报，孩子也有可能斤斤计较、不让分毫。如果我们在处理朋友之间的矛盾时，先关注、平复感性层面的情绪，再尝试站在对方的角度思考，体会对方的情绪及需求，秉持真诚、平等、尊重的态度积极处理问题，即便真的争吵了，也会在其中觉察到彼此更多的需求，孩子也会在交友中冷静、理性、客观地解决问题。

让我们用爱和智慧陪伴孩子们度过一个充实、快乐的高中时光。愿每一个孩子都能拥有真挚的友情和美好的人生！

专题二

学习指导

帮助孩子调整学习心态

“心态”这个词大家并不陌生，我们在日常生活中经常会听到、用到。在家庭教育中，父母也经常会告诫孩子保持良好的学习心态。我想和大家首先明确的是，什么才是良好的学习心态？在孩子取得好成绩时，我们希望孩子不要骄傲，要看到自己还可以进步的地方；在孩子遇到学习上的困难时，我们希望孩子能够坚持不懈，永不言败，勇于克服困难；在孩子学习的过程中，我们希望他们能保持积极乐观的情绪……关于学习心态，很多家长更多关注到的是孩子的情绪和行为状态，但情绪和行为都是外显的，是我们能看到的，这背后真正的影响因素其实是孩子的思维模式。这是我们很多家长忽略的。

思维模式是一个古老而现代的话题，古希腊哲学家爱比克泰德曾说：“人不是被事物本身困扰，而是被他们关于事物的意见困扰。”其实，帮助孩子调整学习心态其实就帮助孩子调整思维模式，而固定型思维和成长型思维是两种截然不同的视角，决定了我们如何看待世界和自己，也决定了我们如何看待学习，如何看待学习本身、如何看待学习中的成功与失败，也就决定了学习心态。

那什么是成长型思维？

成长型思维，是由斯坦福大学著名心理学教授罗尔·德韦克提出来的。为此，她还专门写了一本书——《心态》(*mindset*)。在这本书中，罗尔·德韦克教授列举了大量案例，分析了教育、体育、商业、人际关系等领域成功与失败的因素，并总结出大多成功者是成长型思维，而大多失败者是固定型思维。

两种思维模式到底有什么区别呢？

固定型思维模式的人会觉得人的智力是天生的，因此在面对挑战和挫折时，总会为自己找各种借口开脱，逃避。而成长型思维的人则会觉得一切都是可以通过后天的努力改变，并且愿意接受挑战。

有成长型思维模式的人面对成功时，会更多思考自己有哪些提升或收获；面对失败时，还会思考是哪里做得还不够，要如何改进才能成功，下次要更努力才行。

以上两种思维模式的对比如下图所示。

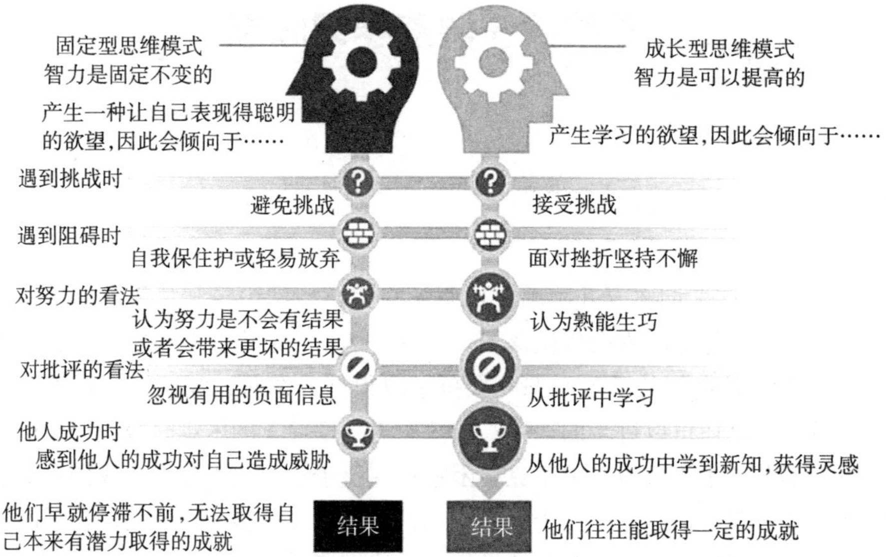

固定型思维模式和成长型思维模式的对比

我们经常在孩子遇到学习障碍时会发现一类孩子会勇于克服困难，不断尝试，会看到自己的进步，努力尝试新方法，最终获得成长；还有一类孩子认为自己就是学不会，学习任务对于自己来说就是太难了，很多孩子就会选择放弃。

两种思维模式在我们生活中随处可见。比如，游泳馆里有两个学习游泳的孩子，他们都在教练的带领下按照教练的要求分步骤练习，但是两个孩子看起来都练得不是很顺利，其中一个孩子练了两三次就大哭大闹，一直对着岸上的妈妈和教练喊："我真的学不会啊，我天生四肢就不协调，游泳对于我来说太难了，不管怎么努力我都学不会，我肯定学不会的，不要再让我学了。"

而另外一个孩子一直默默地练习，尽管教练一直在纠正他，他还是一遍又一遍地尝试，最后他看到那个一直哭闹的孩子，逐渐靠近，对他说："别哭了，哭是没有用的，按照教练说的我们一遍遍练习，肯定会一次比一次做得更好的，你看我之前都不会换气，我多练几次就会了，相信我们多练习肯定会学会的。”

大家推测一下，两个孩子谁更有可能先学会游泳？相信大家都能给出一样的答案。

到底是选择“太难了，我就是做不到”，还是选择“我可以再试试”，正是固定型思维和成长型思维在人们身上表现出来的关键区别。

讲到这里，我想大家应该感受到了成长型思维对学习心态的决定性作用了，也应该没有人不希望自己的孩子拥有成长型思维。那在家庭教育中我们到底应该怎样培养孩子的成长型思维，从而让孩子拥有良好的学习心态呢？

以下是我给大家的建议供大家参考。

一、正确地表扬孩子

现在很多家长都在做学习型的家长了，可能部分家长已经通过各种渠道了解了表扬孩子对孩子成长的重要性，可是你真的会表扬孩子吗？有没有可能你表扬孩子的方式是错误的？

是的，你没听错，表扬也分对错！

我们经常挂在嘴边的“你真棒”“真聪明”“你真是个小天才”“这幅画太棒了，你真是我们家的毕加索”等，都是不够好的表扬。

为什么这些都是不够好的表扬呢？因为这类表扬会让孩子认为被表扬只是因为聪明。为了获得更多表扬，就需要一直证明自己很聪明。最终的结果就是，孩子不愿意去尝试比较困难的事情，拒绝接受挑战。因为担心做不好，自己看起来就“不聪明”了，爸妈就不会表扬自己，就不会喜欢自己了。而且，这样的表扬方式不仅不会让孩子获得成长，长期这样还会让孩子处于压力状态，孩子逐渐不敢去做有挑战的事，不敢犯错，难以激发自己的内在动力去做更多利于成长的事。

那正确的表扬应该是什么样的呢？

正确的表扬应该具体明确，侧重过程、侧重孩子付出的努力，是孩子可以凭借自己努力能有所改变的；不表扬结果和天赋，因为这是孩子无法改变的。

当爸妈因为孩子的努力而表扬他时，他就会想：因为我努力了，因为我没有放弃，所以我被表扬了，那我今后要继续努力，这样我才会再被表扬。有了这种想法，孩子才会更愿意接受挑战，才能够去探索自我。

孩子能看到希望，能看到努力就会有改变的成功体验，自然就会有积极乐观的情绪和愿意尝试、继续努力的行为，才会真正让孩子拥有良好的心态。

二、引导孩子正确看待失败

遇到困难不放弃，失败了也没什么大不了，这是成长型思维的体现，也是很多家长希望孩子拥有的学习心态。但是，关于教会孩子如何面对失败在很多家庭教育中是缺失的。

白岩松在《白说》一书中，讲过这样一则故事：2012年，他参与过整个伦敦奥运会报道，伦敦奥运会最重要的那句话叫“影响一代人”。有记者提问：“体育如何影响一代人？”伦敦奥组委的一位官员回答：“体育教会孩子们如何去赢。”这句话很正常，现实生活中很多人都在教孩子们如何去赢，但是他的下一句话让我印象非常深刻——“同时，教会孩子们如何体面并且有尊严地输”。

孩子从小到大，父母和老师最常强调的是成功，比如比赛赢了有多风光、考试得了第一有什么奖励，却鲜少告诉孩子：输了怎么办？失败了怎么办？又该怎样去面对？

失败是孩子一生中无法避免的议题，在学习过程中更是时常可能出现的，但是我们常常忽视它的教育作用，而部分家长可能根本就不能接受孩子在学习上的失败，或者是在孩子失败时还一味希望孩子能做到及时转换情绪，继续努力。但如果我们不正确面对失败，一味地强调成功，孩子面临失败就会是一道坎，有的可能因为失败就放弃努力，有的可能因为失败就疲惫不堪，不敢尝试，有的可能因为失败甚至做出伤害自己的行为。所以，家长要想帮助孩子调整学习心态，必须教会孩子认识失败。

认识失败与认识成功同样重要。辩证来看，失败是另一种意义上的成功——行动上的成功。没有行动，连失败都不会有。

换句话说，失败意味着至少你尝试过，行动显然比结果更具意义和价值。鼓励孩子行动，在行动中失败，在失败里总结经验，这个过程本身就是对心理韧性很好的塑造。从这个意义上讲，失败何尝不是一种成功，一种财富？

我们来回忆几个孩子小时候的场景：

孩子自己吃饭，吃到嘴里的还没掉出来的多。

孩子自己穿鞋子，总是左右脚搞混。

孩子自己堆积木，却怎么也堆不高。

孩子玩可以喷水的玩具消防车，却把水弄得到处都是。

孩子上学磨蹭，不及时收拾整理学习用具。

面对以上这些生活中常见的场景，你是怎么做的呢？你是不是会说“孩子太小了，还是帮他完成吧”“一步一步教他，好麻烦，还是直接帮他做了省事”“玩不好喷水玩具，那直接收起来不玩好了”“不及时收拾整理，整理也整理得乱七八糟，干脆帮他整理，既省时又省事”类似的话。帮孩子没有错，但问题是我们能帮孩子一辈子吗？不让孩子体会生活中的小失败，却奢望孩子在学习上遇到失败能正确面对，这又怎么可能呢？

喂孩子吃饭，给孩子穿鞋，帮孩子堆好积木，把孩子不会玩的玩具收起来，帮孩子整理收拾学习用具等，说起来都不是大事，但就是这些生活中的点滴小事让孩子认为遇到困难就有人帮忙，就可以逃避，这无形之中就是在强化固定型思维。

那我们应该怎么做呢？

在孩子感觉糟糕想要放弃的时候，爸妈可以帮助孩子完成，但一定是孩子自己努力尝试之后。我们可以示范给孩子看，也可以口头引导孩子，然后让孩子动手完成。用切实的行动告诉孩子，做不好没关系，从错误和失败中吸取经验教训，下次会做得更好。

如果孩子有过“失败后成功”的经历，他才能真正有底气面对失败，大不了重新再来。而这才是父母对孩子一生最好的帮助。

在学习上遇到失败，孩子就会有这一次没考好，总结原因，积极改进，下一次继续努力；一种解题思路行不通，那就换一种好了……面对失败能看到希望，能保持乐观，失败了大不了重新再来，我想这就是很多家长希望孩子能拥有的良好的学习心态。

三、换个说法，换种思维

用正面的、积极的语言来影响到孩子的思维习惯，这在心理学上就叫思维播种行为。家长可以在孩子遇到困难时，教孩子换个说法，换个思维方式。这就是培养成长型思维里最经典的九个改变。这些改变，都是在尝试让孩子们体会到努力的力量。

1. 关于理解

把“我就是搞不懂”换成“我忽略了什么吗”。

这样，潜意识里就换了种思维模式，从“这对我来说太难了，根本没法理解”变成了“只要把我漏掉的、忽略的找出来，肯定能搞明白”。

2. 关于放弃

把“我放弃了”换成“我得试试我学过的（别的）方法”。

把思维从“我的能力达不到，只有放弃了”换成了“方法总比问题多，此路不通，换条路就好了”。

3. 关于错误

把 “我犯错误了”换成 “犯错能让我学习到经验，变得更好”。

把思维从“我做错了，我很沮丧”换成了“虽然这次错了，但以后我就知道这么做是错的，我会‘吃一堑长一智’”。

4. 关于困难

把“这太难了”换成“我可能需要更多的时间和精力（才能搞定）”。

把思维从“这太复杂了，我不可能完成”换成了“只要花足够的时间和精力，一切皆有可能”。

5. 关于足够

把“已经挺好的了”换成“这真的是我最好成绩吗”。

把思维从“我做得足够好了，已经达到我的上限了”换成了“没有最好只有更好，也许再努力一些，我就能再提高一点”。

6. 关于聪明

把“我不可能像她一样聪明”换成 “她是怎么做的，我也要试试看”。

把思维从“别人比我聪明，没办法了，我就是不如她”换成了“只要学习她的方法，然后认真去做，我也是有戏的”。

7. 关于完美

把“我不能做得更好了”换成“我还能做得更好，我要继续试试”。

把思维从“我的能力只能做这么多，这件事这样就足够完美了”换成了“我还要看看这件事有什么可以完善的，只要不断尝试和努力，肯定还能再提高”。

8. 关于否定

把 “我阅读不太好”换成“我要训练我的阅读能力”。

把思维从“我没有‘阅读’这根筋”换成了“只是训练不够而已，不如坚持练习一段时间看看”。

9. 关于能力

把“我不擅长这个”换成“我正在提高”。

把思维从“我做不了这些。”换成了“我现在可能做不好，但没关系，慢慢往这个方向努力，我就会越来越擅长”。

常用正面的、积极的语言会影响孩子的思维习惯，从而可以收获好的心态，更能收获好的习惯。这就是语言的力量。

四、父母要努力成为具有成长型思维的人

所有的育儿，其实归根到底都是育己。

我们一起来看看这两个案例。

案例一（A家庭）： 每天睡前，爸妈都和孩子聊聊这一天发生的事，提问：今天学了什么？犯错误了吗？从错误里又学到了什么呢？爸妈和孩子都会分享。通过彼此的分享，让孩子知道，犯错没什么大不了的，关键是要从错误中反思，在失败中进步。

案例二（B家庭）： 爸妈每天下班回家都满腹牢骚，常说“领导让我负责一个新项目，我想方设法推掉了，做好了是应该，万一搞砸了还要挨批评，吃力不讨好”“这个问题根本和我无关，明明就是小李的错”类似的话。

哪个家庭的孩子最可能有成长型思维呢？显而易见。

想让孩子拥有成长型思维，那爸妈首先就要转变自己的固定型思维，让孩子看到我们在困难面前的努力坚持，看到我们尝试新事物的勇气，看到我们有勇气去迎接各种挑战。

《家庭的觉醒》一书的作者沙法丽·萨巴瑞说：“欲教养孩子，先教养自己。”育儿即育己。如果你本身就是一个拥有成长型思维的人，不需要太刻意培养，孩子自然会学习；如果你本身就是一个固定型思维的人，即便再用力培养孩子的成长型思维，可能也是事倍功半。

作为父母，我们可以先改变自己，用更好的自己来成就和影响孩子。

思维模式决定了一个人看待世界的方式，而成长型思维，绝对是让孩子、让我们自己受益终身的思维模式，更是我们拥有好心态的底层逻辑。

在家庭教育中，帮助孩子调整学习心态固然重要，但更值得关注的是教育本质——它是父母与孩子的双向成长的过程。世上没有天生完美的家长与孩子。初为父母时的茫然无措，随着孩子的成长逐渐转化为经验与智慧。但每个孩子都是独一无二的，家庭环境与性格差异使得教育方法无法一概而论，需量身定制。教育是场智慧的远行，成长型思维不可或缺。当教育中出现难题时，应将其视为自我提升的契机，在解决问题中不断优化教育方式。

为人父母的历程，本质是自我修行。父母无须完美，要以身作则，用自身积极的言行与价值观，为孩子照亮成长之路。

学会时间管理

为切实提升育人水平，落实立德树人的根本任务，2021年7月24日，中共中央办公厅、国务院办公厅印发《关于进一步减轻义务教育阶段学生作业负担和校外培训负担的意见》。2021年8月，国务院教育督导委员会办公室印发《关于组织责任督学进行“五项管理”的通知》，对中小学生手机、睡眠、读物、作业、体质管理作出规定。

一系列政策回归了教育的本质与初心。然而，在义务教育“双减”政策背景之下，高中生的学业压力并没有减轻，并且丰富多彩的活动和多元化综合实践课程对高中生有限的时间提出了巨大挑战。在这样的背景之下，高中生如何有效管理时间，提高学习效率，同时培养自律能力，成为高中教育关注的重点。基于此，我们将探讨如何帮助高中生进行时间管理，提升孩子的学习效率，做好高考之前的最后冲刺。

一、案例呈现

一个三口之家，孩子是男孩；父亲是公务员，由于工作原因经常出差，对孩子的教育期望不高；母亲是大学教师，孩子的学习和生活管理主要由母亲负责，对孩子的要求较高。孩子在家经常做作业都做到凌晨一二点，然后上课的时候打瞌睡，形成了恶性循环，成绩也下滑厉害。

二、原因分析

首先，孩子回家后时间规划不明确，经常晚自习回家先是上半个小时厕所，然后吃东西，吃东西的时候手机也在手上拿着，导致开始做作业的时候已经到了十点半左右，影响学习进度和质量。

其次，孩子常常出现写作业时间过长的情况。因为高中作业难度开始加大，孩子本身能力、学业难度或其他原因，导致写作业的时长被一再延长。作业占用大多数时间更导致孩子无法进行自主复习和个性化提升练习，当天的课程无法得到巩固和加强。

高中阶段的孩子处于身体和心理发育的关键期，健康的作息对于他们健康成长至关重要。然而，长期睡眠不足会导致精神疲惫，学习效率降低，更无法早睡，出现恶性循环。

家庭教育中父亲和母亲不一致的教育理念，会导致孩子出现钻空子的行为。因为高中生时时刻刻面临着来自学业、家庭、社交等多方面的压力，这些压力可能导致孩子产生焦虑、畏难等情绪，进而影响到他们的学习效率。在这种情况下，学生可能会选择逃避学习，产生拖沓行为以缓解心理压力。

三、家长的应对方式

家长应先对学生回家后的行为进行纠正，制订每天的时间安排。首先规定孩子上洗手间和吃饭的时间不能超过40分钟。为了保证时间的准确，案例中的妈妈在家里准备了一个40分钟的小沙漏。其次，对这个时间的手机也进行了管控，保证孩子在周内不能接触自己的手机。通过这种方式保证孩子在9点40分左右完成所有准备工作，开始进入学习状态。接下来，在孩子学习的过程中，家长也不看手机，在家里的客厅或者其他地方进行学习或者看书的行为。因为妈妈本身就是大学教师，在家里有很多书籍，为孩子营造了良好的学习氛围。最后要求孩子在12点之前睡觉，保证孩子在家的睡眠时间，避免第二天出现打瞌睡的情况。

在计划执行不久之后，妈妈就发现孩子对于计划的接纳度并不高，虽然口头答应了，但是执行却很不到位。首先在没有手机之后，基本上孩子9点20分就可以完成吃饭等准备工作，但是却不愿意提前开始学习，一定要等到9点40分才开始学习，学习主动性不高。其次，学习也主要是完成作业，没有复习巩固和提升的过程。

在开始学习之后，家长很快发现了第二个问题：孩子基本上很难做到在12点前结束家庭作业。由于孩子的成绩最开始在班上是中等偏下，所以要保证到点睡觉，就会出现作业完不成的情况，要完成作业就要借助“作业帮”APP或者其他办法。出现这一问题后孩子妈妈及时和学校老师进行了沟通，请老师对孩子的作业进行一些个性化处理。这样的处理既减轻了孩子的学习压力，培养了孩子的学习自信，又让孩子腾出了更多时间进行巩固提升和个性化学习。

只要爸爸在家，孩子就会找爸爸帮忙拿手机或者缩短学习时间。最开始，没有引起妈妈的重视，但是在文理分科之后由于孩子的数学成绩出现了进步，爸爸直接给孩子买了一个最新款的手机，而孩子更加不按照计划进行学习。这次事件直接导致妈妈召开了一次家庭会议，明确了父母分工：妈妈主要负责学习和监督，爸爸主要负责生活和孩子的后勤。一个唱红脸，一个唱白脸。虽然角色依然不同，但是他们却做到了双管齐下。这次家庭会议之后孩子发现学习再也无法逃避，也就只能迎难而上。

四、教师对家长的建议

1. 明确家庭教育在时间管理中的角色

（1）家庭氛围的营造

家长言行、家庭氛围都对孩子的时间管理能力培养具有重要影响。因此，家长要以身作则，树立良好的时间管理榜样。要让孩子看到自己在时间管理方面的努力和成果，以激发他们学习的热情和动力。同时，要鼓励孩子与优秀的同龄人或成人交流学习，以拓宽自己的视野和思路。一个和谐、积极向上的家庭氛围有助于激发孩子的学习动力，使他们更加愿意投入时间学习。

（2）父母的引导与监督

在孩子执行学习计划的过程中，家长要进行适当的监督和反馈。要及时了解孩子的进展和困难，并给予积极的指导和帮助。同时，要关注孩子的情绪变化，给予他们足够的支持和鼓励。对于孩子的进步和成就，要及时给予肯定和奖励，以激发他们持续努力的动力。

2. 家庭教育在时间管理中的措施

（1）指导孩子自主制订计划与确定目标

高中生应根据自己的学习和生活安排，制订合理的时间管理计划。父母要与孩子一起制订一张详细的作息时间表。要让孩子感到这个规矩是双方一起制订的，是有孩子参与的。不要让孩子觉得学习和生活计划是强加给他的，是外在的，压迫性的。

计划应包括学习任务、课外活动、休息娱乐等方面的内容，并设定明确的时间。通过制订计划与目标，高中生可以更好地掌控自己的时间，提高学习效率。这个过程可以寻求学校老师的帮助，一起完成学生的学习规划。

在孩子逐渐掌握时间管理技巧后，家长要鼓励他们进行自主管理。可以让孩子自己制订时间计划、分配时间资源、调整计划等。同时，要给予孩子足够的信任和支持，让他们在实践中不断积累经验，提高自己的时间管理能力。

（2）做好时间记录与反思

时间记录与反思是时间管理的重要环节。高中生应养成记录时间使用情况的习惯，下表为一个时间记录表示例，方便孩子和家长及时发现自己在时间管理方面的问题并加以改进。

孩子自主时间记录表

		日期		
	事件序号	时间	事件	有效时间及改进
上午	1			
	2			
	3			
	4			
	5			
	6			
下午	7			
	8			
	9			
	10			
	11			
	12			
晚上	1			
	2			
	3			
	4			

（3）优先级排序

优先级排序是时间管理的核心技巧之一。紧急重要矩阵是很好的手段，如下图所示。第一象限：紧急且重要度高，称作“关键任务”，应优先完成。第二象限：不紧急但重要度高，称作“有潜力任务”，应多多安排。第三象限：不紧急且重要度也低，称作“可取消任务”，应尽量不做。第四象限：紧急但重要度低，称作“面子任务”，应尽量少做。

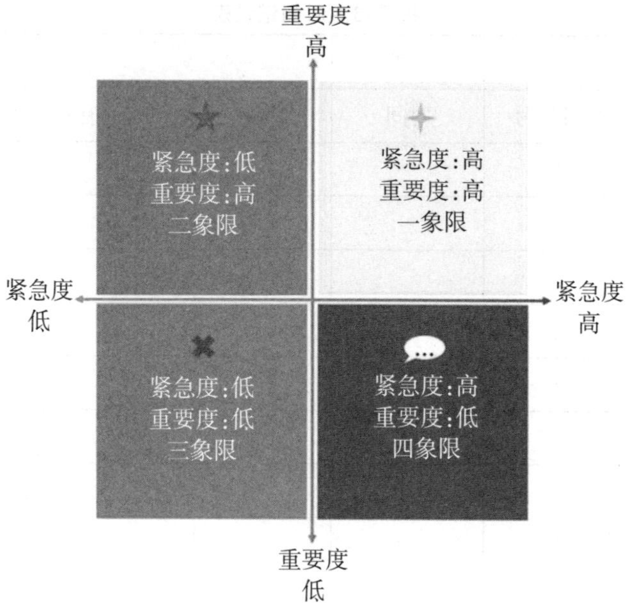

紧急重要矩阵

家长应指导孩子根据任务的紧急程度和重要性进行排序，优先处理紧急且重要的任务，在任务表中使用序号进行了排序。

（4）根据不同内容的学习特点安排时间

“没有人能两次踏进同一条河流”——这是古希腊哲学家德谟克利特的名言。那么，我们也可以说：“没有人能两次度过同一个小时。”每一个小时都是很独特的，在每一个小时里面，我们周围的环境、我们自己的生理、心理状态，都会发生变化。上课的时间和在家自习的时间，显然是各不相同的。我们不能简单地把24个小时进行划分成一个一个的小格子，然后往里填充内容，就管这叫“时间计划”。我们必须学会让不同的学习内容和不同的时间相契合。

理解记忆型内容：如历史、地理、政治等需要大量阅读和理解的科目，应该安排在不容易受到干扰的时间段进行，如早晨或夜深人静时。这是因为这些时段大脑较为清醒或容易集中注意力进行深度阅读和理解。

逻辑思维型内容：如数学、物理、化学等需要逻辑思维和推理的科目，可以安排在下午或晚上大脑活跃度较高的时候进行。因为下午时段思考能力较为敏捷，有利于进行复杂的逻辑推理和计算。

（5）严格执行与持续改进

把良好的计划变成现实就跟我们学习需要预习和复习一样，计划既需要每天执行之前牢记在心，也应该在每天执行之后进行检查，只有如此才能不停地督促自己，持之以恒。

做完时间管理还需要持续改进。

定期回顾：定期和孩子一起回顾现在的时间管理情况，通过对学习计划表和学习记录表的对比分析，总结经验和教训，不断改进和优化。

寻求反馈：向老师寻求反馈和建议，了解孩子在时间管理方面的不足和提升方向，不断优化。

持续学习：家长应该关注时间管理领域的最新方法和成果，不断学习和掌握新的方法和技巧。

（6）家庭教育的目标应一致

家庭教育中父母的分歧可以有，但是在对待孩子的态度和方向上要一致。家长不能将自己的分歧展示给孩子，不然孩子会找对自己有利的情况进行利用，如果分歧实在无法解决可以通过寻求老师的帮助来找到正确的解决办法。目标一致，才能做到协同奋进。

（7）时间管理误区澄清

完美主义倾向：不要追求完美的计划表，要关注任务的完成度和实际效果。当孩子遇到突发事件或任务变化时，家长要引导他们根据实际情况调整时间计划。这样，孩子就能逐渐学会适应变化，更好地掌控自己的时间。

过度规划：避免过度规划导致时间紧张和压力增大，要留有一定的弹性时间；而且，要随时关注孩子的心理发展状态，当出现压力太大的情况要及时给孩子进行调整，避免出现其他问题。

忽视休息：合理安排休息时间，保持身心健康，有助于更好地应对任务和挑战。

在老师的指导下，父母在孩子的时间管理问题上反复努力和实践。虽然过程比较坎坷，但是孩子的上课状态开始逐渐回升，进入高二之后孩子的学习成绩开始提升，最后高考以高出重点线30分的成绩考上了心仪的学校。

通过这个案例我们发现，家庭教育培养高中生的时间管理能力是一项长期而艰巨的任务。父母应发挥引导与监督作用，营造积极向上的家庭氛围；孩子则应掌握时间管理技巧与策略，提高学习效率，培养自律能力。只有这样，我们才能培养出更加优秀的孩子，为他们的未来发展奠定坚实基础。

缓解高中生的考试焦虑

大家是否见过平日里怡然自得的孩子突然跳到书桌前，快速地翻阅起成堆的资料，一边翻一边哭，嘴里嘟囔着："来不及了，记不完了，完了完了……"或是像丢了魂一般，周末做作业时两眼涣散、嘴唇微张，时不时歪着嘴笑道："无所谓，反正就这样了……"有的孩子持续一段时间吃不好、睡不着，止不住的腹泻，伴有不明原因的恶心、心悸，甚至打扫孩子房间时发现一把把的头发。以上种种看似很可怕的事，实则是因为考试。

备考的高压，很容易让孩子焦虑。这种情境激发出的状态本质上是一种对不确定性的恐惧，严重时甚至会成为个体终结生命的直接诱因。因此，正确应对考试焦虑对中学生的身心发展具有重要意义。本文就"如何缓解考试焦虑"尝试给出参考答案。我们要先探讨几个问题：为什么会有考试焦虑？考试的意义本应是什么，考试和焦虑之间是什么关系？

一、为什么会有考试焦虑

对于过度焦虑的孩子，一场场考试为什么会像恐怖片一样，使他们行为异常呢？考试焦虑产生的原因，是多方面的。

在大部分人眼中，不管是中考、高考，还是后来的考研、国家公务员考试等考试，都被"分数决定一切"的思想裹挟。总有人把分数化为量尺，量一量，就宣判一个人是成功或失败，是优秀或普通。考试结果的重要性被过分渲染，成绩很容易成为孩子立足的"金字招牌"。这样一来，某阶段学习有困难的孩子，就会压力巨大，他们可能认为万一没考好，自己就是大家眼中的失败者，这让他们紧张不堪。

在此背景下，一些家庭顺应了"唯分数论"的评判标准，而家人对分数的看重更是加剧了孩子对考试的焦虑。当全家都把"提分"看作头等大事，学习本来就吃力的孩子只能透支性地去满足家长的要求，难以兼顾对自身状态的调整和对综合能力的磨炼。因此，我国孩子对于考试的焦虑呈现出以家庭为中心的特点，家庭中容易催生出以"爱"为名的高压。

当然，孩子本人是考试焦虑的直接源头。如果知识储备不够、应试技能不足，就像没学会打枪的士兵，临考时必会焦虑不安；就算准备充分，部分孩子也会深陷“灾难性思维”，对考试的认识过于偏颇，如认为考差了就低人一等，或考差了这辈子都完蛋了。孩子在被放大的后果前喘不过气。这样的错误认知，导致他们把考试结果与自己的综合能力、未来发展紧密捆绑，考试焦虑愈发严重。

而考试本身并不是用来制造焦虑的，考试的存在本有其初衷。

二、考试的意义本应是什么

考试是阶段性的检测。考试像体检，定期检查有助于健康。这样看来，大部分的考试，就是用来失败和试错的。考试失利，反而更具价值：发现了问题，才好对症下药，它可是进步的好帮手。

考试是一种评价方式。我们都希望通过考试成绩来评价孩子的某些能力。不过，这种评价一定是有侧重的、不全面的。例如，数学学科考试的失利，也许说明了孩子的数据分析能力、计算能力还有待提高，但不能评价孩子的阅读理解能力、文学表达能力等。

考试是选拔人才的手段。既然是一种“选拔”，它不会去考察绝世无双的天赋，而是考察大家都能通过训练而获取的能力，以选出可以为时代发展开发对应技能的新生力量。说白了，“考试筛选人才，不是筛选天才”。所以考试的内容一定是有上限的，是所有孩子通过努力可以理解的。

综上所述，考试本质上是对可培养能力的阶段性“体检”，旨在衡量孩子的学习成效。若发现不足，仅是提示孩子的特定能力尚待加强。将考试视为“恐怖片”，实则是“唯分数论”的渲染，家庭对此价值观的接受加剧了考试带来的心理负担。

至此，我们对考试及其所带来的焦虑有了较深刻的认识。只有我们先理性看待了问题，才可能帮忙解决孩子们的烦恼。那么，孩子们是否可以消除焦虑，更好地应对考试呢？

三、考试必然带来焦虑

很遗憾，焦虑只能缓解，而不能消除，也不应被消除。考试和焦虑一定是对双胞胎。要想考好并不简单，所以孩子势必会焦虑。

焦虑作为一种情绪出现，是人体自我保护机制的产物。就像孩子们特别喜欢的电影《头脑特工队2》里的焦焦，在主角决定参加冰球选拔赛以后，它很自然地就出现了。它为了保护主角不受到比赛失利的挫败，开始帮助主角制订训练计划，督促主角积极练习。适当的焦虑促使人们提前准备与规划，焦焦的存在很有必要。

耶克斯多德森定律还表明：适当的焦虑水平、能激起学习的积极性，提高学习效率。适当焦虑能够显著提升个体的动力、专注力、反应速度等，还能刺激创新思维，以应对潜在挑战。就像我们在百米赛跑时，能明显感受到紧张、激动带给我们的更亢奋的状态、更强大的机能。最终，感官比平时敏感、跑得比平时快，甚至能忽略酸痛。

我们都需要摆正对焦虑的认识：需要干预的只是过度焦虑。过度焦虑其实是焦虑这位朋友对我们保护得过了头。

四、缓解考试焦虑

过度焦虑会带来不少负面影响，怎么做能够缓解它呢？

前面有提到焦虑是应激情境激发出的状态，本质上是一种对不确定性的恐惧。孩子们可以不断地通过训练，减少不确定性，从而减少自身的焦虑。但焦虑之所以无法消除，是因为不确定性是无法消除的，不确定性是这个世界的固有属性之一。

孩子们的高中物理教材选择性必修三中提到：量子力学已经揭露了微观世界的随机性、概率性，这种不确定性并非偶然或可消除的，而是宇宙基本法则的一部分。既然整个世界都存在不确定性了，何况考试呢？请放弃“等做好100%的准备再去考试”的想法吧！对于考试而言，发生意外的概率永远不能减到0，我们必须要接受这个事实。但是，我们也不能因为可能发生的不良后果，而投鼠忌器、止步不前。我们要做的，是坦然接受不可控部分的存在，强化可控部分的正面影响，所谓“尽人事，听天命”。

五、接受不可控部分的存在

引导孩子去接受不可控部分的存在。对于一场考试，真正不可控的部分是一些极端情况。例如，在设定了无数闹钟以后，孩子还是没有醒过来，导致错过一场考试；在考场上突然鼻血喷发，污染了机读卡；考理科的时候，突然脑子“宕机”，从头到尾某个基本公式都是错的，还没检查出来，最后只考了平时一半的分数……统计学早已从概率的角度告诉了应对这种意外的方法，那就是当发生概率小到一定程度时，应当被归为小概率事件。我们应该将小概率事件看作是不会发生的，才能做出更好的决策。告诉孩子：打一开始，就不要去考虑如何会超常发挥和失常发挥，考试的结果一定是基于他们平时学习的效果，在一定范围内波动的。全身心地转去提高自己可控范围内学习的效果就好。

更何况，这不是孩子一个人的战斗，他们的背后还有那么多外援，能帮忙防范各种突发状况：护送的家长、维护秩序的监考老师、忘带准考证时帮忙送证的警察和好心人……同学们并肩考试的氛围、多少个日夜刻苦学习的回忆，这些都会默默守护他们、支持他们。

六、强化对可控部分的影响

引导孩子去强化可控的努力。我们为孩子们提供三个可操作的方案，它们可以增强孩子在备考时、考试中的掌控感，焦虑也会随之得到缓解，自信重新占领高地。请家长协助、与之共同完成。

方案一：综合老师、孩子的意见，制订明确的、可执行的复习计划。就像要炒一盘回锅肉似的，把握“鲜明”“多味”“收汁”三个原则，我们姑且称之为“回锅肉计划”。

“鲜明”是指目标明确、行动清晰，就像炒回锅肉，一定要明确买五花肉还是二刀肉，煮到什么软度起锅，炒制时要放哪些调料，什么时候下肉炒，什么时候放蒜苗……计划要落实到什么时段攻克什么科目的什么内容，定量多少，怎么处理等，越明确越好。例如，“周末复习一晚上的物理”就不明确，“周六晚上搞定‘恒定电流’章节的内容：18：00—19：30，复习笔记、复述题型；20：00—21：30，定时完成某中学一诊物理模拟试卷；21：30—22：30，批改该试卷并小结”就更明确。目标明确保证了可评价，指令清晰保证了可操作。

紧接着的“多味”原则，需要家长带着孩子共同思考。回锅肉融合各种口味，有豆瓣的香辣、酱油的咸鲜、糖的微甜等，才最终赋予回锅肉复杂的口感，复习计划也要考虑诸多维度的安排。就像不能光刷题，还可以有错题整理、陷阱归纳、练习应试技巧；要有意识地训练不同的能力，计算能力不足要多练计算大题，应变能力差要做沿海地区的新颖题目，时间管理能力差要多进行模拟考试等。计划也要有弹性：如果完成60%算是及格，就可以安心睡觉，完成100%则可奖励一包薯片，甚至多做一些题等。

在“多味”原则下，比如一个学生，他计划的一部分是这样的：经反思，恒定电流章节的“反并同”“动态电路判断电势”两种方法我还没有理解到位，需要先用周六18：00—19：30重做物理错题本上相关的内容，遮住标记重新推理；对算错的题目分析错因、归纳出方法的流程，复述给爸爸；为了加强我的时间管理能力，20：00—21：30，我将去图书馆、定时完成学校一诊物理模拟试卷，选择题最多不超过50分钟，超时必须跳过；21：30—22：30，批改该试卷并整理出好题；如果我完成了上述所有，奖励自己吃一包薯片；如果是模拟卷的错题没有整理完，明天再整理即可，保证充足睡眠；如果22：30模拟卷都未做完，则批改后完成剩余部分，并反思未做完的原因，再休息。很多孩子没有意识到有那么多可以备考的内容和形式，这需要我们带着他们，基于日常学习的经验，去识别、去组织。

“收汁”原则就像大火收汁。随着考试的临近，计划的任务量必须递减。例如，考前30天、前20天安排全面复习、简化笔记，后7天主要复习精简后的笔记，最后三天只看总结出的注意事项。力求“越临考，越纯粹”。

把握着“明确的要求”“多维度的设计”和“递减的工作量”，这盘“回锅肉”才可能炒好。

方案二：培养考试专心的习惯——激活考试技巧。在考场上，专心即可缓解焦虑，但这个要求对很多孩子而言仅是句口号。他们确实在考前提醒了自己“要专心”，结果考场上照样胡思乱想、自乱阵脚。其实，提醒的作用有限，必须树立一种“良好的习惯”来填满考试时间、挤占注意力，才能保证心无旁骛。比如全身心去施展“考试技巧”。

很多孩子把学习看得很简单，所以低估了“考试技巧”在“考好”目标中的比重。光是理解了知识，是远远不够的。以物理为例，要想考好，要想完美地解决一道题，是要经历审题、建模、列方程、运算、检查五个环节。审题环节需要理解题目的意思、整理题目给的信息，还需要去思考这个题考的什么、可能要用上什么学过的方法，甚至判断出这种题喜欢在哪里挖坑；建模环节要思考把现象抽象成怎么样的物理模型最好，是轻绳还是轻杆，考不考虑重力的冲量等；列方程环节要按照规范要求书写方程，很多注意事项也要依次排查；比如关联速度问题中两者速度的关系、能量转化时多物体高度的变化等；运算环节也受到诸多因素的影响，如有没有工整的草稿，有没有合理规划草稿纸的使用，如果识别出这是一道易错题、难题，那势必需要花一点时间去检查。检查环节不一定是全盘重做，更多的是核实陷阱有没有避开、扫一遍公式有没有低级错误等。

大家看，光是解题就已经有那么多个环节要处理了！还要保持心态的冷静、平衡好各个题目间的时间等。如果全程都在思考和处理这些事儿，那么孩子一定是处于“头脑风暴”状态中的，没有精力去胡思乱想的，做题也是势如破竹、摧枯拉朽的，考完也是酣畅淋漓的。我们要唤醒孩子们的这些意识，让他们思考为了更好解决问题需要哪些环节、需要哪些对应的能力，然后督促他们在日常的迭代训练之中有意识地磨炼，慢慢培养在考试中专心解决问题的习惯。这些应试技巧的训练可被纳入“回锅肉计划”。

方案三：给意外设计足够的预案。就像核电站的安全防护设计一般，都是有多重防护方案的。核电站发生灾害的后果极为恐怖，因此，核电站对核安全要求极高。比如，为了防止核电站放射性物质外漏，光是反应堆都有三重设计：燃料芯块是特殊材料，能束缚放射性物质；其所在的一回路冷却系统和二回路完全隔开；最后还用“金钟罩”——安全壳全盘罩住，这三者共同构成了防止放射性物质外泄的重要屏障。

受此启发，对于考试中难免的意外，比如突然被难题卡住，我们也应协助孩子在考前就做好预案：如果卡壳了，该做些什么？如果卡壳了，应该冷静思考卡壳的原因；如果是运算量大，算得磕磕绊绊，那立刻去检查一下方程、再换一个区域打草稿试试；如果是缺少信息，那先识别是哪一种情况的信息缺失，如果是看漏了，立刻重新读题，用笔指着、一个字一个字地读；如果没看破信息之间的一些关系，立刻实施“福尔摩斯情景推理法”，将已知数据拿来对比，罗列相同点和不同点，从而找到突破口；如果是题目出现莫名其妙的描述，例如在斜面滑动问题中，突然说了一句“物块一开始是在斜面上静止的”，则要去挖掘出“动摩擦因数大于等于坡度正切值”的深层信息……对于多重思考后还是做不出来的题，还要设定一个最终的兜底方案：如果在5分钟之内无法解决困境，就必须先放下这道题，打上一个标记，最后有时间再回来做，默念“水涨船高，大家都不会”，坦然地去做后面的题目……这样的预案就像指南一般，能够指引孩子对意外及时做出合理反应。预案也是在平时的练习中不断完善的，每次小考和孩子一起小结、归纳他们应对意外的方式及效果，最终定制出个性化的预案。预案的制订可被纳入“回锅肉计划”。

说了这么多，我们要让孩子们明白：缓解考试焦虑的方法是“三分天注定，七分靠打拼”的。天注定的那些小概率事件，从认知上允许它们发生，绝不去多想；靠打拼的部分，一是采用“回锅肉计划”去落实复习；二是在平时就磨炼应试技巧，用良好的习惯把自己引入“心流”状态；三是为意外想好应急方案，保证意外来临时，知道该做什么，避免手忙脚乱。

上述方法当然不是灵丹妙药，听完就能脱胎换骨。缓解考试焦虑，真正的捷径是正视考试、直面考试。这些方法仍然需要孩子们付出艰苦卓绝的努力，去争取理想的发挥。有些孩子明知天上不可能掉馅饼，却又无比期待天上掉馅饼，从而产生撕裂感，过度焦虑油然而生，我们需要把这样的孩子“摇醒”。请丢掉幻想，准备斗争。我们可以把孩子认可的名言警句贴在墙上，时常唤醒他们去克服生活中的困难。高考都能“挺”过去的人，后续生活中的许多挑战，都不在话下了。

专题三

身心健康

增强体质体能

进入高中阶段，你的孩子是否出现过体弱多病、精神萎靡、缺乏自信、成绩起伏大、易焦虑、易生气等现象呢?

究其原因，正是高中学业压力大，缺乏体育锻炼，体质体能下降所造成的。

那么，在高中这么关键的时期，作为家长的我们可以做些什么呢? 本文就围绕增强孩子体质体能的益处，以及如何增强体质体能这两部分，一起来展开学习和交流。

首先，我们来了解一下什么叫作增强体质体能，简单来讲就是通过体育锻炼提高我们的身体素质以及骨骼肌或系统的工作能力和对社会的适应能力。青少年有意识地进行体育锻炼，增强体质体能，可获得以下几个方面的益处：

第一，我们通过体质监测发现，近年来高中生的肺活量、速度、力量等体能素质在持续下降，对应的身体健康水平也不断下降。如果青少年能够通过力量、速度、耐力、柔韧、灵敏、协调等素质的体能训练，可以全面增强身体素质，提高身体的免疫力，减少疾病的发生。

第二，青少年体能的发展和提高是一个伴随自身身体变化的极其艰苦的过程，此过程将促进青少年产生对运动目标或理想运动成绩顽强追求的意志和克服困难的信心和决心，培养其吃苦耐劳的意志品质和坚韧不拔的精神品质。

第三，随着社会的变化，中学生的心理疾病率逐年增加，全社会非常重视青少年的心理健康水平。多项研究表明，体育运动可以刺激大脑产生多种喜悦激素。例如，有氧运动20分钟后，多巴胺分泌显著增多，会产生快乐的感觉，这些喜悦激素能有效缓解抑郁、焦虑等负面情绪，提升心理健康水平。所以，有种说法叫“我运动，我健康，我快乐”。体育锻炼对减轻压力、缓解焦虑、增强自信，促进心理健康具有重要作用。

第四，青春期的孩子大多有着自己的想法，经常蜷缩在自己的圈子里，缺乏表达、交流和合作的机会，而大多数体育项目需要团队合作才能完成，因此经常参加团体运动项目可以很好地培养孩子的交往能力和团队合作精神。

第五，体育运动中倡导的公正、平等、尊重和团结的精神，有助于培养人的道德品质和社会责任感。高中生正处于认识自我与社会的关键时期，他们在体育运动中得到健康的人生观和价值观的影响，有助于他们建立积极自我概念，明确自我与社会的关系。

因此，体育对于个人的全面发展是非常重要的，应该鼓励孩子积极参与体育运动，享受体育带来的乐趣和好处。

综上，我们将结合高中生的身心发展特点，通过身体形态的矫正练习、体能练习、运动项目建议三方面增强他们的体质体能。

一、身体形态矫正练习

小春，17岁，是一名高中生，由于长时间低头学习，不注意活动拉升，导致脖颈前倾、含胸驼背的不良体态，如果不加以改善，一方面影响形象气质；另一方面可能会改变脊柱正常生理曲线，严重的会造成头部供血不足，引起偏头痛、恶心、失眠等问题。

（一）建立正确的体态意识

建立正确体态方法：在不良体态下再次收缩脖子，上提肩胛骨，然后肩膀外旋，下沉肩胛骨，抬头挺胸，目视前方。

家长可以用手机拍摄孩子放松状态下脖颈前倾的状态，再引导孩子做出正确体态，对比两种状态，时刻鼓励和提醒孩子刻意保持正确体态。

（二）拉伸练习

头部运动：四个八拍/组×4组。

头绕环：四个八拍/组×2组。

颈部拉升：颈部左侧弯曲、右侧弯曲，后侧弯曲，各15秒，同侧手施加一定压力，左右后各15秒为一组，做两组。

直臂绕肩：双脚开立与肩同宽，双手紧握晾衣架或浴巾，直臂做肩绕环，12个/组，组间歇15秒，做五组。

“L”肘扩胸：双脚开立与肩同宽，手握两瓶矿泉水，小臂与大臂呈90°，双肘尽量贴紧肋骨，连续做扩胸动作，12个/组，组间歇15秒，做5组。

形成含胸驼背不良体态的原因除了长时间的低头学习不注重拉伸之外，背部肌肉薄弱，特别是菱形肌力量较弱就会无法牵拉住我们的头、颈、肩保持中立，从而造成圆肩驼背。因此，加强背部肌肉同样重要，故安排以下练习。

（三）加强背部肌肉力量

“W”下拉：双脚开立与肩同宽，双手紧握弹力带或浴巾，双臂伸展比肩稍宽，屈臂下拉时收缩肩胛骨，双臂呈“W”形，感受菱形肌的收缩，12个/组，组间歇30秒，做5组。

俯身划船：双脚开立与肩同宽，双膝微曲，屈髋俯身，双手紧握洗衣液桶，屈臂向后提拉，感受肩胛骨的收缩，12个/组，组间歇30秒，做5组。

坐姿划船：坐姿，抬头挺胸微微后仰，反手紧握弹力带，双手靠近肋骨，向后做划船动作，12个/组，组间歇45秒，做5组。

二、体能练习

体能由力量、速度、耐力、柔韧、灵敏、协调等要素组成，我们着重提高力量、速度、耐力等素质，同时在本部分的练习中，我们准备了许多双人互动练习方法，提高身体素质的同时，还能增进亲子关系，创建快乐和谐的家庭氛围。

案例：高中生小伟因学业压力大，缺乏锻炼，体弱多病，自信不足，经过每天20分钟系统的体育锻炼，几个月后，开始变得阳光自信，积极乐观，身体素质显著提升。那接下来我们就跟着他一起来改变吧！

（一）力量素质练习

1. 上肢力量练习

双人击掌俯卧撑：两人一组，做一次俯卧撑完成击掌一次，父母可根据情况选择标准或跪姿俯卧撑，15～20个/组×5组，组间歇30～45秒。

哑铃弯举：双手紧握哑铃（可用水瓶或洗衣液代替），双肘紧贴肋骨，肩膀下沉，小臂做屈伸动作，12个/组×5组，每组间歇30秒。家长和孩子交替做。

板凳臂屈伸：背向站在板凳前一步处，双脚开立与肩同宽，双手手掌托在板凳前沿，指尖朝前，手臂做屈伸运动，12个/组×5组，每组间歇30秒，家长和孩子交替做组。

2. 下肢力量练习

负重深蹲：双脚开立与肩同宽，手持洗衣液等重物，屈膝屈髋做深蹲练习，12个/组×5组，组间歇30～45秒，家长和孩子交替做组。

保加利亚蹲：双脚前后开立，后脚脚尖搭在板凳前沿，前腿大小腿呈90°，重心放在两腿中间，上体保持正直，前腿做屈伸运动，左右腿各12次/组×5组，组间歇45秒，家长和孩子交替做组。

十字象限跳跃：双脚跳、单脚跳，双手叉腰，前脚掌触地，脚踝发力按规定路线迅速跳跃，每个动作4个8拍/组×5组，组间歇45秒，家长和孩子交替做组。

3. 核心力量练习

仰卧卷腹：平躺于瑜伽垫或地毯上，膝盖弯曲，用双手触摸膝盖，感受腹肌的发力，12个/组×5组，每组间歇45秒，家长和孩子交替做组。

仰卧两头起：平躺于瑜伽垫或地毯上，双臂上举，髋关节为中心用双手触摸双脚然后恢复，12个/组×5组，每组间歇45秒，家长和孩子交替做组。

药球仰卧起坐：平躺于瑜伽垫或地毯上，膝盖弯曲，手持药球（可用足篮排或小枕头充当重物）做仰卧起坐的同时将球抛向父母，父母将球回抛至孩子头顶，依次完成练习，12个/组×5组，组间歇45秒。

篮球俄罗斯转体：坐于瑜伽垫上，上体微后仰抬起双腿，只有臀部接触垫子，双手持球，左右转体，并将手中的球依次触底，反复练习，25个/组×5组，组间歇45秒。

俯卧背肌两头起：俯卧于瑜伽垫或地毯上，双臂前伸，双脚腾空，双臂和双脚同时尽可能向上抬起，12个/组×5组，每组间歇45秒。

平板支撑对向水瓶交换：家长和孩子对向直臂支撑开始，两人中间放置一个水瓶，两人交替推向对方面前，看谁先支撑不住。

俯卧支撑抬异侧手脚：俯卧支撑于瑜伽垫或地毯上，抬起异侧手臂和腿，努力维持平衡，保持10秒，依次交换，左右各2次/组×5组，组间歇45秒，家长帮助计时。

（二）速度素质练习

1. 跑步的专门练习

我们进行专门练习是为了提升高中生跑步的基本能力。

高抬腿练习：在小区或附近公园找一块平整的空地进行练习，大腿和地面平行，小腿和大腿呈90°，依次交换抬腿，摆臂协调，10米/组×5组，每组间歇45秒。

脚跟上提练习：在小区或附近公园找一块平整的空地进行练习，本练习要求做到脚尖上提、脚跟上提，快速交替换腿，摆臂协调，10米/组×5组，组间歇45秒。

2. 阻力跑

发展后蹬能力和专项力量。利用弹力带充当阻力，两人一组，找邻近小伙伴配合练习，家长也可在后面牵拉弹力带，孩子克服弹力带阻力，注意要保持高重心跑，保持支撑腿的充分伸展和短暂的接触地面时间，15米/组×5组，每组间歇1分钟。

3. 追逐跑

发展反应速度和加速能力。在小区或附近公园找一块平整的空地进行练习，最好是在运动场，两个人同侧手同时手持1.5米的绳子的两端，同时匀速慢跑，前面的人可以随时突然放开绳子快速连贯地加速，后面的人时刻注意对前面的人的动作做出反应，当前面的人放开绳子后迅速开始追逐。

4. 各种短距离的快速跑

发展专项力量和加速能力。在小区或附近公园找一块平整的空地进行练习，最好是在运动场，分别进行30米×3组、50米×2组、60米×1组的短距离跑练习，组间歇3分钟，家长负责计时和记录。

（三）耐力素质练习

耐力素质练习主要是为了提升高中生的心肺耐力。

1. 有氧跑

寻找附近的公园或绿道，家长陪同孩子完成1000米、3000米、5000米等有氧耐力跑，并用跑步软件记录配速，建议第一次跑每公里配速从6分钟开始，遵循距离越长配速越慢的原则，之后循序渐进地提高配速，建议每周短距离跑三四次，长距离跑一两次。注意跑步前做好准备活动，跑步后做好拉伸与放松。

2. 有氧操

跟着视频完成练习，开合跳、高抬腿、后踢腿、快速跑、拉伸过渡、提膝顶肘、胯下击掌等。要求尽可能提高动作质量，中途不中断。

3. 自行车骑行

利用周末时间，陪孩子挑战绿道骑行，从骑行5千米开始，不断向10 000米、20 000米、30 000米、50 000米等距离过渡，不断体会成功和进步的喜悦，不断建立自信，从而爱上运动。切勿一开始就挑战100千米，对于初次体验者来说具有一定困难，即使咬牙完成也会是一种不好的体验。骑行时注意选择安全路段，避免高峰期，把安全因素降到最低。

4. 游泳

游泳也是很好有氧运动项目，特别是对体重较大的孩子格外友好。但注意不会游泳的孩子一定要向专业人士请教之后再去自行运动，会游泳的孩子也一定要在家长陪同下去正规的游泳馆游泳练习。同时建议一周进行一两次练习，每次40～60分钟，每次距离200～500米，随着游泳经验的增加，可循序渐进地增加长度和时间。

（四）柔韧素质练习

大家熟悉的关节操拉伸、黄金动作坐位大拉伸、站立体前屈、坐位体前屈等都对我们柔韧素质的发展具有重要作用，值得注意的是拉伸最好是建立在跑步运动之后，因为跑步过后体温升高，肌肉黏滞性降低，柔韧素质能够得到更好的发展。

（五）灵敏和协调素质练习

灵敏与协调两种素质往往相辅相成，可以同步提高的，如在各种躲避、追逐类练习或游戏中均可得到发展。各种绳梯练习也可以很好地提高灵敏和协调素质。

关于体能练习，家长可以每天选择一个板块进行专门练习，也可以在每个板块里挑选几种练习方法组合成综合训练模式。

三、运动项目建议

体能是技能的基础，技能是体能的集中展现。当我们把良好的体能运用到喜欢的运动项目中，展现出一定水平的运动技能，就能获得良好的运动体验，有利于养成终身锻炼的好习惯。接下来我将推荐几种比较适合高中生去练习的体育运动项目。

（一）羽毛球运动

案例：小华，17岁，女高中生，学业压力大，长时间低头学习，造成了450度近视、含胸驼背的不良体态；身体素质差，不爱运动。针对这类同学，我们会推荐羽毛球运动。因为羽毛球运动普及程度高、易开展、老少皆宜，同时对人体具有以下好处。

1. 有效降低近视风险

高速飞行的羽毛球能让眼部睫状肌不断收缩放松，促进眼球组织的血液循环，提高视觉灵敏度从而降低近视风险。

2. 促进骨骼生长增加身高，增强身体素质

羽毛球是一项综合运动项目，需要不停快速来回移动，对大、小腿内侧和膝盖周围的韧带以及腰腹、手臂力量都有很好的锻炼作用。

3. 没有激烈的身体碰撞，受伤风险较小

羽毛球比赛中双方在自己的半区击球，不会有身体接触，降低孩子受伤风险，对女高中生非常适合。

4. 改善低头含胸现象

打羽毛球对脊椎、肩颈部起到锻炼作用。打羽毛球要运用手、肩协调发力，经常抬头看球，使肩、颈得到有效放松。

5. 提高专注力和反应速度

在专业比赛中杀球平均时速会达到300公里，就算在业余羽毛球爱好者比赛中球速也能在200公里/小时以上，为了能够准确回球，羽毛球运动员的注意力必须高度集中，并且身体能够做出快速且准确的反应。因此，这项运动不仅能够提高专注力，还能让孩子手脑反应变得更加快速且灵活。

综合以上羽毛球运动对人体的好处，结合高中生存在的学业压力大、视力下降、含胸驼背不良体态、心理疾病率高、身体素质下降的共性问题，建议高中生选择羽毛球运动项目，家长可陪同孩子每天进行半小时以上的运动。

（二）篮球运动

案例：小可，身体素质较好，但性格孤僻、内向，不愿与人交流沟通。后来，他接触到篮球运动，性格开始逐渐变得阳光开朗。对于人际交往不是很顺利的孩子，我们推荐需要队员之间频繁交流的团队合作项目——篮球。篮球运动之所以深受青少年喜欢，因为其具备以下好处。

1. 提高身体素质，改善协调能力

篮球是一项综合类运动项目，需要全身肌肉参与，在运动中需要上下肢协调配合。

2. 学会正确面对失败，认清短板

篮球比赛中必有胜负。失败时，参与者需总结经验，从头再来，有利于培养坚强品质。

3. 提升团队意识，增强沟通能力

篮球比赛中需要队友之间不断交流和沟通完成配合，这个过程有利于增强沟通能力，培养集体主义精神，形成阳光开朗的性格。

4. 拓展社交圈，提高交际能力

篮球是多人团体运动，经常以比赛的形式进行，高中生参与篮球运动可以通过比赛，结识更多的伙伴。

当然，近几年兴起的橄榄球、飞盘等新兴体育运动广受大众喜爱，家长们也可以正确引导和陪伴孩子选择感兴趣的运动项目。

综合以上几种运动项目对人体的好处，结合当前高中生心理出现的共性问题，建议高中生可以尝试开展多种体育运动项目，不仅可以提升自身的体质体能，还可以缓解学习压力，调整心理状态，促进身心健康发展。

预防进食障碍

听到进食障碍这个名字，很多家长会认为这只是个不好好吃饭的小问题，最多就是营养不良、消化不好，等过段时间补起来就行了，很多孩子小时候都是不好好吃饭，长大了不就好了吗？

这样的想法是不对的，进食障碍和不好好吃饭本质上不一样，它已经成为一种疾病，会给身体和心理带来巨大影响。美国进食障碍联盟2023年在一篇文章中称，世界上每62分钟就有一人因进食障碍离世。

还有部分家长可能会认为，进食障碍距离我们的生活很遥远，但以下4组数据告诉我们，进食障碍可能就在身边。

华西医院心理卫生中心在2008年开展了一项针对成都市女性大、中学生进食障碍调查，结果显示12至22岁的女性患病率约达3.32%，其中17岁的女孩高达7.16%。

2003—2013年，北京、上海、湖南、浙江、江西、山东地区的卫生相关部门对11～25岁女学生采用问卷进行调查，统计得出进食障碍患病率约为1.47%～4.62%。

据上海市精神卫生中心统计，神经性厌食症和神经性贪食症最集中的发病年龄分别在13～14岁和17～18岁，也就是中学阶段。

《中国进食障碍防治指南》中提到，进食障碍的终生患病率约为5%。

从以上数据我们可以看出，进食障碍在青少年群体中的患病率较高，尤其是女性群体，15～24岁的女性是进食障碍的高危人群。因此，我们需要科学地了解进食障碍的相关知识，防患于未然。

一、什么是进食障碍

进食障碍是以饮食失调、进食行为异常为显著特征，伴随显著体重改变和生理、社会功能紊乱的一种精神疾病。

进食障碍患者要么不吃，要么狂吃，或者吃完了再用催吐、催泻、过度运动等办法把食物排出体外。常见的进食障碍主要包括神经性厌食、神经性贪食和暴食障碍，分别简称为厌食症、贪食症和暴食症。进食障碍不仅与吃饭有关，更是一种复杂的心理状况，我们首先来了解三种常见进食障碍的特点。

1. 厌食症

如何辨别厌食症患者呢？厌食，顾名思义，就是不喜欢吃东西，所以厌食症患者突出特点就是只会摄取非常少的食物，或者一点儿都不吃，以至于体重明显低于正常标准的下限，却仍然害怕自己变胖，确信自己还需要减掉更多体重。厌食症患者的表现跟我们日常生活中所谓的科学减肥有本质性的差异，也需要引起大家足够的重视。

2. 贪食症

贪食症的核心特征是暴食和代偿行为反复循环出现。暴食很容易理解，就是喜欢吃东西。那什么是代偿行为呢？就是患者在吃东西后会采取各种行动，例如：自我催吐、滥用泻药或其他药物、过度运动等，以防止刚刚吃下去的食物增加体重。简单理解就是吃了吐，吐了继续吃。

3. 暴食症

暴食症最容易理解，就是持续不断地吃东西，没有固定的饮食时间。当然也可能因为焦虑或抑郁而出现间歇性暴饮暴食。

简单概括以下三种症状的主要特征。

厌食症：不吃。

贪食症：吃了吐。

暴食症：猛吃。

在此需要强调的是厌食、贪食、暴食，并非完全对立的或是分开的，这些症状很可能在同一个时间段内，在一位患者身上交替出现。

二、进食障碍有什么危害

患者一旦出现进食障碍的症状后，就会带来许多危害。

首先是身体上的危害，青少年患者可能会出现贫血、低血糖、发育迟滞和大脑神经损害等情况，女性患者可能会出现月经紊乱或闭经。

其次是心理层面的危害，许多患者会在吃了会胖、不吃又饿、吃了后悔的反复拉扯中，可能会出现失眠、焦虑、抑郁等严重心理问题。

而进食障碍最严重的后果就是危及患者生命健康。北京大学第六医院张大荣主任医师说："在所有精神类疾病中，进食障碍死亡率最高，其中厌食症死亡率高达5%—15%。"

因此，一旦确诊为进食障碍，就应该在医院进行科学系统的治疗。针对进食障碍的治疗方案主要是三种：调整躯体状况的营养治疗、药物治疗和心理治疗。

对于高风险的厌食症患者而言，必须住院治疗以解决并发症问题，在逐渐脱离生命危险之后，才会进入以心理治疗为主、药物治疗和营养治疗为辅的针对进食障碍的治疗阶段。

三、为什么会产生进食障碍

很多家长可能会问，青少年时期正是个体身心发育的高峰期，正是食欲旺盛的阶段，民间还有“半桩子，饭仓子”的说法，用来形容青少年饭量大，为何进食障碍会出现在青少年时期呢?

其实，这个问题，也是跟孩子进入青春期这一特殊时期密切相关。青春期是人生中最美好，但最不稳定的一段时间。这个阶段的孩子，不停地寻找和世界相处的模式，因此不断地碰壁，不断地调整，而各种青春期问题也就由此产生。尽管从字面上看，进食障碍是一种关于食物和体重的病症，但实际上，失控的进食行为只是一种掩饰，背后隐藏着更大、更深的问题。

1. 社会文化因素

“以瘦为美”的社会文化对年轻人产生了巨大影响。家长们都知道，进入青春期后，会经历一个身体快速发育的阶段，这也是个人生理发展的第二个关键期。但是在这种“以瘦为美”的环境中，许多青少年会认为身材和外貌比健康更重要，不顾理性和事实，通过节食来控制自己的体重，以达到对美的追求。

2. 个人心理因素

中学生处于青春期，身心发育迅速，同时面临着学业压力、家庭关系、人际交往等多方面的挑战，这些压力可能会让他们喘不过气来。在这种情况下，一部分孩子很容易把压力、焦虑、抑郁等负面情绪转化为对进食行为的控制从而导致进食障碍的发生。

同时，还有一部分孩子的自我形象认知不清晰，对自己身体状态和外貌的评价容易受外界的影响，存在过度关注、扭曲认识等问题。特别是身体发育比同龄人快且猛的青少年比较容易产生容貌焦虑，他们容易因自己身材和体型的特殊而产生自卑和羞耻感，从而导致进食障碍的发生。因为在中学阶段，同龄人的评价和认可对于孩子来说是十分重要的，为了获得同龄人的接纳和认可，他们可能会采取极端的控制手段，如节食、暴食、催吐等，这些行为都是导致进食障碍发生的诱因。

3. 家庭环境因素

不和谐的家庭氛围，如家庭成员间沟通较少、冲突频发等，会导致孩子产生强烈的负面情绪，如果他们又没有合理宣泄情绪的方法，就有可能用断食、催吐等方式来宣泄情绪，进而发展为进食障碍。

同时，如果家庭成员有长期的节食减肥或暴食行为，那么孩子在这样的环境中，也会受到潜移默化的影响，将这些行为视为正常现象，也就更容易出现模仿行为。

4. 遗传因素

研究表明，进食障碍可能与家族遗传和神经化学递质相关，特别是影响食欲和饱腹感的神经递质。

四、如何应对进食障碍

既然我们已经了解关于进食障碍的成因和表现，接下来最重要的就是如何应对可能发生的进食障碍问题了。

1. 预防是第一要务

预防是解决进食障碍的一个重要途径，研究表明，早识别、早诊治可获得45%～75%的治愈率。许多青少年刚开始不能意识到自己的进食行为不够健康，或者拒绝承认，这个时候就需要家长多多关注以下四个方面。

①行为方面：减少肉类和碳水，严重限制食物的摄入量；拒绝吃某些食物，食物种类和饮食习惯与之前发生较大改变；饭后经常上厕所，在厕所里长时间不出来，或是躲起来悄悄催吐；经常关注自己的外貌，时不时照镜子；经常称体重、量腰围；明显减少社交活动。

②认知方面：对体型、重量的极度关注，体重增加一点点就如临大敌；明明很瘦了，但是仍然觉得需要减肥；对外观有极其消极的看法，十分羡慕那些很瘦的同学；变得在意食物，包括与饮食有关的书或节目。

③情绪方面：对体重增加的强烈恐惧；极端的情绪波动、低落或脾气变差；与饮食有关的厌恶、羞耻；为无法控制自己的饮食或运动而感到痛苦、无力。

④身体方面：经常头晕、疲倦；动不动就说肚子不舒服；女孩子出现月经周期不稳定或停经；睡眠困难，易惊醒。

需要强调的是，并非这些信号一出现，就意味着对方或者自己已经患上了进食障碍。有时候呢，人们的某一两个饮食行为习惯与进食障碍之间的界限比较模糊，当孩子出现这样一些表现的时候，建议尽早寻求专业医生的评估与帮助。

2. 引导青少年培养正确的审美与价值观

青春期是青少年身心发育最快的阶段。对于处在这个阶段的女孩来说，她们可能会对自身的第二性征发育和日益丰腴的体型缺乏足够的心理准备，对体重增加容易产生焦虑和不安的情绪。因此，家长需要引导孩子尊重自己的身体发育规律，接纳并欣赏自己的身体，减少对身材的过分关注。

3. 营造良好的饮食环境

家长需要给孩子提供均衡的饮食、培养其养成规律的生活与进食习惯，从而减少进食障碍的诱因。

4. 当孩子确诊进食障碍后家长应该这样做

①调整自己的心态。

面对自己孩子有进食障碍的情况，部分家长可能会无法接受这个事实。所以说家长需要调整自己的心态，不必为此感到羞愧，尽量保持情绪稳定。

如果的确很难做到完全理解孩子的状况，那可以通过阅读一些相关书籍、进行个体咨询、参与家庭教育相关的课程，来深入了解进食障碍、并尝试理解孩子的感受，以便帮助他们的康复。

②用科学的方法帮助孩子。

需要注意的是，理解与支持不代表放纵。家长应该要坚持原则，用科学的方法帮助孩子。

上海精神卫生中心陈主任在采访视频中说道："父母在孩子康复过程中需要做到'温柔而坚定'……父母不应该放任孩子不吃饭、不接受改善，父母需要真正去认识和了解这个疾病，有思想观念上的改变，知道什么对孩子才是好的，才能增加对孩子的理解，减少对孩子的批评，进而让孩子更容易去接受父母的帮助。"

接下来我们通过一个真实的案例来帮助大家更好地理解本文的内容。

小丹在小时候因为受爷爷奶奶比较传统的养育方式影响，体重一直比同龄人稍微高一点。进入青春期后，小丹受到影视的影响和部分同学对其身材的嘲笑，开始节食减肥。大约从今年4月份开始，家长明显发现小丹不喜欢吃主食，饭量减少，开始在意体型，每天都会照镜子，量腰围，称体重。询问原因发现，小丹觉得班上漂亮的女生都很瘦，自己瘦下来之后也会更加好看。当时小丹体重的确有一些偏高，但她的体重和身高的比例是基本协调的，属于健康范围，因此家长并未引起重视。在6月份时，家长发现小丹有饭后催吐行为，马上制止了该行为，小丹答应父母不会再这样做了，但是私下仍然在偷偷减肥。在12月份时，父母发现小丹出现暴食后催吐的行为，并且孩子因为暴食后通过大量喝水来催吐，导致心率和血压过低而晕厥，送到医院诊断为神经性贪食症。后经过医生了解，小丹近期经常出现头晕、恶心的感觉，并且连续三个月没有来月经。医生立刻安排小丹住院，住院期间症状有所好转。但小丹第一次出院后，仍然出现暴食后催吐的行为，家长只能再次更换医院进行治疗。第二次住院因为有父母的陪伴状态有所好转，目前仍然在进一步药物配合心理辅助治疗中。

根据这个案例我们结合关于进食障碍内容来分析一下，首先明确小丹进食障碍的类型：神经性贪食症，通过暴食—催吐这一循环过程不难看出。其次，导致小丹进食障碍的原因："以瘦为美"的社会文化因素和个人心理因素两方面的综合。最后，可以发现小丹行为上，拒绝吃主食、经常看镜子、量体重、饭后催吐；认知上，认为瘦的女生才漂亮；身体方面出现头晕、月经周期不稳定。

通过该案例我们也可以看到进食障碍的治疗可能会出现反复，但是如果患者能够得到家庭的充分关爱、支持和陪伴，也是会慢慢好起来的。因此，希望每一位家长都能够关注到孩子的饮食健康，帮助孩子预防进食障碍，若已经出现相关症状，则第一时间送医治疗，并用足够的勇气、耐心与爱心陪伴孩子走过这段艰难的时光，充分相信灿烂阳光就在前方。

五、相关资料推荐

为了让家长更好了解关于进食障碍的知识，给大家推荐了相应资料。

《金色牢笼：厌食症的心理成因与治疗》（书籍）（希尔德·布鲁赫）

《吃掉情绪？和食物的斗争》（书籍）（茱莉亚·巴克罗伊）

《告别情绪性进食的 DBT 方法》（书籍）（黛博拉·L.赛飞）

《与进食障碍分手》（书籍）（谢拂）

《专家漫话——精神健康科普知识进食障碍》（书籍）（马守，陆林）

《帮助你的青少年孩子战胜进食障碍》（书籍）（詹姆斯·洛克，丹尼尔·勒格绮）

《战胜暴食的CBT-E方法》（自助手册）

《骨瘦如柴》（电影）

《瘦削》（纪录片）

《好好吃饭 Bon appétit》（纪录短片）

《夏天的烦恼》（进食障碍科普微电影）

预防情绪障碍

孩子进入高中后，不少家长可能会有这么一些疑问和担忧：上了高中话就少了很多，也几乎不和我们交流，是不是抑郁了？或者，孩子有时单独在房间待半天，不允许别人打扰，吃饭时多叫几次，还会冲我们发大火，是不是有情绪问题？

基于以上的疑问，我们先来看一组数据——《2023年度中国精神心理健康》蓝皮书显示：当前我国高中生抑郁检出率为40%，初中生抑郁检出率为30%。由此可见，情绪障碍在青少年群体中已经是非常普遍的问题。因此，为了更好地帮助家长判断孩子是否出现了情绪障碍，以及如何帮助孩子应对及预防情绪障碍，我们一起来阅读本文。

“知己知彼，百战不殆”。首先，我们要了解什么是情绪障碍。

情绪障碍，又叫作“情感障碍”或“心境障碍”，是指正常的情感反应变得夸张、混乱和减退，在儿童少年时期以焦虑、恐怖、抑郁为主要临床表现的一组心理疾病。

一、常见情绪障碍的表现

青少年阶段孩子最常出现的情绪障碍是抑郁和焦虑。它们分别有哪些症状表现呢？

（一）抑郁

抑郁，是一种患病率高、临床治愈率高的情绪障碍。抑郁的主要症状有以下几点：①长时间无缘由情绪低落，兴趣减退或快感缺失；②自我评价低，认为自己毫无价值，对未来丧失希望；③出现极端想法或行为，如自伤、自杀意念或行为等；④思维迟缓，反应迟钝，记忆力下降，注意力障碍；⑤睡眠问题（如入睡困难、早醒、失眠等），食欲下降，短时间内体重大幅下降，或者无生理原因的躯体不适，如胃痛、头痛、胸闷等。

（二）焦虑

焦虑也是一种常见的情绪障碍，主要表现：①无缘由地对生活中的事情感到焦虑不安、紧张害怕，无法控制，即使多方劝解也不能消除；②伴有心悸、手抖、出汗等自主神经功能紊乱症状。

如果孩子出现以上症状，就需要家长引起重视，关注孩子是否存在抑郁或焦虑的情况，最好及时送医诊断或治疗，以确保将问题解决在萌芽状态。

二、情绪障碍的产生原因

青少年为什么容易出现情绪障碍？影响因素有哪些呢？接下来，让我们一起探析情绪问题产生的原因，找到更有效的预防情绪障碍的方法。

（一）人际关系

青少年的重要人际关系主要包含亲子关系和同伴关系。首先，亲子关系的好坏通常和父母的教养方式相关，并且与孩子的心理发展存在密切联系。例如，有的父母对孩子行为有严格的限制，较少倾听和尊重孩子的想法，这会让孩子感到强烈的心理压力和心理束缚；而有的家长由于工作忙等原因，对孩子关注较少，无法给予足够的情感支持……这些不良教养方式会导致亲子关系紧张，在孩子出现负面情绪时不愿与家长沟通，不愿向家长寻求帮助，可能导致孩子情绪问题严重化。

其次，高中阶段的孩子正在走向独立，更加依赖于同伴关系，但由于心理发展尚未成熟，社交技能缺乏，部分孩子会出现同伴交往困难问题。最常见的问题是同龄人中间的小团体现象突出，可能会导致一些孩子因为各种原因被排挤在外，因此出现情绪障碍。

此外，正处于青春期的孩子，可能会尝试建立与异性之间的亲密关系，这不仅会对他们的学业造成影响，产生矛盾心理，并且一旦亲密关系破裂，这些孩子就有可能陷入痛苦情绪而无法自拔。

（二）学业压力

高中学习内容多、难度大，不少孩子都存在学习压力过大的情况。这些压力主要来自以下几个方面：①自我要求过高，目标与现有能力不匹配；②父母期待较大，有的家长片面地认为好成绩等于好的未来，过分强调成绩的重要性，如果孩子没有取得好成绩，就会批评责怪，导致其产生自责、内疚等消极情绪；③人际比较的压力，同学间有意无意地比较成绩也会增加孩子的学习压力。

（三）对未来的迷茫和担忧

高中时期的孩子会尝试畅想未来，但他们的畅想往往又难以落到实际，导致对未来充满迷茫和担忧。

尤其是进入高三后，面临高考，很多孩子才开始思考去什么高校、学习什么专业等。但由于缺乏相关的培训和前期资料的收集，不知如何进行生涯规划，而陷入对未来的焦虑和迷茫中。

总而言之，如果不良情绪不及时进行有效调节，长期积累下去，就极有可能发展成为情绪障碍，严重影响孩子的正常学习和生活。

三、预防情绪障碍

那我们可以做些什么，去帮助孩子预防情绪障碍呢？作为家长，我们可以从理解内在需求、学会良好沟通、落实有效陪伴及引导孩子培养积极信念几个方面着手。

（一）理解内在需求

心理学家马斯洛的需求层次理论指出，人在不同阶段、不同环境中对于需求的追求各不相同。因此，理解不同情况下的需求差异，能够有助于我们更加了解孩子。

近年来，物质生活水平极大提升，孩子不用像我们小时候那样担忧吃穿等基本需求，更加追求心理或精神层面的需求。所以，如果我们仅向孩子提供物质条件，满足其基本需求，就难以真正地走近孩子、了解孩子。

案例： 小馨是一名高二年级女生，家庭条件优越，但父母平时工作忙，对其陪伴很少。进入高二后，理科学习难度加大，小馨开始跟不上，成绩下降严重。高二下学期，小馨被诊断出有较严重的情绪与行为障碍，表现为学习难以集中注意力，沉溺于网络游戏，与网友建立恋爱关系，不愿到校上课，家长怎么劝也不听。不仅如此，每到周末小馨就会因为小事与父母发生争执，爆发激烈争吵，甚至做出伤害自己的行为。

小馨为什么会出现这些问题？实际上，原因很简单：

其一，小馨的父母常常忙于工作，对孩子的心理关怀很少。小馨之所以与并不认识的网友建立恋爱关系，是因为在父母处没有得到足够的支持与关心，归属与爱的需求没有得到满足，进而转向网友寻求爱与支持。每到周末争吵，也是为了获得父母的关注，希望父母周末能够陪伴自己。

其二，孩子在学习上连连受挫，自信心下降，又得不到安慰和鼓励，但在游戏中可以获得成就感，满足自我实现的需求，所以才会沉溺于游戏世界。

后来，当小馨父母了解其中原因后，加强了陪伴与鼓励，更加关注孩子内心世界，再辅以专业治疗，小馨较快地恢复到正常的学习和生活中。

（二）学会良好沟通

不知道家长是否遇到过这样的困扰：尝试与孩子沟通，但常常说不了几句，就争吵起来。因为是自己的孩子，关心则乱，很多家长在孩子教育问题上无法做到心平气和，总是会带着自己的焦虑和紧张等情绪去沟通，明明是想教育和帮助孩子，反而变成了嘲讽和指责，往往事倍功半。该如何与孩子更好地沟通呢?

马歇尔·卢森堡博士提出了一种有效的沟通模式——非暴力沟通，强调通过关注彼此的需求和感受，来促进相互理解以及和平地解决问题。

非暴力沟通包含以下几个要素。

一是观察。我们要以客观、具体和中立的态度观察当前的情况，不带任何判断或评论。因此，在描述一个情况时，要尽可能地避免使用“好”“坏”“正确”“错误”等价值判断性词汇。

例如，我们可以说“我看到你床上有好几件没穿的衣服和几双袜子，地上有几张纸屑……”，而不是“你的卧室太脏、太乱了”。观察的目的是让双方都对当下的情况有一个共同的理解基础，而不是立即陷入评判和争论。

二是感受。在充分观察事实之后，下一步是识别和表达自己的内心感受。我们可以用“我……”语句来说明自己的感受，而不是责备或指责孩子。

例如，可以说“凌乱的房间让我感到有些烦躁”，而不是“你乱丢乱放让人讨厌”。这样做的目的是让对方理解我们内心的真实情绪，而不是让其产生心理防御或负面情绪。

三是需求。在认识事实和表达感受之后，下一步是去识别自己的需求。

例如，可以说“我喜欢干净的环境，让我们家看起来更温馨”，而不是“因为你不收拾房间，家里看起来像猪窝一样”。这样可以让孩子更清楚地了解我们的需求，为解决问题创造条件。

四是请求。最后提出明确、可行动的请求，切忌用命令或要求的方式，而是以请求的方式表达自己的诉求。

例如，可以说“可以在我拖地之前，把你的房间收拾一下吗”，而不是“你现在必须把房间收拾整洁，我马上要拖地了”。请求式的表达更容易得到孩子的理解与配合，以达到问题解决的目的。

（三）落实有效陪伴

在实际工作中，一些有情绪障碍的孩子的家长会向老师委屈哭诉：明明平时对孩子的关心和陪伴也挺多，但是为什么孩子就出现了情绪问题呢？但与此同时，也会在孩子那里听到不同的答案：爸爸妈妈其实不爱我，整天唠唠叨叨的；我喜欢什么、不喜欢什么，他们根本不在乎！

为什么会出现这样的情况呢？这是因为，我们的陪伴没有在孩子的点上，所以是无效的，甚至是背道而驰的。

那我们应该怎样做，才能提高陪伴质量，实现有效陪伴呢？

①全身心陪伴。放下手机，放下工作，真正将时间和精力投入孩子身上，专注地与其交流，开展共同活动，这是有效陪伴的前提。也只有这样，孩子才会觉得自己是被重视的。

②相互尊重，平等互动。相互尊重是有效陪伴的基础。随着年龄的增长，孩子自尊心增强，更加注意“面子”，想要得到认同与肯定。因此，我们要给予孩子尊重与信任，平等地交流、互动，不打击、不指责，也不能高高在上地评判。真正的陪伴，是把孩子当作好朋友，相互尊重，彼此包容。

③主动了解。家长可以关注与孩子相关的生活小细节，主动去了解孩子的兴趣与需求，和孩子一起从事其喜欢的活动，让孩子在亲子沟通中获得积极的情绪体验。例如，了解孩子喜欢的明星是谁，孩子最好的朋友名字叫什么，孩子想要出去玩家长会不会支持……如果孩子觉得家长是懂自己，和家长沟通是开心的，就会增强主动与我们交流、共同活动的意愿。

④认真倾听，事事回应。当孩子想分享时，我们要给予全部的注意力去倾听，并且要及时给出回应和反馈。如果正在做一些其他的事，无法立即放手，请真诚地告诉孩子：我知道你想和我分享你的故事，我想专注地听，但我马上要提交一个文件，等我 10 分钟，我们再坐下来慢慢聊，可以吗？——这比一边做事一边听孩子讲的效果要好得多。

⑤积极共情，足够的情感支持。共情就是感受孩子的感受，站在孩子的立场去倾听和接纳，可以设置一个“荆棘与玫瑰时间”。例如，利用某个晚饭后时间，家庭成员聚在一起，分享自己一周里的高潮和低谷。这不仅能鼓励孩子表达自己的情绪，也能建立家庭情感支持系统，还能融洽亲子关系。当孩子遇到困难时，他们能够懂得如何求助，减少情绪障碍出现的可能性。

总而言之，真正优质的陪伴，不在于时间长短，而在于我们是否用心、用情。

（四）培养积极信念

很多时候，家长会认为“是因为某件事导致了孩子出现不良情绪或行为”，从而忽略了对事件的看法。

心理学家艾利斯提出的情绪ABC理论认为，对于事件的不合理看法是导致人们出现情绪和行为障碍的根源。因此，通过识别和改变不合理想法，可以改善不良情绪。

在情绪ABC理论中，不合理信念通常具有以下三个特征。

一是绝对化的要求。它表现为将“希望”“想要”等绝对化的词语变为“必须”“应该”或“一定要”等，如“我一定要考前三名”“别人必须对我好”等。

二是过分概括化的评价，这是一种以偏概全的思维方式。它表现为把“有时”“某些”过分概括化为“总是”“所有”。例如，我们时常对孩子说的一句话“你为什么一天都在玩手机”，这就是典型的过分概括化评价。

三是糟糕至极的结果。它表现为如果一件不好的事情发生，那将是非常可怕和糟糕的。例如，“我没考上大学，一切都完了”“孩子成绩不好，未来没有希望了”……这种糟糕至极的想法，会导致我们陷入不良的情绪体验之中，从而一蹶不振。

因此，在孩子出现情绪困扰时，可以引导孩子明晰自己是否存在不合理想法，并尝试改变，以此缓解不良情绪，避免消极情绪的累积。

下面，我们通过一个最常见的考试失利案例，来看看具体怎么去引导孩子。

案例：小原是一名高一年级男生。平时对自己要求较高，考试目标为班级前十名。但在半期考试中发挥失常，被中等水平的同桌超过一大截，他无法接受考试结果，认为自己很没用、很差劲，担心高考考不好，未来就没有出路了。临近期末，家长反映孩子在家“疯狂”刷题，明显感觉到他很焦虑，还出现了轻微失眠等情况。

首先，我们要引导孩子觉察自己的情绪状态，引导孩子深入思考为什么会出现这样的情绪，没有考好对你来说意味着什么。当孩子开始剖析自己，可能就会发现自己出现没有考好，就意味着我是一个失败的人，意味着考不上好大学，找不到好工作这些想法是不合理的。

其次，我们就可以引导孩子从多方面评价自己，发掘自己的闪光点，寻找更多的可能性，明白“条条大路通罗马”，这能有效降低孩子的学业焦虑。我们可以这样说“虽然这次没考好，但并不意味着你是一个失败的人。一个人的价值不只由成绩决定。你有很强的管理能力，班主任都夸你管理班级很有办法呢，这些都展现了你的能力和价值，在学习上你需要循序渐进，脚踏实地往前走，进步是一点一点来的”“你很擅长画画，运动也不错，这些都是你的加分项！退一万步讲，以后还可以主攻绘画，通过不一样的路实现你的人生目标”等。

总之，预防孩子出现情绪障碍需要多方共同努力。理解孩子内在需求，优化沟通模式，提供有效的陪伴，以及引导孩子培养积极信念。只有这样，才能更好地预防孩子出现情绪障碍，帮助他们身心健康成长。

做好心理“断乳”

家长们，闭上眼，让我们一起穿越时空，回到那个温馨而又略带挑战的瞬间——当你的孩子在1岁左右，经历着生命中第一次“小小别离”，断乳时的每一声啼哭，是不是还清晰回响在心间？这是孩子勇敢探索世界、学习独立生存的第一个重要里程碑。

而随着孩子长大，好多家长都说，青春期的孩子十个里头有九个半叛逆，老爱顶嘴、和家长对着干，大家可能还纳闷：孩子怎么越大越不听话了？其实啊，当孩子们心中渴望成长的种子破土而出，他们就步入了第二个断乳期——心理断乳期。

心理断乳期是每个孩子成长中必经的阶段，它对孩子的心理健康和未来发展具有深远的影响。接下来，让我们一起来认识什么是心理断乳期。

心理断乳期，又名“叛逆期”，顾名思义指的是孩子在心理层面上逐渐摆脱对父母的依赖，开始形成独立的自我意识和行为方式的过程。这个阶段通常出现在青春期前后，是孩子从童年向青少年过渡的关键时期。在这个过程中，孩子会逐渐摆脱对父母的情感依赖，开始独立思考和处理问题，形成自己的价值观和生活方式。

一、心理断乳期的特点

（一）普遍性

首先各位家长要知道，你不是一个人在战斗。心理断乳是孩子成长过程中普遍经历的一个阶段，几乎所有的孩子都会经历这个从依赖到独立的转变过程。这场“心理大冒险”是孩子们成长过程中的一个正常环节，是从儿童向成年人过渡的重要部分。

（二）矛盾性

孩子在心理断乳期常常表现出矛盾的行为和情绪。一方面，他们渴望独立，希望摆脱父母的控制；另一方面，他们在遇到困难时又会依赖父母的支持和帮助。这种矛盾性使得家长和孩子之间的关系变得复杂和紧张。

（三）自我中心性

心理断乳期的孩子往往表现出强烈的自我中心倾向。他们关注自己的需求和感受，容易忽视他人的感受和意见。所以当你发现孩子眼里心里都是自己，别介意，这是他们建立自我认同的重要时期。这种自我中心性有时会表现为对父母和他人的不尊重，甚至敌对态度。

（四）社会性

尽管在家庭中表现出独立和反抗，心理断乳期的孩子却对同龄人的意见非常在意。他们开始更多地关注同龄人的看法，往往会为了融入某个群体而改变自己的行为和态度。朋友对他们的影响力增加，父母、老师等成年人的影响力相对减弱。

二、心理断乳期的常见表现

在心理断乳期，孩子会表现出一系列的行为和心理变化，这些变化可能会让家长感到困惑和不安。但如果我们知道哪些表现是正常的，那就能够更好地应对孩子的变化。心理断乳期的常见表现包括以下几个方面。

（一）反叛行为的增加

孩子在这个阶段可能会突然对父母权威产生反抗，不再像以前那样乖乖听话。想象一下，你刚转身准备给孩子一个温暖的拥抱，却发现孩子正用那充满好奇与挑战的眼神望着你，开始对你提出的每一个建议都打上问号，甚至对家庭规则和传统观念产生抵触情绪。这种突如其来的“反叛风暴”，会让作为家长的你心里既惊讶又有点措手不及，就有可能引发家庭冲突。

（二）自主意识的提升

孩子的自主意识也会在这个阶段得到显著增强，他们开始渴望拥有更多的自由和选择权，甚至希望能够在家庭决策中发挥自己的作用。例如，穿衣风格、学习方式、兴趣爱好、交友对象、学业规划等，他们心里都开始有了自己比较明确的主意，希望家长能多听听他们的想法，得到家长的尊重和支持。

（三）情绪波动大

说到心理断乳期的孩子，那情绪简直就像是坐上了过山车一样起伏不定。你可能发现，就为一点小事，孩子就会大发脾气，或者十分沮丧。但转眼间，一些微小的成功又能让他们兴奋不已，这种情绪的不稳定性是由于体内荷尔蒙水平的变化和身心发展的不平衡造成的，也是孩子成长过程中的正常现象。

（四）人际交往的改变

不知道大家有没有发现，孩子在心理断乳期，“朋友圈”变得更热闹了，和朋友有聊不完的天，而与父母的沟通频率和深度会有所减少；他们开始更多地关注同龄人的看法，渴望和小伙伴们打成一片，建立更为紧密的联系，而对父母的关心和帮助表现出不耐烦和反感。但这不代表孩子不在乎父母了，只是心里那杆秤悄悄变了重点，他们的人际活动发生了明显变化，朋友在这个时期对他们的影响力往往超过父母和其他成年人的影响。

（五）隐私需求的增加

孩子在心理断乳期还会有隐私需求的增加。他们开始渴望拥有更多的私人空间，不愿意与父母分享所有的事情。这是他们学着做自己，建立自己个人身份和自我小世界的重要一步。

三、应对心理断乳期的方式

在孩子的心理断乳期，家长面对的是孩子从依赖到独立的转变过程，这是一个充满挑战和机遇的时期。因此，父母需要调整自己的教育方式，有效应对孩子的心理断乳现象，给予孩子适当的支持和引导。

（一）尊重与接纳

尊重与接纳是应对孩子心理断乳期的关键。我们需要尊重孩子日益增强的独立意识和成长需求。随着年龄的增长，孩子开始渴望更多的自主权和独立空间，这是他们迈向成熟的重要标志。作为父母，我们要敏锐地察觉到孩子的这些变化，跟着孩子的节奏，慢慢调整咱们的态度和教育方式。

具体来说，我们要认识到孩子已经不再是小孩，他们在逐渐形成自己的观点和看法，渴望在生活中有更多的自主权。这意味着在很多日常决策中，我们需要更多地听取孩子自己的意见，而不是一味地按照自己的想法来安排和决定。例如，是否需要安排周末补课，每天的作息如何安排，长辈给的压岁钱如何使用，这些问题如果家长不放心完全放手，又无法控制孩子的行为，就可以考虑和孩子一起商量，听听他们心里是怎么想的，再商量出一个大家都能接受的方案。这样一来，孩子能感受到家长的尊重，更愿意和家长沟通交流自己的想法，有助于平稳度过心理断乳期。

（二）设定合理的期望和界限

在放手让孩子飞的时候，请家长也别忘了给他们系上安全绳，也就是说需要设定合理的期望和界限。这不仅有助于孩子理解什么是恰当的行为和态度，还能帮助他们在探索独立的过程中感到安全和有方向。

首先，我们要明确地告诉孩子哪些行为是可以接受的，哪些行为是不可接受的。明确的行为界限，最好能够通过家庭会议，或者利用事件发生的关键期，跟孩子一起商量着来定。例如，开家庭会议讨论高中阶段的异性交友行为原则、晚归门禁时间、吵架时不能使用的字眼等；或者因手机使用时长不合理而发生亲子矛盾之后的手机使用时间协议签订；看完明星演唱会后的文明追星，理性追星辩论会等。这样的方式，可以增强孩子的认同感和责任感，提升自我管理的主动性和积极性。

其次，在设定这些期望和界限时，我们需要向孩子解释其中的原因。仅仅告诉孩子“这样做是对的”或“那样做是不允许的”是不够的。我们要通过详细、耐心的解释，让孩子理解这些规则背后的道理。例如，面对“为什么不要长时间使用手机”的提问，我们可以这么说：“我看到新闻说，2020年国外研究发现，当人们对手机产生依赖之后，如果停下来会感到恐慌、焦虑、压力和强迫感。并且，使用智能手机的时间越长，离开手机时的心理症状就越严重。最近咱们家的人情绪都比较容易激动，是不是有点手机依赖了？看来我们都得注意这个问题。”

最后，我们要保持一致性和公平性。大家想一想，要是当爸妈的，一个说“可以”，一个说“不行”，孩子不得晕头转向吗？所以在执行这些规则时，家长请先私下里商量好，达成一致，避免在孩子面前出现分歧。例如，家庭商定了每天手机连续使用时间不得超过1个小时，那所有人都得遵守，并且如果父母确实因为工作需要长时间使用手机，需要向家庭成员进行明确说明并且展示内容，避免产生误会。规则适用一定要公平，对所有家庭成员一视同仁，不能只有孩子遵守，家长随心所欲，这样孩子才能感受到规则的公平性和重要性。

（三）运用非暴力沟通的方法交流

在孩子的心理断乳期，家长们是不是经常感觉和孩子说话像隔了堵墙似的，说啥都不对味儿？孩子在与父母的交流中常常表现出叛逆和不满，动不动就摆出一副“我不听我不听”的样子。在这里，我为“头疼”的家长们带来了一个“神器”——非暴力沟通，这是一种有效的沟通方法，可以帮助家长与孩子建立更深的理解和信任。接下来，我将详细地揭秘非暴力沟通，教大家怎么跟孩子“好好说话”。

首先，请大家记住非暴力沟通的表达公式：观察＋感受＋需要＋请求。

非暴力沟通的第一步是观察，就是通过观察陈述事实。观察经常会和评论弄混淆，评论指的是主观的判断，像是判官，喜欢给事情下个定义；观察就是那个老实的记录员，只管把客观的事实原原本本地记下来。

举个例子，家长语气平和地说：“你这次数学考试没及格，和你以前的成绩不太一样。”这就是在观察，因为家长在描述孩子的真实情况，没加任何感情色彩。但要是家长语气强烈地质问：“你这次数学居然没及格？你还想不想学好了？”这就变成评论了，因为是在主观臆断孩子考试不及格是因为不想学好，带着贬低和否定，容易和孩子产生冲突。

非暴力沟通的第二步是说出自己的感受。感受指的是身体或者情绪的感觉。例如，“我有点担心”“我有点焦虑”“我的身体在发抖”……

请注意，感受不是想法，感受集中于身体与情绪，而想法集中于头脑中。一个人头脑中的各种“应该”“对别人的期待”“自己的价值判断”等这些都是想法，而不是感受。比如，“我觉得你的数学成绩应该是可以考90分的”“我感到这是不对的”……

非暴力沟通的第三步是说出自己的需要。需要是引发这些感受的自己的内在需求。例如，家长可以继续说：“我希望你数学可以考得更好一点，这样我们都会更有信心去面对学习。”

非暴力沟通的最后一步是提出请求。请求是指具体提出自己想要对方怎么做，来满足这些需要。例如，家长可以说：“我们可以一起来分析一下，这次数学考试到底在哪些方面出了差错，好吗？”

案例：小明是一个高中生，最近他开始表现出对学习的抵触情绪，经常不做作业，并且在与父母的对话中显得很不耐烦。小明的妈妈感到非常担忧，但每次试图谈论这个问题时，都会引发争吵。

各位家长，大家可以暂停下来想一想，如果你是小明家长，会怎么办?

案例中，小明妈妈决定采用非暴力沟通的方法与小明交流。

①观察。

妈妈注意到小明最近几乎每天放学回家后都不做作业，而是直接开始玩游戏，于是她这样说："小明，我注意到你最近放学回家后经常没写作业就直接玩游戏，每次玩都会玩一个多小时。"

这种陈述只是对事实的客观描述，没有评判或批评，避免了孩子的防御心理。

②感受。

接下来，妈妈表达她对这种行为的感受。

妈妈说："看到你这样，我感到有些担心和困惑。"

妈妈表达了自己的感受，让孩子知道她的情绪，但没有责怪孩子，这样更容易让孩子接受。

③需要。

然后，妈妈进一步说明是什么需求引发了她的这些感受。

妈妈的说法："我希望你能认真对待学习，因为我关心你的未来，希望你能有一个好的发展。"

通过解释自己的需求，妈妈让小明理解了她担心的原因，是出于对他的关心和爱护。

④请求。

最后，妈妈提出一个具体的请求，希望小明能有所改变，她说："你能不能每天放学后先做完作业，然后再玩游戏?如果你有什么困难或不喜欢的地方，我们可以一起讨论解决。"这个请求是具体的、可行的，并且是以协商的方式提出的，显示了妈妈愿意与小明一起解决问题的态度。

通过这样的沟通，小明感受到妈妈的理解和支持，表示愿意先做作业再玩游戏。

非暴力沟通是一种强大的工具，特别适用于与心理断乳期的孩子交流。通过观察、感受、需要和请求这四个步骤，家长可以更好地理解孩子的内心世界，并表达自己的关切和需求。这样，孩子在感受到被理解和尊重的同时，也更愿意接受父母的建议和指导。非暴力沟通不仅可以减少家庭冲突，还能增进亲子之间的情感连接，帮助孩子更顺利地度过心理断乳期，成长为独立、自信和有责任感的人。

（四）课题分离

在心理断乳期，有些家长可能会因为孩子的教育问题感到忧心或焦虑，那么还有一个妙招可以帮助大家，在支持孩子的独立性的同时，减少亲子间的冲突和误解，这个方法就是课题分离。

所谓“课题”，通俗来说，就是每个人在生活中所承担的责任、面对的挑战以及需要解决的问题。而课题分离的核心，就是搞清楚，哪些事是孩子自己得面对的，哪些问题又是家长该操心的。然后，各自负责好自己的一亩三分地，自己的事自己解决。区分的原则也很简单：这个问题让谁感到困扰？谁承担后果？那就是谁的课题。

例如，高中如何选科是孩子的课题，帮助孩子分析选科的利弊是父母的课题；孩子和同学闹了矛盾，如何修复关系是孩子需要解决的课题，和孩子交流帮助他们舒缓情绪是父母的课题；夫妻吵架是父母的课题，不是孩子的课题。

通过课题分离的方式，家长可以避免不必要的干预，让孩子在自己的课题中学习和成长，学会独立思考、作好自主决策，培养责任意识，顺利度过心理断乳期。

请大家牢记“课题分离三步法”：识别课题、尊重课题、提供支持。我们具体来学习一下。

识别课题：明确当前问题属于谁的课题，是孩子的、家长的还是其他人的。

尊重课题：尊重每个人的课题，不越界干涉别人的责任范围。不把孩子卷入自己的课题，也不对孩子的课题过多干涉。

提供支持：课题分离并不意味着放任不管。在孩子的课题中，家长可以提供适当的支持和建议，但不替孩子解决问题。

让我们来看一个运用课题分离缓解亲子关系的案例。

案例：小红是一个15岁的高中生，最近她经常因为学习上的压力而表现出焦虑和烦躁。每当小红因为考试成绩不好而情绪低落时，她的妈妈看到小红情绪低落，也会因此感到非常焦急。于是小红妈妈总是急于帮助她解决问题，不仅反复询问她的学习情况，还直接干预她的学习计划。这让小红感到压力更大，母女之间的关系也变得紧张。

在这个案例中，家长应当如何运用课题分离呢？

①识别课题。

首先，小红妈妈要识别当前的问题属于谁的课题。在这个案例中，考试成绩和学习压力是小红的课题，而不是妈妈的。妈妈需要意识到，这些问题是小红需要面对和解决的。妈妈的课题是，自己怎么消化小红的坏情绪，以及可以怎样给小红提供帮助，而不是直接代劳。

妈妈可以这样想：小红的考试成绩是她自己需要面对的课题，我可以提供支持，但不能替她解决问题。

②尊重课题。

在识别课题后，小红妈妈要尊重小红的课题，不越界干涉。她需要理解小红在处理这些问题时的独立性，并给予她空间。同时，小红妈妈也要自己处理好自己的焦虑情绪。

小红妈妈要意识到过度干涉只会让小红感到更多的压力，她需要调整自己的行为，更加尊重小红的独立性。因此，她决定不再每天询问小红的学习情况，而是给小红足够的时间去消化和解决自己的课题，只需要等待小红自己解决问题或主动寻求帮助即可。

而自己对小红的学习感到焦虑这件事，小红妈妈也试着和朋友、亲戚、同学家长进行倾诉，寻求理解，宣泄掉自己的负面情绪。因为她发现，只有自己的焦虑情绪消失了，才不会在和小红沟通交流的时候把焦虑传染给孩子，影响亲子关系。

③提供支持。

小红妈妈可以在小红需要时提供支持，但这必须在小红自己愿意的前提下进行。她可以告诉小红，她随时可以来寻求帮助，而妈妈会尊重她的决定。

小红妈妈告诉小红："我知道你最近因为考试感到很大的压力。如果你需要任何帮助，或者只是想聊聊，我都在这里。不过，我相信你有能力处理这些问题。"

通过这样的互动，小红感受到妈妈的尊重和支持，而不是被逼迫去接受妈妈的意见。她选择了先自己查阅相关资料，然后在需要时再寻求妈妈的帮助。

课题分离是一种尊重孩子独立性并帮助他们学会承担责任的有效方法。通过识别课题、尊重课题和提供支持，家长可以在孩子心理断乳期中更好地与孩子相处，减少冲突和紧张，增强孩子的自信心和解决问题的能力，帮助孩子在独立和成长的道路上走得更稳、更远。这种方法不仅促进了亲子关系的和谐，还为孩子未来的独立生活奠定了坚实的基础。

孩子遇到心理断乳期，是一件再正常不过的事情了，重要的是我们要找到相应的解决问题的策略和办法，家长如果能用好以上四个策略，相信孩子可以很好地度过心理断乳期。

专题四

安全教育

学会珍惜生命

为了更好地了解高中生对待生命的态度，我们先来看一下发表于2016年的《浅谈高中生生命教育》中的一项调查研究。本次调查是针对高中生对生命的认知和态度，涵盖了不同年级的高中生，参与人数众多，以确保数据的广泛性和代表性。

首先，对生命的认知部分，大部分高中生认为人的生命是自然界长期进化的结果，显示出对生命起源的正确理解。

其次，对待生命的态度部分，64.6%的高中生为自己活着而倍感珍惜，认为自杀是对自己和家人不负责任的愚蠢行为；28.5%的高中生能够理解自杀这种行为，但表示自己不会去做；然而，仍有6.9%的高中生认为自杀是摆脱痛苦的方式，或许会做。

近年来，青少年自杀等极端行为时有发生，给家庭和社会带来了极大的痛苦和损失。

据国家卫生健康委报告，我国城市、农村人群自杀率分别为10万分之3.59和10万分之8.25。自杀是我国人群的第5位死因，并且是15～34岁的年轻人群的第一大死因。根据《2022中国卫生健康统计年鉴》，15～20岁青少年自杀率为10万分之3.34。

同时，部分高中生对生命漠视的态度也愈发明显，具体表现为以下三点：

第一，对自然环境的破坏，如乱扔垃圾、破坏植被、浪费资源等。高中生作为社会的一部分，他们的行为也可能对环境产生影响。这种行为虽然不直接针对生命本身，但破坏了生命赖以生存的环境，间接体现了对生命的漠视。

第二，对动物生命的残忍，包括虐待动物等。这种行为不仅是对动物生命的漠视，也反映了对生命本身的不尊重。

第三，对他人生命的冷漠，在一些校园欺凌事件中，高中生可能作为旁观者或参与者，对受害者的痛苦和求助置之不理，甚至鼓励或参与欺凌行为，间接体现了对他人生命的漠视。

根据以上调查和案例分析发现，高中生对自我生命的认知普遍较为正确，大多数学生能够珍惜生命，并认识到自杀的负面影响。但仍有部分孩子存在对自我生命态度不够积极、对他人生命态度较冷漠的情况，若这种趋势继续蔓延，就有发生极端行为的风险，对家庭和社会将产生严重的后果。

那高中生的对待生命的认知和态度是如何形成的呢？这是家长们需要关注和了解的，知己知彼方能百战不殆。

一、生命认知和态度的形成

（一）学业压力的影响

当前，我国中学阶段的孩子仍面临较大的升学压力，一些学校、教师和家长过于强调升学和分数，导致部分孩子将学业成就视为唯一的价值标准。加之，部分教育者缺乏生命关怀意识，学校的生命教育被忽视，导致孩子对生命缺乏正确的认识和理解，当孩子遇到巨大学业压力或者遭遇学业失败时，可能感到挫败，失去活着的意义，从而出现结束生命的极端想法甚至行为。

（二）个人认知与情感体验

高中生的性格特质如乐观、悲观、内向、外向等，及他们的认知方式都会影响其对生命的看法和态度。高中生的交友范围也开始扩大，期待与他人建立和维护关系，但在人际交往中如何表达自己的想法和感受，如何倾听他人，如何处理冲突等方面也会面临挑战和困惑，如果这些问题解决不好，可能会导致他们的生命态度出现转变。

（三）社会环境的影响

如今自媒体的发达，通过网络传递出参差不齐的各种信息，给孩子们打开了一个纷繁芜杂的世界，这些社会价值观也会对高中生的生命态度产生影响。例如，某些自媒体对生命的报道以猎奇或调侃的方式来呈现，极大地影响了高中生的生命态度，出现危险的效仿行为。

（四）家庭因素的影响

家庭环境和家庭教育方式对高中生的生命态度有重要影响，家庭氛围是和谐、温暖的，还是紧张、冷漠的，都有可能导致高中生形成不同的生命态度。如果家长能够关注孩子的内心世界，引导他们正确看待生命和人生，他们可能会形成更加积极、健康的生命态度。

因此，生命教育是社会、学校、家庭的共同课题，需要三方共同努力。家庭是孩子成长的摇篮，父母是孩子的第一任老师，生命教育是高中生家长必修的课程。父母应该承担起相应的生命教育责任，让生命教育从家庭开始，帮助高中生能够全面认识生命、尊重生命、珍惜生命，引导他们积极正确面对挫折和困难。

二、生命教育

家长们肯定想问，什么是生命教育？生命教育有哪些内容？我们该如何对孩子进行生命教育呢？

生命教育是为孩子快乐而成功地生活作准备的教育活动，是一种以提升学生的精神生命为目的的教育活动，具体表现在日常生活中，也就是能与家人、他人、社会和谐共处，享受平安健康的幸福与快乐。

生命教育包括两个部分：一是生存教育，内容包括生命安全教育、生命观教育、心理健康教育、性教育、挫折教育和生态教育等，着重引导孩子树立正确的生命观，懂得珍爱生命、欣赏生命、尊重生命和成全生命；二是死亡教育，内容包括生命的有限性和死亡的自然过程等，让孩子认识到死亡是生命的一个部分，一个阶段，正是因为每个人都会死，所以我们每个人更应该珍惜生命，实现生命的价值和意义。因为死亡是一个敏感的话题，人们通常不会特意去谈论，但孩子们极有可能对其产生好奇心，这容易使孩子通过玄幻作品和网络游戏等方式对死亡产生误解甚至向往，其后果不堪设想。因此，家长可以在适当的时机，与孩子以温暖和理解的方式来谈论死亡，激发孩子产生向死而生的意义感和信念感。

生命教育融入生活的方方面面，在日常生活中，家长可以根据孩子的个体情况通过亲子沟通和互动、家庭环境营造、社会实践、家校合作等多种路径和方式展开生命教育。

(一)保持沟通交流,对话平等开放

从大量的实践中发现,16～18岁的孩子若能保持与父母的良好沟通,对生命的认知会更加理性,可以更从容地去应对遇到的困难和挫折,更加珍爱生命。我在担任班主任期间,在第一次家长会上一定会提出要求:尽可能保持与孩子的沟通渠道畅通。尽管有的家长工作很忙,且高中生的学习占据了孩子的绝大多数时间,但根据家庭情况,每周一定要安排与孩子交流沟通的时间,若能与孩子每天有沟通则更好。比如每天接送孩子上学放学的途中聊一聊,或尽可能安排家庭成员一起用晚餐,利用这个时机交流各自的日常经历和感受,增进彼此间的了解和联系。也可以在周末设定一个特定的时间开一个家里例会,专门进行家庭成员之间的深入交流,如周日的晨间散步或下午茶。

有一位男生小阳,入校时是个开朗爱笑眼里有光的男孩,但慢慢地他变得沉默寡言,眼神闪躲,后来甚至在文字里表达了一些对生命消极的态度。通过交流了解到孩子上高中后,由于自己家住得离学校较远,妈妈让他上学期间住在离校不远的姑姑家,而且他妈妈觉得姑姑有文化,还可以在学习上辅导孩子。殊不知,青春期的孩子心理上容易出现敏感、脆弱,随着小阳在姑姑家住的时间越长,越感觉到一种"寄人篱下"的别扭,想吃的东西自己不好意思提,学习上的困惑其实姑姑也不能解答,考试成绩如果不太理想就更不会说。而且姑姑家的表妹因为年幼占据了姑姑在家的大多数时间,实际上小阳与姑姑沟通的时间不多;每次与妈妈通电话,妈妈都是那几句"好好学习,听姑姑的话"。等他想说说自己的事情时,要么是妈妈在电话那端不停地叮嘱没有给他诉说的机会,要么遇到的事情已经过去很久了,他已经没有要诉说的欲望了。长此以往,学业的压力、积压的情绪慢慢覆盖了眼里的光。后来老师与小阳的妈妈沟通后,妈妈让小阳回家去住,接孩子的途中时间较长,小阳会在车上聊学校里的事情,哪怕有时因为犯错被妈妈责备几句,但责备完了小阳还能在车上安心地睡上一觉。16岁的大男孩眼里的光终于慢慢回来了。

青春期的孩子需要沟通,尤其是与父母的沟通,家长除了倾听孩子的声音,也可以分享一些个人的经历和感受,特别是那些与孩子当前经历相似的事情。这不仅能够让孩子感到更亲近,还可以为他们提供处理类似问题的参考。

当然,家长在与孩子沟通时,也要注意用一些交流的方式让沟通更有效。在孩子表达自己的看法时,避免打断他们的讲话,即使他们的观点你不同意。让孩子完整地表达完自己的观点,然后再提出你的看法或建议。也尽量使用开放式问

题，如“你今天遇到了什么有趣的事情”“你对这件事情有什么想法”。这样的问题可以鼓励孩子分享更多的信息，并表达自己的感受。为了确保理解孩子的意图和感受，可以使用重述的方式确认孩子的发言，例如，家长可以说：“你是说你今天在学校遇到了一点挑战，感到有些沮丧对吗？”这样可以有效防止误解的产生。在对话过程中，家长应该展现出积极倾听的态度，通过眼神接触、点头等非语言方式表达对孩子讲话内容的关注和兴趣。

家长应该认识到每个家庭成员都是独特的个体，拥有不同的意见和需求。在对话中，避免强制性的说教，而是尽量站在对方的角度考虑问题。在意见不同时，试图找到共同的出发点或目标，从而构建对话和解决方案的基础。学会使用一些解决技巧，如冷静下来再讨论、使用第一人称语句，如“我感到担忧，当你晚上出去时没有告诉我你去哪里”，而不是“你总是不告诉我你去哪里”。

（二）通过故事分享，传递生命价值观

父母通过讲故事等方式引导孩子正确看待生命、珍惜生命。故事可以是分享家族成员、祖辈和其他亲人的生命经历，帮助孩子理解生命的丰富历程。鼓励孩子分享自己的成长故事和感悟，促进家庭成员之间的情感交流。故事也可以是关于亲子共阅的一本书，共赏的一部电影，还可以是利用假期时间带孩子出去旅行的某个地方。无论是霍金与他不屈的生命，还是从水泥缝里挣扎向上的小草，我们都可以从他们的故事中给予孩子关于生命正向的引导。

案例：小敬是个对待生命态度极其尊重的男孩，他在一次篮球比赛中的中场休息时发现对方班级有一个队员的手腕上有明显的自残的伤痕，在发现后的第一时间告诉老师。原来小敬从小到大的每一年清明节，都会和妈妈一起去烈士陵园扫墓，也常常听妈妈讲英雄事迹。在他心里种下的关于生命的种子那是神圣而珍贵的，容不得轻视甚至漠视。

（三）营造良好家庭环境，免生命不可承受之重

有自杀倾向的高中生小燕，休学一年后回到了一个新班级。她是个漂亮、爱笑的女孩，成绩不错，到新班级后也很快和同学打成一片，却在一个周末服下了大量的安眠药准备自杀，幸而被及时送到医院，没有酿成悲剧。小燕是典型的阳光型抑郁，这种抑郁的特点是外表上看起来非常乐观，甚至常常面带微笑，但实际上内心却承受着极度的痛苦、沮丧和绝望。追溯原因发现，一年前，小燕发现

父亲出轨，而母亲完全不知情，她一直纠结要不要告诉母亲。长期处在说与不说的矛盾中，巨大的压力导致小燕精神崩溃，无法坚持学习，最终休学。小燕试图通过自己的努力去修缮家庭关系，希望父母因为自己表现良好而开心，所以她在外人面前表现得尽可能完美，复学到新班级后她也时刻压抑着自己的负面情绪。然而，当她周末放假回到家里，发现父母的关系依旧恶劣，她的所有努力都是徒劳时，便产生了放弃自己生命的想法。

父母的婚姻关系看似是两个人之间的，但实则对孩子的影响却是深远的。一个温馨和睦的家庭环境可以促进孩子的情感发展和健康成长，相反，一个不和谐或家庭冲突频繁的环境可能导致孩子情感扭曲和不健康地发展，甚至对生命造成伤害。因此，父母需要营造良好、温馨、和谐的家庭氛围，让孩子在家庭的美好环境中享受生命，珍爱生命。

（四）父母亲身示范，身教胜于言传

高中阶段的孩子对说教形式的教育方式是不喜欢的，他们常常不是听我们说什么而是看我们做什么。家庭教育中，父母通过亲身示范来传递对生命的尊重与珍惜，在潜移默化中影响孩子。比如，父母对待家里的宠物温柔爱护，对待植物用心呵护，孩子从小就能懂得生命的可贵和珍贵；父母不做任何可能伤害到生命的行为，如虐待弱小的动物或随意破坏植物等，孩子就能明白保护生命的重要性；父母在家做垃圾分类，引导孩子保护环境，孩子就会重视生存的空间，拥有良好的社会责任感。

（五）关注社会问题，参与生命教育实践活动

父母可以通过引导孩子参与志愿者活动、关爱弱势群体、帮助他人等方式来培养孩子的责任感和同理心。让孩子明白自己的行为会对他人造成影响，懂得为他人着想，帮助他人，关心他人，体现出对生命的尊重和珍惜。

也可以鼓励孩子参与以生活实践活动为基础的生命教育，如社区养老服务、环保活动等。引导孩子观察生活，发现生活中的美好和生命的价值。

（六）加强家校合作，落实生命教育

小佐高二转到新班级时，他的家长告诉班主任，孩子是因为原来学校宿舍下

水道噪声问题，休息不好影响了学习，才转学过来的。进入新班级后，小佐成绩名列前茅，加上帅气的外表和不错的球技，很快吸引到了同学小月，在小月的追求下两人偷偷恋爱了。不久后，两人闹了矛盾，很快分手了。分手后，小佐出现了焦虑、抑郁、烦躁等情绪，家长就以孩子睡眠问题、成绩不稳定为由断断续续给孩子请假。班主任在孩子到校期间多次找他交流，在学习方法、学习心态等方面给予指导和帮助，也在情感方面给予关心和指导，但收效甚微。班主任后来辗转得知小佐当初转学的真正原因，是喜欢班上的一个女生，追求未果，情绪低落，导致成绩下滑，于是家长想通过转学换个环境。

其实，小佐和小佐的家长都很清楚问题症结所在，但没有选择信任和告知班主任，让不知情的班主任没能在一开始就关注小佐在男女交往上的问题，在关心和指导小佐时走错了方向，家长和学校的教育没有形成合力。

家长和学校共同承担孩子成长的责任，特别是在生命教育方面，双方需要互相信任，坦诚沟通，在目标和内容上保持一致，确保生命教育的连贯性和系统性，共同培养孩子的生命价值观、生命态度和生命能力，促进生命教育的深入开展。

父母与孩子朝夕相处，接触的时间和机会最多，父母的言行无时无刻不在影响着孩子。在家庭中开展生命教育，不仅能让孩子关注自己的生命，还能关注、尊重、热爱他人的生命，积极创造生命的意义。

引导安全出游

家长们，你们会支持高中生出游吗?

采访了十位家长，八位家长的答案是肯定的。可见，就高中生出游的好处，家长有自己的看法，本文总结了三点。

第一，高中生通过旅行和实践，可以开阔视野，增长见识。第二，在高中阶段，孩子日常学业繁重，外出游玩，可以缓解压力、重新赋能。第三，迈出家门，外出旅游将是孩子进一步认知自我、磨炼意志、提高生活自理能力的好时机，可以为即将开启的大学生活作好铺垫。

另外两位家长表示，高中生出游的安全是他们犹豫的重要原因。

但是，对于高中生来说，出游肯定是有意义的，只是需要把安全牢记心上。

对于高中生出游的问题，有的家长可能存在认知和行为误区，或是有灾难性思维，假想高中生出游的最坏结果，或是认为高中学习期间，出游占用时间，影响学习等，简单粗暴地反对孩子出游。这样的想法和行为如果太过极端，可能会导致不良后果。

案例：南宁19岁的高中毕业生陈某，不顾父母反对，独自去毕业旅行，随后失联。最后，陈某在云南虎跳峡被找到，不幸的是已遇难。

青春期的孩子情绪易激动，行为易冲动，也处于叛逆期，有时家长越是反对，孩子越一意孤行。家长要耐心倾听孩子的想法，积极回应，并善于引导，若一味冷漠处理、和孩子对抗，可能有安全隐患。此案例陈某的父母，如果能觉察孩子的需求、看见孩子的渴望，继而引导他安全出游，我想结果可能就不一样了。

高中生对于出游也会存在一些认知和行为的误区，例如有的学生认为，自己已完全具备脱离父母、独自或自行结伴出游的能力。你的孩子是否也有同样的想法呢?

这个看似不靠谱的想法可能会让家长很着急，但其实这和他们身体、心理的发展密切相关。高中生正处在心理上脱离父母的心理断乳期，随着身体的迅速发育，他们的自我意识明显增强；随着独立思考和处理事务能力的发展，他们在心理和行为上表现出强烈的自主性，迫切希望从父母的束缚中解放出来。孩子认为自己有独立或自行结伴出游的能力，这都是孩子心理成长的正常反应。

只不过，高中生虽然摆脱了父母的管束成功出游，但如果在旅途中盲目自信，行为冲动，则容易遭遇意外。

例如，两名高二的学生，暑假期间到外地旅游，在景点参加了商店的抽奖活动，中了一等奖“和田碧玉”项链一条，仅需要支付8%的手工费即可获得。在商店工作人员的劝说下，两位学生支付了1600元的手工费购买了这条“和田碧玉”项链。拿到项链后，两人发现项链的质量非常差，要求退还货款，却遭到商家拒绝。两人看到商家态度非常强硬，无奈只得先行离开，回家后在父母的帮助下，前往工商部门寻求帮助。

在外旅游，有些危险是高中生看不到的。案例中的骗局就是旅游景点中经常出现的一种情况，由于高中生社会经验较少，对社会上的消费骗局了解少，更容易上当受骗。他们冲动的行为可能给自己带来损失，甚至伤害。

因此，我们要谨慎做“放手”派家长，这种类型的家长虽然支持高中生出游放松，但他们不参与孩子出游一切事务，什么都让孩子自行安排，坚持教育孩子要独立成长。高中生始终是未成年人，需要得到监护人的帮助和保护才能更好地成长，独自或结伴出游这种特殊事件，更是需要得到成年人的帮助和指导，才能更加安全地进行。国家法律法规规定，未满十八周岁的公民属于未成年人，未成年人旅游，旅游监管部门希望要么是家长（监护人）陪伴孩子旅游，要么是专门的学生团队，团队中有学生熟悉的多名辅导员一同前往，这样学生不会孤单，遇到困难也有辅导员或是同学互相帮忙。

当然，如今旅游已经融入生活，变得更加自然随意，假期里，高中生自己和同学结伴旅游的现象十分普遍，这里，就家长引导孩子安全出游，我们也有两方面建议，供家长参考。

1. 培养安全意识

现在的高中生，大多缺少安全意识，他们被保护着，更多的是在学校和家里两点一线活动。家长为孩子尽可能扫清了危险，孩子思想单纯，认为身边没有危险、没有坏人。他们缺乏安全和危机意识。试想，前两个案例中的主人公，如果能够具备一定的安全和危机意识，可能结果就不一样了。

因此，在日常生活中，家长一方面可以将新闻、周边的案例给孩子看，共同关注和分析，培养孩子的安全意识；另一方面尽可能在孩子从未涉足社会前，陪伴出游，在实践中，引导孩子观察和分析，身体力行地逐渐培养孩子的危险辨别能力并提升安全意识。

2. 做好出游准备

当高中生准备出游时，家长又可以具体引导孩子做到五点。

①制订周密的出游计划。

家长可以指导孩子提前规划好出行路线、确定目的地，熟悉当地的风俗习惯、天气情况和交通状况，确定安全的交通工具，细化具体时间，联络好正规食宿等。这样可以避免孩子出游时误入未经开发的地区或偏远地区，从而保证在目的地游玩的安全和便利。同时，家长知晓行程具体安排，心里能相对踏实；在和孩子一起制订计划时，也能增进亲子感情、榜样示范。

②置办必备物品，建设积极心理。

高中生出游要选择合适的衣物，比如雨衣、太阳帽、旅游鞋等。另外，旅行必备的身份证件、适量现金、常用药品等也需要提前进行妥善收纳。

家长也可以引导孩子提前预设可能出现的困难，并一起思考合理的解决方案。在这个过程中，提醒孩子在外游玩时，路途奔波、饮食起居、风俗文化、突发状况可能容易使人产生挫败感，希望孩子能有强大的内心，遇事不慌，建设积极心理。

③了解防骗知识，守护安全。

了解合同条款：如果是跟团旅游，请详细阅读合同条款，确保清楚了解费用、行程安排、保险责任等关键信息。遇到模糊或疑似不合理的条款，要大胆质疑并要求解释，切勿在未充分了解的情况下盲目签约。

警惕低价：切勿贪图便宜参加价格远低于市场价的旅游团、交通工具、食宿等。这类所谓的“低价”往往存在强制消费、服务质量差、安全系数低等问题，游客不仅无法享受到合理的旅游或食宿出行体验，还可能遭受身体或心理折磨。

在选择时，要锁定正规旅行社，安全的交通工具，卫生的饮食和住宿，关注口碑和性价比。如果遇到不合理收费，莫念财物，生命为先，保存证据，安全后向相关部门举报。

3. 作好刺激项目的评估和准备

① 热气球。热气球在消防和安保方面有极其严格的要求，其风险指数不低于观光飞机。如果要乘坐，请勿碰到狭小吊篮里的管道，身穿棉质衣物防止烫伤；高血压、心脏病患者禁止乘坐热气球。

②拉索桥。拉索桥在游戏中刺激、有趣，但一旦铁索断裂，后果不堪设想。如果要参与，请务必做好风险评估和自我防护，且遵照安全提醒，不随身携带手机等坚硬物品。

③漂流。在湍急的河流中，一般人无法掌握技巧和速度，翻船事故也可能发生，当船快速移动时，游客也有落水的风险。如果要参加，漂流前要穿好救生衣，选择充气量充足的船；漂流中也要留意船体是否被利石剐蹭并及时求救。

④高空项目。高空项目可能由于疏于管理、设施陈旧、安全设备佩戴不规范等因素，引发坠落安全事故。如果要参与，请先做安全检查，包括保护装备和项目设施的运行情况；参与项目全过程听指挥、不私自行动。

4. 约定报平安的时间点

如果孩子确实需要独自或自行结伴出游，家长需要和孩子约定每天都要报平安。同时，在飞机落地、晚上回到酒店、开始返程等时间点，也要报平安，以便家长随时了解孩子的行踪，确保出游安全。

总之，为了确保高中生出游的安全与愉快，家长要引导孩子提高警惕，增强自我防范意识。在了解以上出游建议的基础上，结合个人实际情况加以运用，让出游更加安全、愉快！

专题五

性　教　育

应对性伤害

应对性伤害，该怎么办？

一、案例呈现

这是我遇到的一个真实案例，有一天我接到了一位家长的紧急求助电话：“蒋老师，怎么办？我不晓得我女儿是不是被骚扰了。事情是这样子的，最近，我发现女儿小懿总是心不在焉，经常发呆，有时候给她说话半天没反应。这还不算，都上高一了，还缠着我接送她上下学，好像突然间变小了。我尝试和她交流却总被拒之门外……于是偷偷去看她的日记，才发现，有一次，她放学后忘记带钥匙，路上碰到一朋友家的哥哥，哥哥就带她去家里等，开始开心地聊着天，聊着聊着就开始亲她，摸她……她觉得很害怕，不敢喊，更不敢说，事后觉得好无助，也不知道怎么办。我现在好痛心，好生气，不知道该怎么办……”

二、案例分析

这个“哥哥”对小懿的行为是性骚扰。

孩子受到伤害，不敢第一时间跟自己的父母说，这说明小懿和父母之间的亲子关系是不牢固的。

孩子产生了极大的心理负担，这和孩子缺乏性教育是有很大关系的。父母缺少对孩子自我保护方面的教育，导致孩子在遇到突发事件的时候，不能及时准确地做出判断，不能采取有效措施自我保护，最后受到伤害而无所适从。

三、应对方法

（一）当下之举：立刻采取行动

1. 和孩子沟通了解真相

本案例中只是看了孩子日记，可能没有了解全部真相，因此家长要保持冷静，坦诚和孩子沟通，消除孩子惧怕被父母责备的心理，鼓励孩子说出真相。在第一次询问孩子时要尽量仔细，鼓励孩子将细节讲出来。

2. 给予孩子安慰和支持

在这段时间里，家长们要避免过分夸大该事件对孩子的影响，不要不断强化被骚扰的痛苦体验，而这一点是很重要的，否则可能会给孩子带来二次伤害。我们要做的就是帮助她正确理解自己所遭遇的事情，告诉孩子，你没有任何错，也不必自责，你依然是你，爸爸妈妈永远爱你。

3. 报警后保护好孩子的隐私

当孩子遭遇性骚扰或性侵害时，第一时间报警是最重要的应对措施，但家长也需注意保护孩子的隐私，避免案件处理过程中对孩子造成心理上的二次伤害。家长可以在报警时要求警方保密信息，减少孩子被反复询问，并寻求心理辅导；避免亲友过度追问，拒绝媒体采访和网络传播。

4. 关注孩子后续的心理状态

要与孩子保持沟通，密切关注他们的心理状态，并及时给予关心和支持。如果状态一直没有好转可以寻求专业的心理咨询。

（二）长远之举：预防未来遭遇性伤害

1. 加强对孩子的性教育

借此契机，加强对孩子开展“身体权”的教育，你可以告诉孩子：身体是应受到尊重、保护的，任何违背意愿的触摸或言语上与身体上的侵犯都是不应该、不合理的，要当面勇敢地拒绝抗议，也可以向师长、父母求助。

2. 提高孩子的自我保护意识

首先要告诉孩子要学会识别性骚扰的征兆，相信自己的直觉，遇到不舒服的感觉时，不要怀疑，要相信自己。

还要告诉孩子：不要随便与异性单独相处，包括他们认识的任何熟人；不去营业性质的娱乐场所；不随便与外人谈论性信息；尽量避免自己一个人出行；了解相关法律知识。

3. 教掌握摆脱坏人的有效方法

要对不舒服的行为说“不”，果断、及时拒绝和阻止不当行为。学会观察环境，避免将自己置于危险环境之中。学会自救，利用身边的有利条件制止坏人的侵犯。但是，也要告诉孩子，生命权大于性权。在武力威胁下，反抗会带来伤害的时候，要假意顺从，伺机逃脱。

专题六

家庭沟通

如何处理亲子冲突

都说父母是孩子的坚强后盾，孩子是家长的最大事业，父母与孩子的亲密关系不言而喻。但是不少家长会遇到这样的难题：孩子进入青春期后就不太主动和自己沟通交流，更有甚者会逃避和自己的沟通。当一个苹果的外表开始腐烂，它的内心其实早已经千疮百孔。其实，当家长意识到孩子不愿意搭理自己时，亲子关系已经出现了问题。那么，面对这样的既成事实，我们该怎么办呢？

我们先来看看这样的一条消息：

孩子上了高中之后，不知道是学习压力大还是怎么回事，回到家里也不和我说话，我随口问一句，他就怼我。他爸爸也是个急脾气，两个人一言不合就吵架。我说他两句，他就跑出去了。他以前都不是这样的。

这是一位家长在高一下学期发给老师的消息，从中可以感受到家长的无奈和急切。相信很多家长都有相同的经历。

这个案例有两个主要内容：一是孩子发生了变化，不再愿意和家长交流；二是家长不知道如何处理，束手无策。

那么这种现状如何破解呢？首先，家长们需要知道，根据埃里克森人格发展理论，每个人都是在不停地变化、成长，不同阶段都有不同的需求。所以当孩子发生了变化，先不要慌张，这也许就是正常的成长变化。

孩子不愿意和家长沟通交流并非一日之寒，除去成长的客观规律，家长的长期不恰当行为才是主要原因。

那么，家长与孩子沟通交流时有哪些不恰当行为呢？下面的三个案例也许会给你一些启发。

案例一：在晚饭时，小寒兴奋地和正在刷手机的爸爸分享学校辩论赛夺冠的过程，讲述自己如何在自由辩论环节巧妙地反驳对手。爸爸全程低着头滑动手机屏幕，时不时敷衍地“嗯”“哦”回应，还突然打断说：“先别说这个了，你这次月考数学成绩怎么下滑这么多？今晚必须做完一套数学卷子。”

家长们，你们有案例中这样的行为吗？案例中哪些行为不恰当呢？

这位家长的不当行为是随意打断孩子说话，忽视孩子的情感。长此以往，孩子可能就不愿意和家长们交流了。

案例二：小艺已经高二了，妈妈每天都会问自己晚饭吃了什么，和谁一起玩耍的，都聊了些什么。小艺表示自己啥都不想和妈妈说，因为妈妈总是问一些无关痛痒的问题。

十七八岁的高中生可能已经不需要家长在生活方面嘘寒问暖了，因此案例中家长的不当行为是沟通内容与孩子的需求极度不匹配，使得孩子与家长的沟通欲望降低。

案例三：高三学生小田发现妈妈翻看自己的日记本，就提出抗议。妈妈却说：“我是你妈，你有什么是我不能看的。我看了又不会往外说。”小田想起之前妈妈就把自己日记里的内容在家庭聚会上讲给了亲戚听，决定撕毁日记本，以后再也不写了。

该案例的家长行为已经严重影响到孩子的行为了，她的不恰当行为是不尊重孩子的隐私，掌控欲太强，并且言而无信，出尔反尔。

家长的行为看似无心之举甚至是善意之举，但是上述不当行为日积月累，长此以往，孩子自然不愿意和家长交流了。

当孩子不愿意和自己沟通已成既定事实，我们可以怎么办呢？

从我们意识到孩子不愿意和自己交流的那一刻开始，首先要做的是及时止损，不让情况变得更糟，随后做出实际改变。

首先是观念上的改变：家长需要自我反思，重新定位，把准孩子成长的大方向。

家长们需要思考与孩子交流的出发点：为了满足自己的控制欲还是出自对孩子的关心？机械式地履行家长的职责还是密切关注孩子行为是否有偏差？孩子需要倾听者还是需要具体的帮助？当孩子不愿意和家长交流时，家长就处于劣势地位，必须从观念上开始改变。

其次是具体行为的改变。

①坚守3秒钟法则，不要打断孩子，耐心等孩子把话说完整；这里需要提醒

家长的是，越是年龄小的孩子越需要家长有耐心。

②与孩子的交流要匹配诉求，包括交流的内容、形式、环境、自己的情绪等，并且一定要基于孩子的诉求。供求对等才可能实现真正的交流。

③留白、守信。初高中阶段的孩子开始有了自我意识，家长们需要保护孩子正常的秘密，保留孩子的自耕地，并且要说到做到。

最后，再给大家介绍一个沟通小知识——“55387”沟通定律。

100%的沟通效果有55%来自沟通的态度、肢体语言、面部神情，38%来自沟通的语气、口吻，7%来自沟通的内容。

沟通是一场心与心的对话，有了沟通，才会有理解，才会有良好的关系。希望各位家长都能收获与孩子的良好亲子关系，陪伴孩子走向更为广阔的天地。

把“舵”交给孩子

在日常生活中，我们常常会遇到孩子经常表现出拖延、无所事事的情况。尤其是，每当孩子要学习的时候，他们会表现出明显的缺乏积极性，在完成学习任务时总要受父母或老师的监督才能按时完成。孩子们的这种表现，很大程度上与自主性有关。在实际生活中，缺乏自主性的孩子，在成年后往往会面临更大的困难。

一个典型的例子就是神童小张，他10岁读大学，18岁读博。被大家寄予厚望的他，却难以独立完成科研任务和论文写作，到了28岁才勉强博士毕业。小张泯然众人主要有以下原因：小张的父母都拥有高学历，但是他们的教育却采取了包办方式。他们认为小张唯一的任务是认真读书，其他的一切都由父母处理和陪同，包括一切的饮食起居，甚至课外活动。因此，在大学期间，小张唯一的任务就是去教室上课，而其他的所有问题都由父母解决。一方面，父母的偏爱和资助，为他提供了良好的学习条件；另一方面，这种偏爱的教育方式也淡化了他的独立性和自主性，让他缺乏独自解决问题的经验和能力，以至于博士期间，小张无法适应独立的科研任务和论文撰写，甚至在毕业后也无法独立完成研究和工作任务，难以适应正常的社会生活。由此可见，家庭的不当照顾不仅会削弱孩子的独立自主性，更会进一步影响孩子的人生。因此，家庭的教育不能只注重孩子的卷面成绩，更要培养孩子解决实际问题的能力。否则，现实最终会给予他们痛苦的一击。

（一）自主的定义

对于青少年来说，他们在生活和学习中拥有自主性的主要表现是他们可以独立安排自己的学习与生活，不需要家长和老师一遍又一遍地催促和安排。心理学研究也表明，孩子们的内心自主感的满足对他们的身心成长是非常重要的影响因素。当孩子们的自主感变强时，他们在学习和日常生活中做事的积极性和效率也会随之提高。

（二）自主的重要性

请各位家长思考一个问题，你希望孩子长大以后是什么样的人呢？是一个能够独自生活的成年人？还是一个离不开父母的“啃老族”或“妈宝男（女）”？而这两者区别的关键在于一个人是否拥有独立自主性。

首先，独立自主意味着孩子们能够独自面对和解决生活、学习和工作中的常见问题。这也是我们在现代社会生存必备的基本素质之一，是孩子们在成年后能够立足于社会，发挥其个人潜力的基本能力。对于独立自主较强的孩子来说，他们在成年后更能够适应现在社会上的工作环境和人际环境，有足够的能力去应对日常生活和工作环境中的问题，并且可以充分地理解并遵守社会规则，在必要的时候能够通过合法的手段去保护自己的权益。而对于独立自主性差的孩子而言，在成年后，他们在适应社会时的表现可能会较差，尤其在需要自己独立解决问题的时候。

其次，从青春期身心发展的角度来看，在初高中的青春期，孩子们的心理健康发展的一个关键任务是形成对自我的认识，能够对自己有一个较为全面的了解。当孩子们对自我的认识足够清晰时，他们会明确感受到自己的目标是清晰的，生活是积极充实，行动是干劲十足的。比如，有的孩子进入初中或高中就有一个明确的目标，知道自己作为学生的第一任务是好好学习，而好好学习也是为了自己将来的梦想。因此，他们在学习时会表现出很好的学习习惯和强大的动力。而当孩子们对自我的认识含糊不清时，这些孩子们会感到目标丧失，在日常生活中感到空虚、无聊、缺乏动力。这个时候，孩子们往往不知道自己未来想干什么，也不知道学习可以为自己带来什么，从而陷入懈怠，没有学习的动力。

（三）缺乏独立自主的表现和原因

缺乏独立自主性的孩子会有以下四种表现：

第一，孩子在面临事情时，会表现出不能自己作决定。比如，在生活中面临一些选择时，他们可能会常说：“我妈/爸说、我妈/爸会安排”“听你们的，都可以”。这表明了孩子在需要做决定的时候，会过于依赖别人。他们很多时候会缺乏自主选择的意识，较少地从自己的想法和感受出发来做出决定，更多会依赖别人的判断和决定。

第二，孩子缺乏必备的生活技能。当他们独自一人面临日常生活问题时，他们可能会缺乏基本生活技能来解决问题。在面临问题时，第一反应可能更多的是想到可以找父母或同学帮忙，而较少思考自己可以怎么来解决问题，或可以做些什么来学会某个技能来解决问题。比如，有些孩子在遇到同学间相处的问题时，他们经常不知道该怎么表达自己的意见和不开心，然后压抑情绪或过度爆发情绪，而这样的结果都不利于他们在班级和同学正常往来。

第三，孩子会不适应群体生活。尤其是在小升初和初升高的第一年里，许多同学第一次在学校住宿，他们会面临全新的生活环境和陌生人群，这时候孩子可能会产生一些孤独的体验感，常常想回家，感觉独自一人在校住宿的生活是难以接受的。尤其，在面临一些宿舍人际关系或日常生活问题时，孩子还可能出现无助的体验，不知道该如何去解决问题。

第四，孩子会缺乏明确的目标。主要会表现为在生活和学习时，不知道自己真正想要的是什么，自己的兴趣是什么。平常对于同学和朋友的提议，自己感觉好像什么都可以。尤其是在学习上，很多时候可能会陷入迷茫，不知道自己为什么学习，只知道身边的同学都在学习，父母也希望自己好好学习，所以自己也学习，却没有想清楚自己学习的目标到底是什么。

孩子会缺乏独立自主性的原因有以下三点：

第一个原因是家长有错误的认知。比如，有的父母认为孩子的主要任务就是学习，生活中其他的事情孩子都可以不管，对于孩子生活的所有事项都可以由家长代劳。在这种观点下，孩子的成长经历就会过于单调，只有学习的经历，而缺乏了其他生活经验的积累。这种生活经验的缺乏会让孩子们没有机会去掌握和锻炼生活技能。而这些日常生活的技能，在孩子成年后，是他们独立生活中必不可少的基本能力。

第二个原因是孩子在生活中缺乏锻炼的机会。如果我们长辈对孩子的生活事项都事事包办，这种疼爱其实也等于剥夺了孩子独立性和自主性发展的机会。有的时候甚至是一种过度的溺爱，让孩子们真的变成了家庭温室里的花朵，远离了社会环境。然而，在孩子成年后，他们终究要离开父母，要在社会中独立生活，他们只能依靠自己的能力来处理各式各样的社会问题。如果因为小时候过度保护的原因，导致了他们缺乏应对问题的经验和技能，这会让他们极有可能难以适应成年后的社会生活。

第三个原因是孩子缺乏内在动机。内在动机是指孩子学习时，能够感受到学习本身带来的乐趣、兴趣或者价值而主动学习。此时，孩子努力学习的目的不是为了得到老师或家长的奖励或者避免老师或家长的指责或教训。当一个孩子感到他无法控制和选择自己的行动时，内在动机往往会减弱，他们的行为更多地受到他人的影响。当一个孩子面临的问题超过了他的能力范围，或总是被安排做某事，也会导致孩子缺乏足够的内在动机。当孩子在学习或生活中缺乏内在动机时，他们许多时候就会表现出被动的行为，比如我们常见的拖延行为和低效率行为，学习了一整天，却好像没什么效果。

（四）培养独立自主的办法

第一个方法是在日常互动时，家长应尊重孩子的个体独立性。我们必须认识到，每一个孩子都是一个独立的个体，家长对孩子应秉持尊重和平等的态度，让孩子体验被尊重对待，以及他作为一个独立个体的权利和地位，从而为其自主需求的满足创造良好的心理支持环境。相反，如果家长高高在上，不懂得尊重孩子的个体独立性，甚至常常打击和否定孩子的自主行为，就无法满足孩子的自主要求，甚至会引发亲子冲突。

在学校时，我们曾经遇到过这类情况，有一个父亲总觉得孩子是自己的，不需要讲究独立自主这一套，自己对他的安排就是最好的。然而，在实际生活中，这个孩子没有体会到父亲行为背后的关心和爱，孩子最直接的感受是约束、控制和不被理解，在这种情况下，父女间的误会和冲突频发，最终由老师干预才化解两人间的误会。

请家长们回想一下过去，比如青春期的自己在面临父母的强制要求时，会有什么样的感受呢？当面临不尊重自己想法的教育方式时，自己会有什么反应？这个结果和父母所期待的结果是否相差甚远？

我们的目标是为了孩子能够健康成长，成年以后拥有独立生活的能力。因此，在日常生活中去尊重孩子们的独立自主性，才是我们需要做的，这也是能够达到我们目标的有效办法。

第二种方法是在日常生活中，家长应树立明确的边界感。一方面，孩子自主需求的满足需要独立的空间，家长应帮助创造并维护其边界。尤其是孩子的隐私的需求，也需要得到家长的尊重和理解，这也能有效避免家庭的矛盾。另一方面，家长也应该意识到哪些是自己的事，哪些是孩子的事，比如孩子的学习、娱乐、锻炼、兴趣，这都是需要他们自己决定和安排的事情。

在工作中，我们会遇到一些家长总是想要为孩子安排好所有的事情，想要参与到孩子的一切学习和生活中。但是，最后带来的结果和效果就是孩子感到不舒服，尤其是感到自己的个人空间和隐私受影响。这样的行为持续久了，会让孩子在家里没有安全感和自主感。在某些情况下，他们甚至就会对父母的行为进行无声的抗议，如不在饭桌上吃饭，长期独自一人在房间，不出房门和父母交流等。

所以，对于孩子的事情，应当尽量让他们有自己做主的选择权，让他们有机会分配自己的学习和娱乐的时间，而不是强加自己的意志给孩子，必须让孩子按照自己的安排行动。只有家长树立明确的边界感，控制住自己的担心，才能让孩子有锻炼独立自主的机会，激活孩子的内在动机，也会让我们家庭氛围更为和谐。

第三种方法是在日常生活和学习上，家长应具有放手的勇气。日常生活中，我们许多家长可能不放心孩子去做一些事情，担心孩子做不好会犯错，然后带来一些不好的后果。

比如，有的孩子早上喜欢赖床，有的家长认为自己总是担心孩子起不来，尤其想到孩子迟到会被老师责怪。所以家长只能一遍又一遍地去喊孩子起床。但是，很多时候家长即便一次又一次地提醒了孩子，他们还是不起床。然后，家长又更加对孩子不放心，觉得自己不去喊孩子起床，孩子肯定就会迟到。所以，最终只能是家长每天都要一遍又一遍地去提醒孩子该起床了、要上学了，这样才能放心。这种情况持续久了后，会带来两方面的负面后果，一是家长会有负面情绪，比如不耐烦、生气，严重的时候会打骂孩子，然后引起家庭关系的冲突；二是孩子也会养成不好的习惯，总觉可以由着性子来，反正会有父母为自己兜底，没有养成责任意识，不清楚自己的行为的后果终究是需要自己承担的。

所以，家长应该意识到孩子终会也需要独自面对生活，我们要提前锻炼孩子们的自主决定和承担责任的能力，才是真正对孩子好的方式。因此，家长应勇于放手， 即使孩子现在犯一些小错误，吃一些承受范围内小苦头也是值得的。比如，在家里提醒孩子要自己起床，学习是自己的事，不然迟到了也要自己承担相应的后果。这样既能锻炼孩子自主决定的能力，也能培养孩子要承担行为责任的意识，在一次次的决定和尝试中汲取生活的经验，这样才会有利于他们的个人成长。

第四种方法是遇到问题时，家长要允许孩子和我们辩论。请问你有没有尝试过和孩子讨论他们的决定，而不是直接告诉他们该怎么做？根据我的了解，很多家长更多的是直接指导孩子按照自己的建议来行动。比如，有的孩子在学校遇到了人际关系的问题，回家给父母说了后，有的父母的第一反应就是告诉孩子别跟他玩了，然后孩子又没办法真的做到这样的处理方式。最后，很多问题都会悬而不决，我们提供的建议没有帮助到孩子真正地去解决问题。

所以，遇到问题后，我们的目标应当是逐步协助孩子解决问题，最终培养孩子独立解决问题的能力。那该怎样培养他们解决问题的能力呢？

首先，当我们听到孩子遇到问题后，不能直接就用个人的经验来指导孩子怎么去做。我们习惯这样指导孩子的原因，一方面是我们自身的经验导致，我们会把对自己而言有效的方法直接教给孩子；另一方面是我们知道孩子的想法可能不会特别成熟，他们提出的想法，经常会不具备可行性，有的时候甚至会天马行空，脱离现实情况。但是，我们的过去的经验可能会不适应孩子的生活环境，孩子们天马行空的想法也可能有可取之处。因此，我们先要控制住自己想要直接指导孩子的想法。

我们要允许孩子去表达他们的想法，让他们说出自己的考虑以及事实情况的全貌。最后，我们才能根据孩子所处的实际情况来引导孩子思考怎样解决问题最有效，在必要的时候我们根据自己的经验和见识给孩子们提供一些可以选择的参考意见，引导孩子自己去判断这些选择的利弊，最终做出自己的决定和选择。

因为，从发展的角度来看，正是因为孩子的思想不成熟，所以我们更需要为孩子创设可以思辨讨论的环境，鼓励孩子去表达自己的想法，去引导孩子们进行独立的思考，并最终形成正确的观点和有效的办法。同时，家长也需要站在孩子的角度来理解他们的想法，尤其是当家长认为孩子的想法不够全面时，我们可以帮他分析利弊，从而引导孩子慎重地做出正确的选择。

这么做有两个好处：一个是当孩子被尊重对待、参与解决问题时，他们才会开始积极配合，思考家长提供的这些信息，最终做出正确的选择；另一个是这有助于孩子们积累在日常生活中的独立思考和自主选择的经验，他们才能逐渐清楚认识到自己喜欢什么、想要什么，进而明确自己的心意，形成独立思考、自主选择的能力。

后　　记

《教子有方》这本书的诞生，离不开成都市 23 个区（市）县三百多名中小学一线教师的辛勤付出与无私奉献。在编写过程中，他们秉持着对教育事业的热忱与执着，将自己在日常教学中积累的宝贵经验、独到见解以及对孩子们成长的深切关怀融入到稿件之中。

这些一线教师们忙碌于三尺讲台，却在繁重的教学任务之余，抽出时间参与本书的编写工作，他们的敬业精神令人钦佩。他们中有的教师在课堂上是知识的传播者，用生动有趣的教学方式点燃学生对学习的热情；有的教师是学生心灵的守护者，耐心倾听学生的心声，为他们排忧解难；还有的教师是教育创新的践行者，不断探索新的教学方法与理念，以适应时代的发展和学生的需求。正是这些不同角色的教师汇聚在一起，才使得本书的内容丰富多样，涵盖了从家庭沟通技巧到学生品德培养，从学习习惯养成到心理健康关怀等多方面的实用教育方法与策略，为家长们提供了全方位的育儿指导。

在此，我们衷心感谢每一位参与本书编写的一线教师，你们的智慧与心血是本书最宝贵的财富。以下是参与编写的一线教师名单（按姓氏拼音顺序排列）：

蔡婷婷、曾佳、陈秀红、陈宣合、邓琳华、樊志荣、高翔、古蕾、郭蔚劼、胡靓、胡琳、胡绍华、胡小容、胡琰敏、黄林玲、黄雅婷、黄于桐、冀芊宏、姜洁、蒋利容、赖思佚、兰燕、雷珺妍、李丹、李玲淋、李明阳、李琼、李文珍、李霞、李雪莲、李友兰、李羽朦、梁成超、廖聆竹、刘凤霞、刘伟、刘永婷、刘玉莹、刘运、罗丹梅、罗雅丹、潘琴、彭潇喻、彭卓、钱玉淋、任美洁、施霞、谭丽、唐渝强、童凯、万思妤、王丹、王健美、王犁、王敏、王玉珠、魏涵、魏晓云、文艳艳、吴修芳、夏诗环、向婷婷、肖辉、肖茜、谢雅馨、徐畅、徐琪征、薛琛、杨佳欣、杨娟、杨双双、杨晓艳、姚博蓺、余雪梅、张皓泊、张娟、张楠、张仁珊、张睿琪、张小童、张一丁、赵凤锐、赵杰、赵培宏、钟沁娟、周翠、周桂娟、周俊雯、朱柏洁、祝诗雪、曾德惠。

愿这本书能够成为家长与教师之间沟通的桥梁，助力孩子们茁壮成长，也期待未来能有更多教育工作者携手合作，共同为教育事业贡献更多力量。

最后，我们还要感谢所有支持本书出版的单位和个人，是你们的关心与帮助，让这本书能够顺利与读者见面。再次向所有为本书付出努力的人表示最诚挚的感谢！

《教子有方》编写组